Herbert-Quandt-Stiftung (Hg.)

11. Konferenz
Trialog der Kulturen

Religionen in der Schule

Bildung in Deutschland und Europa vor neuen Herausforderungen

Berlin, Pariser Platz
Konferenzhalle der DZ Bank
13./14. November 2006

Bad Homburg v. d. Höhe
Mai 2007

ISBN 978-3-7973-1033-0

Editorial

Albrecht Graf v. Kalnein

Religion und Schule, Deutschland und Europa – im vorliegenden Band geht es um Begriffspaare bemerkenswerter Wechselseitigkeit. Die Schule, Prägestempel unserer Jugend, lässt sich – auch wider Willen – nicht denken ohne Religion, ohne Kirche. Denn Bildungsverständnis und -inhalte wurden in Europa über Jahrhunderte hinweg von Kirchen und Klöstern definiert; unsere Schulen sind aus kirchlichen Mauern und Vorstellungen erwachsen. Und wie Kirche lange Zeit das Bildungswesen dominierte, so haben umgekehrt Gelehrsamkeit und Bildung das Selbstverständnis von Glauben und Religion(en) geprägt; beispielsweise im Judentum oder dem Protestantismus, der ohne die Universität (Wittenberg) und den Buchdruck kaum zu Stande gekommen wäre.

Für Deutschland und Europa gilt eine ähnlich starke Wechselwirkung. Schon räumlich betrachtet lässt sich Deutschland, „mitten in Europa" (Wolf Jobst Siedler), nicht ohne seine Umgebung, die Einbettung in unseren Kontinent denken. Auch in volkswirtschaftlicher Hinsicht kann dies gelten. 64 Prozent der Exporte unsers Landes, des „Exportweltmeisters" und deutlich größten Nettozahlers des politischen Europa, gehen in die Staaten dieser Union. Die Geschichte und das kollektive Gedächtnis schließlich liefern ein beide Sphären – Deutschland und (Mittel-)Europa – verbindendes Symbol dieser Wechselseitigkeit – das „Heilige Römische Reich Deutscher Nation".

2006, im Jahr der Konferenz, aus der dieses Buch hervorgegangen ist, frischten große Ausstellungen – in Berlin, Magdeburg, Frankfurt am Main – die Spuren dieses Gebildes bis in unsere Gegenwart auf. Zum Zeitpunkt der Veröffentlichung des vorliegenden Bandes wiederum hat Deutschland die Ratspräsidentschaft in der Europäischen Union inne.

Der Band, den die Herbert-Quandt-Stiftung hiermit vorlegt, widmet sich der Gretchenfrage, die sich an Schule und Glaubensgemeinschaften, an unser Land und unsere europäischen Nachbarstaaten zugleich wendet: „Wie hast du's mit der Religion?" Wie soll sich ein Lehrer angesichts der Rückkehr gelebten Glaubens in den öffentlichen Raum (Kopftuch; Moscheebau; Papstbesuche – und deren Wellen öffentlicher Erregung) verhalten? Wie kann der säkulare Staat einschließlich der Justiz reflektiert und angemessen auf den gestiegenen Anspruch von Glaubensgemeinschaften eingehen, öffentliche Präsenz zu entfalten? Inwieweit versteht sich Europa, sieht sich die EU als „christliches Abendland" angesichts des Beitrittgesuchs der Türkei?

Ohne auf solche Fragen in grundsätzlicher Form eingehen zu können, möchten die hier versammelten Autoren doch einen Ansatzpunkt aufzeigen, von dem aus sie sich in vernünftiger, verantwortlicher Form betrachten und verhandeln lassen können, ja müssen – die Schule. Dort befindet sich nicht nur ein kardinaler Lehr- und Lernort für unsere Kinder; Schulen sind nicht nur Spiegel oder Brennpunkt jedes Stadtviertels. Sie gewinnen zusätzliche Bedeutung als „Schwellenorte“ (Hans Jonas) zwischen Gesellschaft und Staat. In ihnen laufen Menschen, Familien und deren Anliegen mit dem Handeln (oder Unterlassen) staatlicher Verwaltung zusammen; hier treffen sich unvermeidlich die jungen Menschen zunehmend vielfältiger Abstammung, die jedenfalls die Zukunft unseres Landes verkörpern.

„Bildungsverständnis und -inhalte wurden in Europa über Jahrhunderte hinweg von Kirchen und Klöstern definiert; unsere Schulen sind aus kirchlichen Mauern und Vorstellungen erwachsen.“

Das Besondere dieses Bandes liegt zunächst in dieser Bündelung „großer Fragen“ auf einen konkreten Ort und das, was ihn ausmacht. Zwei weitere Charakteristika möchte er beanspruchen: die Vielfalt der nationalen Perspektiven sowie die Verschränkung von Theorie und Praxis. Das Verhältnis von Glauben und Bildung ist ja kein Thema eines einzelnen Staates, sondern weist auf eine übergreifend gültige, zeitlose Polarität hin. An verschiedenen Orten, zu ganz verschiedenem historischem Moment ist jeweils neu darauf einzugehen. Wenn auch die 11. Konferenz des „Trialogs der Kulturen“ vom November 2006, die den Ausgangspunkt für die vorliegende Publikation darstellte, nicht Raum ließ, das Thema aus historischem Blickwinkel zu betrachten, so war ihr der räumlich ausgreifende, vergleichende Ansatz ein besonderes Anliegen. Als Herausgeber haben wir die Hoffnung, dass die hier versammelten Sichtweisen aus fünf Staaten auf die stets sensible „Gretchenfrage der Pädagogik“ für uns in Deutschland hilfreiche Maßstäbe und Erfahrungen eröffnen.

Dem entspricht im Übrigen auch die weitere Beschäftigung mit diesen Debatten in der Neuen Welt. Im März 2007 veranstaltete die Herbert-Quandt-Stiftung im Verein mit der Brookings Institution in Washington unter Leitung von Prof. Peter Skerry, der zu den Teilnehmern der 11. Trialog-Konferenz zählte, eine weitere Expertenrunde zum Thema – „Religious Diversity and Social Cohesion“. Die Veranstalter hoffen, dass die Begegnung und der Erfahrungsaustausch zwischen Alter und Neuer Welt für beide Seiten in einer Zeit besonders weiterführend sein können, in der die sozialen Folgen der weltweiten Globalisierung allerorten an Grundüberzeugungen von Eigen und Fremd, Identität und Differenz rühren.

Für die Begegnung von Theorie und Praxis wiederum mag im vorliegenden Band der Kreis der versammelten Autoren stehen, die durchweg zu den Teilnehmern jener Trialog-Konferenz gehörten. Professoren für Erziehungswissenschaft stehen neben dem obersten Repräsentanten der Schulpolitik der 16 deutschen Länder, erprobte Schulleiter neben dem Bundesinnenminister Dr. Schäuble in ihrem Gedankenaustausch über das Phänomen Glauben in der staatlichen

Anstalt Schule. Gerade die Gegenüberstellung von einerseits international reflektierten Analysen und akademischen Untersuchungen, andererseits bewährten Beispielen an mustergültigen Schulen von übergreifender Ausstrahlung gab der Trialog-Konferenz, gibt hoffentlich auch dieser Publikation eine besondere Note.

Die Herbert-Quandt-Stiftung weiß sich sämtlichen Mitwirkenden dankbar verbunden. Hier sind in erster Linie die Teilnehmer der Konferenz vom 13. und 14. November 2006 an besonderem Ort im Herzen Berlins (siehe den Beitrag Meinhard Schmidt-Degenhards) zu nennen. Sodann hat die Stiftung die Leibniz-Schule, an der die Abendveranstaltung des 13. Novembers 2006 stattfand, und deren Leitung Frau Christina Rösch, als Partner in dankbarer Erinnerung. Unser Dank gilt schließlich den Autoren dieses Bandes, die ihre Beiträge durchweg für den Druck überarbeitet und vervollständigt haben.

„In der Schule treffen sich unvermeidlich die jungen Menschen zunehmend vielfältiger Abstammung, die jedenfalls die Zukunft unseres Landes verkörpern."

Die Konferenz in Berlin wurde maßgeblich betreut durch die Kollegen der Berliner Repräsentanz der Stiftung, Julia Hierl, Angelika Pantel und Dr. Jörg Schulte-Altedorneburg. Mit Dank genannt sei ferner Miriam Stolz, die zunächst die Konferenz als Volontärin der Stiftung an deren Sitz in Bad Homburg konzeptionell und organisatorisch betreute und sich danach der redaktionellen Koordination dieses Bandes zielstrebig und sorgfältig annahm. Dank gebührt schließlich unserem Kollegen Dr. Sven Berggötz, New York, für seine Initiativkraft zur Realisierung der Konferenz mit der Brookings Institution.

Die Stiftung hofft, dass die Leser von all der mühseligen Sorgfalt und nimmermüden Umsicht in dem Band kaum mehr etwas, von dessen klugen Einsichten und fundierten Erkenntnissen, die sie den Gästen und Autoren verdankt, möglichst viel vorfinden – und fruchtbringend aufgreifen werden. ❑

Auftakt

Meinhard Schmidt-Degenhard

Denken findet bekanntlich in unseren Köpfen statt. Wohin aber mit unseren Köpfen?

Der geschichtsträchtige Pariser Platz an der Ostseite des Brandenburger Tors liegt auf der historischen Achse zwischen Ost und West; dort begann bis 1989 ein anderer Teil Europas. Frank O. Gehry senkte mitten in das Gebäude der DZ Bank hinein eine begehbare Skulptur, einen Nukleus des Nachdenkens, für ihn ein Platz der nicht nur architektonischen Visionen – ein guter Ort für die 11. Konferenz des Trialogs der Kulturen und des Nachdenkens über die Bedeutung der Religionen für die Bildung dieses Landes wie des europäischen Kontinents.

Denn ob wir es uns eingestehen wollen oder nicht: Fakt ist, Zeitgeschichte und Zeitgeschehen lassen sich nicht erst seit 9/11 kaum noch verstehen, ohne um die Bedeutung von Religion für die menschliche Seele zu wissen. Wenn aber Religion ein entscheidendes Thema des 21. Jahrhunderts bilden könnte (vgl. Wolfgang Schäubles Verweis auf André Malraux im folgenden Beitrag), dann muss Politik sich eben diesem Thema aussetzen und darf Religion nicht aus dem Bildungskanon unserer Schulen verbannen.

Die Irrationalität von Religion verlangt nach der rationalen Kontrolle des gesellschaftlichen Dialogs. Die weltweite Migrationsfrage, ganz sicher ein weiteres existenzielles Problem des 21. Jahrhunderts, ist in Europa unweigerlich verbunden mit der Religionsfrage. Migration verlangt nach Integration, will eine Gesellschaft nicht zerbrechen. Integration von Menschen aber ist nicht denkbar ohne Integration ihrer Religionen. Wie auch immer ein jeder seine eigene (Un-)Religiosität leben mag, Tatsache ist, dass Religion unabdingbarer Bestandteil jener Migrationskulturen ist, denen wir aktuell in Deutschland begegnen. Der Umstand, dass es sich dabei meist um voraufklärerische Religiosität handelt, macht den gesellschaftlichen Disput nicht unbedingt einfacher.

Integration kann nicht einer wie auch immer daherkommenden Multi-Kulti-Idylle geschuldet sein. Integration ist ein klares politisches Ziel – Ergebnis einer nüchternen demografischen wie gesellschaftlichen Analyse von Realitäten. Dass es in der Person des Unionspolitikers Wolfgang Schäuble ausgerechnet ein konservativer Christdemokrat ist, der mit seiner Islamkonferenz die Republik einen gehörigen Schub vorangebracht hat, hat weniger damit zu tun, dass wir es bei diesem Bundesinnenminister mit einem Romantiker zu tun haben. Es scheint vielmehr der von politischer Analyse und Vernunft getragene Blick in bundesdeutsche Realitäten und vorhersehbare Zukunftsszenarien zu sein, die den spätberufenen Integrationspolitiker Wolfgang Schäuble zu einer pragmatischen Politik antreibt, von der die Republik unter Rot-Grün nur hätte träumen können.

Das Anwachsen der wesentlich religiös geprägten Migrationskulturen geht einher mit einer gern behaupteten generellen Renaissance der Religionen, nicht zuletzt unter jungen Menschen. Der katholische Weltjugendtag, ein unverkennbarer Papst-Hype und ein gewisser religiöser Pragmatismus der Generation ‚Praktikum' müssen als Indizien dafür herhalten. Doch gilt es, dieses Phänomen differenzierter zu betrachten, als es die vorschnellen Glücksgefühle einiger Prediger und Prälaten nahe legen. Die verfassten Kirchen sind nicht klug beraten, zu früh zu frohlocken ob eines vermeintlichen Trends zu neuer Religiosität. Dies hat gleich zu Beginn der Trialog-Konferenz der Jugendforscher Heiner Barz nachhaltig herausgearbeitet. Nicht zufällig sprechen Religionssoziologen von einem „believing without belonging". Der religiösen Sehnsucht junger Menschen folgt eben nicht die religiöse Bindungsbereitschaft auf dem Fuße. Denn dies würde bedeuten, sich einzulassen auf ein religiöses Moral- und Regelsystem, das ihnen widerstrebt. Nachdenken über den Stellenwert von Religionen in der Schule muss auch diesen Widerspruch aushalten, dass nämlich junge Menschen zwar gern Iso-Matte und Schlafsack zusammenrollen, um zum Weltjugendtag, nach Taizé oder Rom zu pilgern; was sie aber, dort angekommen, nicht davon abhalten wird, nächtens in eben diesen Schlafsäcken ihre eigene Moral zu leben.

„Während für die einen Religion zur vergessenen Beigabe einer diffusen abendländischen Identität geworden ist, stellen die anderen im Zweifelsfall ihre religiös-traditionellen Werte dem eigenen Leben klar voran."

So treffen in unseren Schulen als einem Spiegel gesellschaftlicher Verhältnisse religiös ganz unterschiedlich sozialisierte Gruppen von Jugendlichen aufeinander. Zum einen jene im weitesten Sinne in der christlich-abendländischen Tradition aufgewachsenen Schüler, denen meist ihre eigenen religiösen Wurzeln fremd geworden sind und die, wenn überhaupt, sich einer frei floatenden Patchwork-Religiosität hingeben, und zum anderen jene Jugendlichen mit unterschiedlichen Migrationshintergründen, die aus oft sehr stark von islamischen Traditionen geprägten Elternhäusern stammen und von denen einige sich selbst auch als engagierte Muslime verstehen. Während für die einen Religion zur vergessenen Beigabe einer diffusen abendländischen Identität geworden ist, stellen die anderen im Zweifelsfall ihre religiös-traditionellen Werte dem eigenen Leben klar voran. Dass sich beide Gruppen vermischen, sei der Redlichkeit halber nicht verschwiegen – es finden sich auf unseren Schulen ebenso säkular geprägte junge Muslime wie traditionell-fromme junge Christen.

Religion und Vernunft leisten einander korrigierend und ergänzend ihren Beitrag zur Bildung junger Menschen. Gerade wenn wir eine neue Bedeutung von verschiedenen Religionen auf der politischen Bühne konstatieren müssen, hat Bildungspolitik dem Rechnung zu tragen. Es ist ein tragischer und absurder

Irrtum, zu meinen, in der Persönlichkeitsbildung junger Menschen müsse Religion keine Rolle mehr spielen. Die individuelle Glaubensentscheidung ist und bleibt ein Akt der Freiheit; das Ausklammern der *éducation religieuse* und der religionsgeschichtlichen Wissensvermittlung aus schulischen Lehrplänen ist frevelhafte Ignoranz. Der in dieser Frage sicherlich eher unverdächtige Skeptiker George Steiner formulierte es unlängst so: „Es fällt ungemein schwer, sich vorzustellen, wie die Karten unseres Geistes und des Universums, das er bewohnt, wie das Alphabet unserer Erkenntnis aussähen, wenn die Gottesproblematik ihre Bedeutung verlöre. Keine ‚Gott-ist-tot'-Rhetorik, keine Erosion der organisierten Religion in den Supermärkten des Westens käme an das Erlöschen der Existenzmöglichkeiten Gottes im Innern unseres Bewusstseins heran."

„Es ist ein tragischer und absurder Irrtum, zu meinen, in der Persönlichkeitsbildung junger Menschen müsse Religion keine Rolle mehr spielen. Die individuelle Glaubensentscheidung ist und bleibt ein Akt der Freiheit."

Der Umgang mit Religion ist spätestens seit der Aufklärung untrennbar verbunden mit den Prinzipien der Selbstbestimmung und der Vernunft. Dies anzuerkennen stellt ganz sicher die größte Herausforderung für die uns real umgebenden Migrationskulturen dar – und doch ist es eine Conditio sine qua non! Hinzu kommt die nüchterne historische Erkenntnis, dass Religion in Europas Geschichte wie Gegenwart nicht auf die christliche Variante reduziert werden kann. Was ist geschehen, dass in den aktuellen religiös-politischen Debatten von den einen gern historische Konstellationen vergessen werden, während die anderen argumentieren, als hätte es Aufklärung und Demokratisierungsprozesse nie gegeben? Wissen wir zu wenig voneinander, von der ganz Europa eigenen Geschichte in all ihren unterschiedlichen Traditionen?

Erinnern wir uns: Am 11. September 2001 um exakt 8.46 Uhr geriet eine Religion und damit die religiöse Praxis vieler Migranten in die Schlagzeilen. Bis dato mehr oder weniger geduldet, gelegentlich sogar belächelt, sahen sich Millionen Muslime weltweit unter einen Generalverdacht gestellt, zu dem sie in den Folgemonaten auch das Ihrige beitrugen. Die Präsenz von Religionen in der Schule, wie sie auf der 11. Trialog-Konferenz der Herbert-Quandt-Stiftung thematisiert wurde, öffnet die Chance eines gesellschaftlichen Dialogs und nimmt in bester aufklärerischer Tradition alle Partner in die Pflicht. Denn es trifft für Jugendliche welcher Herkunft auch immer zu, was der maghrebinische Schriftsteller Tahar Ben Jelloun unlängst in einem Interview mit der *Neuen Zürcher Zeitung* formulierte, dass nämlich „zu wenig getan wurde, um zwei so unterschiedliche Kulturen wie die muslimische und die westliche aufeinander einzustimmen. Man weiß zu wenig vom anderen. Ich glaube stark an die Pädagogik. Zuerst muss man wissen, woher man kommt ... dann sollte der Dialog mit der anderen Kultur folgen!" ❑

„Frank O. Gehry senkte mitten in das Gebäude der DZ Bank hinein eine begehbare Skulptur, einen Nukleus des Nachdenkens, für ihn ein Platz der nicht nur architektonischen Visionen – ein guter Ort für die 11. Konferenz des Trialogs der Kulturen.“

Meinhard Schmidt-Degenhard

Religion und Staatsverständnis im 21. Jahrhundert

Berliner Erkenntnisse und Empfehlungen

Wolfgang Schäuble

Die Auseinandersetzung über das Verhältnis von Muslimen und öffentlicher Ordnung westlicher Prägung beschäftigt uns seit einiger Zeit besonders. An anderer Stelle habe ich zu dieser gerade für Deutschland wichtigen Frage Stellung bezogen.[1] Lassen Sie uns in diesem Rahmen hier etwas grundsätzlicher ansetzen: mit der Frage nach den wechselseitigen Einflüssen von Staat und Kirche aufeinander, von Religion und politischer Kultur eines Landes.

Im August des Jahres 2006 gab die Evangelische Kirche in Deutschland zehn Thesen zum Religionsunterricht heraus.[2] Vorangestellt war ein Vorwort des EKD-Ratsvorsitzenden, Bischof Dr. Wolfgang Huber, das mit der These beginnt: „Religion ist ein Großthema des 21. Jahrhunderts". Kardinal Karl Lehmann wiederum hat sich in seiner Silvesterpredigt zur Jahreswende 2005 auf 2006[3] ebenfalls mit dem Thema „Rückkehr des Religiösen" befasst. Der Pluralismus der Weltanschauungen und Religionen, so der Vorsitzende der Deutschen Bischofskonferenz, ströme „mächtig von außen und innen in unsere Gesellschaft" hinein. Mich persönlich erinnert die gegenwärtige Situation an die André Malraux zugeschriebene Sentenz, das 21. Jahrhundert werde ein Jahrhundert der Religionen sein oder aber es werde nicht sein.

Sind nun die Behauptungen der beiden christlichen Großkirchen nur das berühmte „Pfeifen im Walde"; sollen sie über geringere Mitgliederzahlen oder einen befürchteten Bedeutungsverlust in Gesellschaft und Politik hinwegtrösten? Sicherlich nicht. Wenngleich ein Schwund an Mitgliedern in den letzten Jahren zu beklagen war, so sind die großen Austrittswellen offensichtlich nun zum Stillstand gekommen. Es ist vielmehr – wie in anderen Bereichen unseres Lebens auch – die demografische Entwicklung, die an den Kirchen und ihren Mitgliedern ihre Spuren hinterlässt. Die gesellschaftspolitische Bedeutung der

[1] Vgl. z. B. Schäuble, Wolfgang: Muslime in Deutschland. In: *Frankfurter Allgemeine Zeitung* vom 27.09.2006. Zugriff unter: http://www.wolfgang-schaeuble.de/texte/060927faz.pdf

[2] Kirchenamt der Evangelischen Kirche in Deutschland (Hg.): Religionsunterricht. 10 Thesen des Rates der Evangelischen Kirche in Deutschland. Hannover 2006. Zugriff unter: http://www.ekd.de/download/religionsunterricht.pdf

[3] Lehmann, Karl: Predigt zum Jahresabschluss 2005 am 31. Dezember 2005 im Hohen Dom zu Mainz. Zugriff unter: http://www.bistummainz.de/bm/dcms/sites/bistum/bistum/kardinal/predigten/predigten_2005/index.html

Kirchen ist damit aber aus meiner Sicht keineswegs gesunken. So sind gerade sie Partner bei den Problemen, die dringend gelöst werden müssen: Globalisierungsfolgen, Arbeitslosigkeit, neue Herausforderungen durch Gentechnik, Integration von Zuwanderern, interreligiöser Dialog.

Mit ihrer Feststellung einer Rückkehr der Religionen stehen unsere beiden führenden Geistlichen nicht allein. Das Phänomen beschäftigt Medien, Wissenschaft, akademische Konferenzen, Fortbildungsveranstaltungen und Publikationen gleichermaßen. Es herrscht Einigkeit darüber, dass das 21. Jahrhundert von einer Wiederkehr der Religionen geprägt sein wird. Die einen sehen diese Tatsache mit Genugtuung, andere mit Skepsis oder Erschrecken. Die von vielen seit der Aufklärung als unaufhaltsam vorhergesagte Säkularisierung, die Kirchen und Glaube gleichsam erosionsartig hinwegfege, ist so nicht eingetreten. Immerwährender Fortschritt durch Selbsterlösung des modernen, rationalen, aufgeklärten Menschen hat sich nicht eingestellt.

„Es herrscht Einigkeit darüber, dass das 21. Jahrhundert von einer Wiederkehr der Religionen geprägt sein wird. Die einen sehen diese Tatsache mit Genugtuung, andere mit Skepsis oder Erschrecken.“

Unsere Konsumgesellschaft hält auch für die, die von ihr profitieren, keinen Lebenssinn bereit. Manchmal hat man im Gegenteil das Gefühl, dass die Zahl der Enttäuschten zunimmt und der Grad der Kohäsionskräfte unserer freiheitlichen Gesellschaft eher schwächer wird. Ein Faktor hierbei wird der demografische Wandel, die schwindende Geburtenzahl sein. Wir haben weniger junge Menschen. Und die Älteren in unserem Lande haben zunehmend Probleme, den Jüngeren ausreichendes Rüstzeug an verbindlichen Erfahrungen und Werten auf den Lebensweg mitzugeben. Das geht uns alle an und ist keineswegs nur ein Problem der Integration von Zuwanderern.

Für die Bewältigung all dieser Veränderungen in unserer Gesellschaft halte ich jedenfalls die transzendente Dimension, die Werte-Ebene, für unverzichtbar. Es ist schon beeindruckend, wie selbstverständlich sich die Menschen in Krisensituationen noch immer an die Kirchen wenden, ich denke an den 11. September 2001, an die Gewalttat in dem Erfurter Gymnasium oder an das Eisenbahnunglück von Eschede. Wie auch wissenschaftliche Studien zeigen, ist der Atheismus weltweit auf dem Rückzug. Den atheistisch geprägten kommunistischen Machtblock gibt es nicht mehr, bis auf einige wenige Staaten wie etwa Nordkorea. In den anderen früheren Ländern des Ostblocks sind die christlichen Kirchen wieder zu gesellschaftlich präsenten Kräften geworden, vor allem die orthodoxen Kirchen. Der Islam hat als eine der drei großen Weltreligionen in neuer Weise die Weltbühne betreten. Das Christentum erlebt vor allem in seiner evangelikalen Ausprägung ein neues Wachstum, vor allem auf dem südamerikanischen Kontinent, aber auch in China. Auch andere Religionen, wie beispielsweise der Hinduismus, verzeichnen deutliche Zuwächse.

Diese weltweit zu erkennenden Phänomene finden ansatzweise auch in Deutschland ihren Niederschlag. Dabei herrscht eine eigentümliche spiegelverkehrte Entsprechung zwischen gesellschaftlich-politischer Lage und Wertschätzung von Religion und Glauben vor. Um es einmal zugespitzt zu formulieren: Je besser es einer Gesellschaft in materieller Hinsicht geht, desto geringer scheint der Bedarf an geistigem Zuspruch. Je bedrohter dagegen sie sich fühlt, umso mehr wendet sie sich Fragen nach Identität, Werten und Glauben zu.

In den frühen 1990er Jahren, als ich für die inneren Aspekte der deutschen Wiedervereinigung eine gewisse Verantwortung trug, führte ich ein Gespräch mit den Bischöfen der evangelischen Landeskirchen der neuen Bundesländer. Die legten sich alle ins Zeug, sich gegenüber dem Innenminister zu beklagen, wie schwierig doch die politische Lage in den neuen Ländern sei und wie sehr die Menschen litten. Ich habe dann gefragt, wie es denn mit dem Gottesdienstbesuch aussehe. Die Antwort war eindeutig: Es sei noch viel schlechter geworden als vor der Wende. Daraufhin fragte ich, ob noch der alte Satz gelte, dass in schlechten Zeiten der Gottesdienstbesuch eher besser sei. Ja, der gelte noch. Demnach, fuhr ich fort, könnten sie ganz getrost sein, denn so schlecht sei die Lage wohl noch nicht, dass die Leute es nötig hätten, wieder zur Kirche zu gehen. Warten Sie ab, bis die Lage im Lande noch schlechter wird, dann geht es den Kirchen wahrscheinlich wieder besser!

In der Tat ist unser Land vor allem durch die Zuwanderung religiös vielfältiger geworden. Damit gewinnen auch religiöse Fragen wieder an Bedeutung: „Wie hast du's mit der Religion?" – die Gretchenfrage stellt sich heute tatsächlich neu und aktuell. Ob dies den großen christlichen Kirchen zugutekommt, ist allerdings noch fraglich. Ereignisse wie der Weltjugendtag oder die Wahl eines deutschen Papstes haben jeweils großes öffentliches Interesse an dem Phänomen Religion offenbart. Keiner weiß aber, ob nicht diese Geschehnisse nur „Event-Charakter" haben. Kardinal Lehmann ist skeptisch, wenn er in der schon erwähnten Silvesterpredigt anmerkt: „Die christlichen Kirchen wissen, dass ‚Rückkehr des Religiösen' nicht von selbst in die Kirchen hineinführt."

„Je besser es einer Gesellschaft in materieller Hinsicht geht, desto geringer scheint der Bedarf an geistigem Zuspruch. Je bedrohter dagegen sie sich fühlt, umso mehr wendet sie sich Fragen nach Identität, Werten und Glauben zu."

Ist das weltweite Interesse an Religion und vor allem die Herausforderung durch den Islam für die Christen hierzulande aber nicht sogar ein positives Signal für einen neuen Aufbruch? „Weck die tote Christenheit aus dem Schlaf der Sicherheit!" – das wurde zwar 1827 gedichtet[4] – schien also schon damals nötig –, der Aufruf enthält indes auch heute noch ein Quäntchen Aktualität. Ich bin davon überzeugt, dass die Auseinandersetzung mit dem Islam auch zu einer Neubelebung des Christentums, ja vielleicht sogar zu einer Renaissance beitragen wird.

Religion hat, das wissen gerade wir Christen aus einer zweitausendjährigen Kirchengeschichte, zwei Gesichter: Unbestreitbar hatten Kriege und Gewalt-

[4] Aus: „Sonne der Gerechtigkeit", Strophe 2 von Christian Gottlob Barth, 1827. In: Evangelisches Kirchengesangbuch, Ausgabe für die Evangelische Kirche im Rheinland, die Evangelische Kirche von Westfalen, die Lippische Landeskirche, Nr. 263.

taten in der Menschheitsgeschichte auch religiöse Wurzeln oder fanden eine religiöse Rechtfertigung. Keine der großen Weltreligionen kann sich von diesen destruktiven Kräften freisprechen. Wer aber daraus den Schluss zieht, Religion völlig aus dem menschlichen Miteinander zu verbannen und allenfalls ins Privatleben zurückzudrängen, befindet sich in einem folgenschweren Irrtum. Und er verkennt, dass den Religionen seit jeher zumindest auch ein friedenstiftendes Potenzial innewohnt. Politik und Staat wiederum sind beileibe keine selbstverständlichen Garanten von Frieden oder Verträglichkeit. Die schlimmste Barbarei, die die Menschheitsgeschichte wohl je erfahren hat, ging von zwei Ideologien aus, die beide erklärtermaßen kirchen- und religionsfeindlich waren: Nationalsozialismus und Kommunismus. Hitler hat erklärt, dass nach der Vernichtung des Judentums die Zerschlagung der christlichen Kirche an der Reihe sei. Der industrielle Massenmord an den Juden und anderen Minderheiten, wozu auch viele Christen gehörten, konnte nur von einem zutiefst gottlosen Regime durchgeführt werden. Die Installierung einer Ersatzreligion in Form des kommunistischen Staatsatheismus und die Verfolgung der Christen in den kommunistischen Staaten sprechen ihrerseits nicht gerade für Humanität, sondern für eine Ideologie, die ursprünglich wohl meinte, auf Erden ein Himmelreich in Form einer klassenlosen Gesellschaft errichten zu können. An den Folgen leiden die Völker der ehemaligen Sowjetunion bis heute.

„Ereignisse wie der Weltjugendtag oder die Wahl eines deutschen Papstes haben jeweils großes öffentliches Interesse an dem Phänomen Religion offenbart. Keiner weiß aber, ob nicht diese Geschehnisse nur ‚Event-Charakter' haben."

Ich bin vor kurzem in Auschwitz-Birkenau gewesen. Es packt und erschüttert auch den heutigen Betrachter, wozu Menschen, die als zivilisiert galten, fähig waren. Mich ließ das an jenen Satz denken, den der Dresdener Bischof Joachim Reinelt 1995 zum 50. Jahrestag der Dresdener Bombennacht gesagt hat: „Wo immer in der Welt einer nicht mehr weiß, dass er höchstens der Zweite ist, da ist bald der Teufel los." Und die Versuchung, sich für allmächtig zu halten, war wahrscheinlich einer der tieferen Gründe, warum die antireligiösen Ideologien des 20. Jahrhunderts so menschenverachtend werden konnten.

Es ist bedrückend, wie lange der staatlich verordnete Atheismus auch bei uns in Deutschland heute noch auf dem Gebiet der früheren DDR nachwirkt. Kirche galt als überholt und unerwünscht, und so verschwand sie zum Teil völlig aus dem Bewusstsein weiter Bevölkerungskreise. Richard Schröder hat sich immer wieder mit den Folgen hiervon auch für die Gesellschaft beschäftigt, die wir „im Westen" in ihren mittelbaren Auswirkungen vielleicht unterschätzt haben. Die Kirche wird von vielen in den neuen Ländern nach wie vor mit Ressentiments betrachtet. Aber auch im Westen haben sich viele von den Kirchen abgewandt. Wie der Bischof der Pommerschen Evangelischen Kirche, Dr. Hans-Jürgen Abromeit, kürzlich schrieb, wird „der Inhalt, für den die Kirche steht, der Glaube an Gott und Jesus Christus, als Ausdruck einer vergangenen Zeit, ja als sogar gefährliches ideologisches Interpretament einer auf

Macht und Einfluss bedachten, rückwärtsgewandten gesellschaftlichen Gruppe verstanden".

Die Religionskritiker verkennen, dass die beiden großen christlichen Kirchen längst die Werte der Aufklärung vertreten. Sie verkennen ebenfalls den positiven Einfluss der Kirchen auf die Entwicklung von Werten wie Mitmenschlichkeit und Solidarität, Zuwendung zu Armen und Schwachen, Bekämpfung von Rassismus und Fremdenfeindlichkeit. Christen ist die Nächsten- und Feindesliebe aufgegeben. Sie haben deshalb, wie sich auch in den Geschichtsbüchern an unzähligen Stellen nachlesen lässt, immer wieder die Pflicht zur Versöhnung gesehen über Gräben und Feindschaften hinweg.

Hierzu sei an die Nachkriegsgeschichte in Deutschland erinnert. Der erfolgreiche Aufbau einer friedvollen und demokratischen Gesellschaft in der Bundesrepublik hatte sicher viele Ursachen: die Unterstützung durch die USA, die gesamtwirtschaftlich günstige Lage, der Fleiß der Bevölkerung. Ein wesentlicher Faktor war in jedem Fall der maßgebliche Einfluss vieler verantwortlicher Christen. Ich nenne nur den Katholiken Konrad Adenauer, der die Geschicke der jungen Bundesrepublik als Kanzler von ihrer Gründung bis in die 1960er Jahre hinein lenkte, oder den Protestanten Ludwig Erhard, der ihm nach langen Jahren als Bundeswirtschaftsminister im Amt folgte. Aus ihrer christlichen Überzeugung heraus hatten sie früh erkannt, dass die Bundesrepublik Deutschland nur dann wieder einen geachteten Platz unter den Völkern einnehmen wird, wenn der unbedingte Wille zur Versöhnung und zur Wiedergutmachung des Unrechts die deutsche Politik prägt. Dieser auch religiös motivierte Wille zur Versöhnung hat zur Einigung Europas ebenso beigetragen wie zu einem neuen Verhältnis zu den Juden und zu Israel. Der entscheidende Beitrag kirchlich-gesellschaftlichen Denkens zur politischen Kultur im Lande ließe sich im Übrigen wohl auch am Beispiel einer anderen Epochenschwelle der deutschen Zeitgeschichte darstellen: Aus kirchlichen Kreisen – etwa um die Leipziger Thomaskirche – ging, wenn auch aus einer Minderheitssituation, letztlich die unblutige Wende 1989/1990 hervor.

„Wer noch eine solide christliche Bildung genossen hat, weiß, wie tief und lebendig die Bilder der biblischen Erzählungen und Gleichnisse oder der Lieder und Gebete sind."

Die Kirchen waren auch die Ersten in Deutschland, die erkannten, dass die unter uns lebenden Muslime nicht nur „Gastarbeiter" sind, die auf einige Jahre hierher zum Aufbau kommen und dann möglichst wieder in ihre Heimatländer zurückkehren sollen, sondern dass wir Menschen aufgenommen haben, mit denen wir zusammenleben und deshalb das Gespräch suchen müssen.

Alle großen Religionen haben ein solches friedenstiftendes Potenzial. Hier stimme ich mit Hans Küng und seiner Idee eines Weltethos überein: Es kann wohl kaum einen Frieden unter den Nationen geben ohne einen Frieden unter den großen Weltreligionen. Deshalb ist der Dialog mit dem Islam zurzeit eines der wichtigsten Themen überhaupt. Wir müssen mit unseren muslimischen Partnern im Gespräch darum ringen, dass wir die heute im Namen des Islam begangenen Terrorakte und Gewalttaten nicht der Religion, sondern ihrem

Missbrauch zuschreiben. Und es muss eine deutliche und klare Ächtung der Gewalttaten durch religiöse Autoritäten geben. Ermutigende Anzeichen aus dem islamischen Raum gibt es ja durchaus, beispielsweise den Brief von 38 islamischen Autoritäten vom 12. Oktober 2006 an den Papst.[5]

Um diese Fragen wird es auch in der von mir einberufenen Deutschen Islam Konferenz gehen. Wir wollen im Verlauf dieser Konferenz herausarbeiten, wie der Islam sich konstruktiv, friedlich und kooperativ in unsere Gesellschaft einbringen kann. Das wird nicht funktionieren, wenn er sich in eine parallele Welt zurückzieht, in der unsere freiheitlich-demokratischen Grundwerte wie etwa die Gleichberechtigung der Frau nicht akzeptiert werden. Wir werden hier so deutlich wie konstruktiv miteinander diskutieren müssen.

Diese Auseinandersetzung, die von Respekt und gegenseitiger Anerkennung getragen sein sollte, kann aber nur der bestehen, wer sich seiner eigenen Wurzeln bewusst ist und einen eigenen klaren Standpunkt hat. Wie aber kommt man dazu, diese Wurzeln zu kennen und von diesen aus für sich selbst zu einem eigenen Standpunkt, ja zu einem Bekenntnis zu gelangen? Religiöse Erfahrungen und Kenntnisse machen und erlernen wir vor allem im Kindes- und Jugendalter. Wer noch eine solide christliche Bildung genossen hat, weiß, wie tief und lebendig die Bilder der biblischen Erzählungen und Gleichnisse oder der Lieder und Gebete sind. Auch in allen anderen Religionen gibt man die religiösen Kenntnisse an die Kinder weiter. Bekenntnisneutraler Ethikunterricht dagegen dürfte in der Geschichte ein Novum sein.

„Wenn wir davon überzeugt sind, dass Religion das große Thema des 21. Jahrhunderts ist, dann kann und sollte es aus den Schulen nicht verbannt werden.“

Wenn wir davon überzeugt sind, dass Religion das große Thema des 21. Jahrhunderts ist, dann kann und sollte es aus den Schulen nicht verbannt werden. Es ist Aufgabe der Eltern und Schulen, die Kinder an die großen Themen und Fragen der Zeit heranzuführen. In diesem Fall kommt hinzu, dass es sich ohnehin um ein zeitloses Thema handelt. Rückständig sind nur die, die die Religion immer noch bekämpfen und nicht verstehen, wie sehr wir ihr friedenstiftendes Potenzial brauchen.

Wer sich ein Bild über die Lehrinhalte des evangelischen oder katholischen Religionsunterrichts verschafft, wird schnell feststellen, dass hier auch Wissen über andere Religionen, über die wichtigsten Strömungen der Philosophie – von Sokrates und Plato bis zu Kant und Sartre – vermittelt werden. Der Kernbereich des Religiösen bleibt freilich unverfügbar und dem Staat nicht zugänglich. Deswegen hat der Verfassungsgeber in Artikel 7 Absatz 3 des Grundgesetzes eine Entscheidung getroffen, die den Religionsunterricht nicht aus der Schule verbannt, sondern in Zusammenarbeit mit Religionsgemeinschaft und

[5] Erwiderung auf die Rede des Papstes an der Universität Regensburg vom 12. September 2006: „Im Namen Gottes, des Erbarmers, des Barmherzigen“. Offener Brief an Seine Heiligkeit Papst Benedikt XVI. In: *Die Tagespost. Katholische Zeitung für Politik, Gesellschaft und Kultur* vom 19.10.2006. Zugriff unter: http://www.die-tagespost.de/archiv/titel_anzeige.asp?ID=27240

Staat ermöglicht und seine inhaltliche Ausgestaltung bei den Religionsgemeinschaften belässt.

Trotz der neuen Pluralität der Religionen sind die beiden großen christlichen Kirchen auch heute noch die wichtigsten Repräsentanten und Vermittler von Religion in Deutschland. Wir erwarten von den Kirchen, dass sie bestimmte Aufgaben für das Gemeinwesen erfüllen. Diakonie und Caritas, also die großen kirchlichen sozialen Institutionen, erbringen unschätzbare Dienste für unsere Gesellschaft, die wir nicht gering achten sollten. Nüchterne Beobachter konstatieren, dass dies vielleicht ein wichtiger Grund – wenn nicht der wichtigste – für die Wertschätzung der Amtskirchen durch Staat und Politik ist. Die kirchliche Trägerschaft so vieler sozialer Institutionen – Krankenhäuser, Kindergärten, Altenheime, Beratungsstellen – und das hier weit verbreitete Ehrenamt entlasten den Staat in der Sozialfürsorge erheblich. Ich verstehe diese nüchterne, rein fiskalische Sicht, teile sie aber nicht. Denn das, was die Kirchen darüber hinaus für Seele und Gemüt der Menschen leisten, ist unschätzbar und sollte auch von einem säkularen Staat, der allen Religionen eine Heimstatt bieten muss, wahrgenommen und anerkannt werden.

Wir können und wollen unser historisch gewachsenes Verfassungsrecht, das sich mit dem Verhältnis von Staat, Kirchen und Religion befasst, nicht von heute auf morgen ändern. Die Verfassungskommission, die nach der Wende 1990 einberufen wurde, ist zu dem Schluss gekommen, dass sich diese staatskirchenrechtliche Ordnung bewährt hat und kein Änderungsbedarf besteht. Heute ist es unsere Aufgabe, auf die Religionsgemeinschaften zuzugehen, die zum Zeitpunkt der Formulierung der Weimarer Reichsverfassung in Deutschland noch keine Rolle spielten. Sie sollten konstruktiv in das zu den christlichen Kirchen gewachsene Verhältnis einbezogen werden. Auch das wird ein wichtiges Thema der Deutschen Islam Konferenz sein.

„Diakonie und Caritas, also die großen kirchlichen sozialen Institutionen, erbringen unschätzbare Dienste für unsere Gesellschaft, die wir nicht gering achten sollten.“

Das in unserer Verfassung niedergelegte Staatskirchenrecht ist als neutrales Rahmenrecht für religiösweltanschauliche Vielfalt offen. Das institutionelle Staatskirchenrecht, das für religiöse Gemeinschaften bestimmte Rechtsformen – im Wesentlichen den Verein oder die Körperschaft öffentlichen Rechts – sowie eine Kooperation zwischen Staat und Religionsgemeinschaft vorsieht, ist für Muslime zwar ungewohnt. Es bietet ihnen aber die Möglichkeit zur Verständigung mit dem Staat. Das gilt für den Religionsunterricht, die Seelsorge und für andere Bereiche, in denen sich Staat und Religionsgemeinschaften gemeinsam um die ihnen anvertrauten Menschen kümmern. Ich halte es für einen großen Vorzug des freiheitlichen deutschen Systems, dass diese partnerschaftliche Zusammenarbeit zwischen Religionsgemeinschaft und Staat möglich ist.

Wir brauchen nicht nur das soziale Engagement der großen christlichen Kirchen, sondern auch das anderer, zugewanderter Religionsgemeinschaften, vor allem der Muslime. Viele Aufgaben – muslimischer Religionsunterricht, muslimische Mitarbeit in Kindergärten, Pflege der Alten und Kranken – sind Aufgaben, die gemeinsam in Angriff genommen werden müssen.

Wenn wir im Rahmen einer Tagung zum Thema „Religionen in der Schule" von „Berliner Erkenntnissen und Empfehlungen" sprechen, ist klar, dass ich zu Ihnen nur als Bundespolitiker spreche. Das Thema Religion in der Schule ist dagegen nach der verfassungsrechtlichen Zuweisung zunächst ein Thema der Länder. Wenn wir allerdings auf das Land Berlin blicken, stellen sich gerade für die aktuelle Diskussion viele Fragen zu diesem Thema. In Berlin hat das Thema Religion in der Schule wahrlich keine gute Konjunktur. Seit diesem Schuljahr hat Berlin das Fach Ethik für alle Schüler als Pflichtfach eingeführt. Kirchliche Vertreter sprechen offen davon, dass damit der Religionsunterricht bewusst und absichtlich aus den Schulen verdrängt wird. Artikel 7 Absatz 3 GG, der – wie ich meine aus guten Gründen – einen bekenntnisorientierten Religionsunterricht in den öffentlichen staatlichen Schulen vorsieht, gilt in Berlin nicht. Man beruft sich hierzulande auf die so genannte „Bremer Klausel". Die Bremer Klausel ist allerdings ursprünglich nicht aus religions- oder kirchenfeindlichen Gründen entstanden. Sie nahm nur Rücksicht auf besondere historische Traditionen der Hansestadt. Wie auch immer die rechtliche Lage zu beurteilen ist, aus religionspolitischer Sicht kann man feststellen, dass die Bremer Klausel in Berlin bewusst gegen den hier in bestimmten Kreisen als schädlich angesehenen Einfluss der christlichen Kirchen eingesetzt wird.

„Wir brauchen nicht nur das soziale Engagement der großen christlichen Kirchen, sondern auch das anderer, zugewanderter Religionsgemeinschaften, vor allem der Muslime."

Kinder und Jugendliche fragen nach Ursprung und Sinn unseres Lebens. Glauben Sie denn, dass junge Menschen – verborgen hinter ihrer coolen Fassade und ihren elektronischen Geräten – die Frage nach Gott nicht umtreibt? Ich bin überzeugt, dass auch ein exzellenter Ethikunterricht die großen Menschheitsfragen nach dem Woher und Wohin nicht befriedigend beantworten kann. Die Ethiklehrer in Berlin werden in Kursen geschult, ihren Unterricht möglichst wertfrei und neutral zu gestalten. Ich bin sicher, dass einem solchen Unterricht die tiefere Dimension fehlt.

Ein Philosophieprofessor, Herbert Schnädelbach, Professor emeritus der Humboldt-Universität zu Berlin, hat die Einstellung zu unserem christlichen Erbe, die hinter der Berliner Entscheidung steht, kürzlich wie folgt auf den Punkt gebracht: „Tatsächlich kommt es weitgehend nur noch als ästhetische Garnierung unseres praktischen Atheismus vor, und sonst konservieren wir es in Museen, zu denen inzwischen auch viele Kirchen gehören."

Wer meint, dass wir weder den christlichen Glauben noch die anderen Religionen brauchen, verkennt die Entwicklung, die ich eingangs skizziert habe. Er verkennt auch unsere Verfassung. Das Grundgesetz kann eben nicht zur Begründung einer säkularisierten, laizistischen Grundordnung herangezogen werden. Aus der Gesamtheit der verfassungsrechtlichen Vorschriften ergibt sich etwas ganz anderes. Die Väter und Mütter des Grundgesetzes haben nach den furchtbaren Erfahrungen eines kirchen- und religionsfeindlichen Regimes mit Bedacht die gesamten verfassungsrechtlichen Vorschriften in Form der Präambel in die Verantwortung vor Gott und den Menschen gestellt. Sie haben nicht nur die Religions- und Gewissensfreiheit im Katalog der Menschenrechte aufgeführt. Sie haben darüber hinaus das öffentliche Wirken der Religionsgemeinschaften herausgestellt und anerkannt, indem sie die staatskirchenrechtlichen Artikel der Weimarer Reichsverfassung übernommen haben. Sie haben dem Religionsunterricht, und zwar dem bekenntnisorientierten, in den Schulen durch Artikel 7 Absatz 3 einen besonderen Stellenwert zugeschrieben. Diese Vorschrift, das ist in Literatur und Rechtsprechung einhellige Meinung, ist keineswegs Ausdruck eines Privilegs der Kirchen, sondern der Religionsfreiheit. In der Vorschrift ist ja auch nicht von Kirchen oder öffentlich-rechtlichen Körperschaften, sondern von Religionsgemeinschaften die Rede.

„Glauben Sie denn, dass junge Menschen – verborgen hinter ihrer coolen Fassade und ihren elektronischen Geräten – die Frage nach Gott nicht umtreibt?“

Die Verdrängung der Religion aus dem öffentlichen Leben und aus den Schulen widerspricht – davon bin ich fest überzeugt – den Intentionen unserer Verfassung. Die Bremer Klausel ist in Deutschland die Ausnahme, nicht die Regel. In allen neuen Ländern bis auf das Land Brandenburg ist Religionsunterricht im Sinne von Artikel 7 Absatz 3 eingeführt worden. Er wird dort, das ist zu hören, trotz der Entkirchlichung gut angenommen und soll bei den Schülern recht beliebt sein. Das Land Brandenburg hat aus meiner Sicht bedauerlicherweise mit dem Fach LER (Lebensgestaltung-Ethik-Religionskunde) einen anderen Weg eingeschlagen. Es ist schade, dass sich das Bundesverfassungsgericht nicht zu einer klaren Entscheidung in diesem Verfassungsstreit durchringen konnte.

Als Fazit meiner Ausführungen möchte ich noch einmal folgende drei Punkte herausstellen:

- Religion hat einen neuen Stellenwert erlangt angesichts der Herausforderungen durch Globalisierung, Gentechnik und Pluralität der Konfessionen in modernen Gesellschaften.

- Alle Religionsgemeinschaften, nicht nur die Kirchen, sind aufgefordert, sich im Rahmen der verfassungsrechtlichen Ordnung im öffentlichen Leben einzubringen. Dies geht von einer Mitwirkung am Religionsunterricht in den Schulen bis hin zur öffentlichen Stellungnahme gegen den Missbrauch von Religion durch Terroristen oder Fundamentalisten. Bei allen unleugbaren Schwierigkeiten und trotz vieler ungeklärter Fragen wollen wir gerade den Muslimen die Chance zur Mitgestaltung an dieser Gesellschaft geben.

- Das Herausdrängen von Religion und Kirche aus dem öffentlichen Wirken in Schule und Gesellschaft ist keineswegs weiterführend, sondern schädlich und beeinträchtigt unsere Zukunftschancen. ❑

Jugend – Glaube(n) – Bildung: Forschungen und Thesen

Zum Stellenwert von Religion für junge Menschen heute

Heiner Barz

Seit dem Medienhype, der sich um zwei Ereignisse im Kontext der katholischen Kirche im Jahr 2005 ergeben hat, liest man häufig von einer Trendwende im Bereich des Religiösen. Die enorme Anteilnahme am öffentlich inszenierten Leiden und Sterben Papst Johannes Pauls II. und die massenhafte Versammlung von jungen Menschen aus aller Welt anlässlich des Weltjugendtages in Köln werden als Indikatoren neu erwachten Interesses am tradierten Christentum gedeutet. Der Rückgang christlicher Überzeugungen und die Abkehr von kirchlichen Angeboten, so wird – nicht zuletzt natürlich auch aus kirchlichen Kreisen – gelegentlich argumentiert, seien zum Stillstand gekommen. Ja, eine neue spirituell-religiöse Aufbruchstimmung wird bisweilen konstatiert und insbesondere die junge Generation als religiös neu ansprechbar und für die Volkskirchen mobilisierbar beschrieben. Derartige Schlussfolgerungen stehen allerdings in scharfem Kontrast zu den Ergebnissen der empirischen religionssoziologischen Forschungen der letzten Jahre und Jahrzehnte.[1] Und auch die Befunde der Jugendforschung, so weit diese sich mit Religion und Kirche überhaupt befasst, weisen derartige Spekulationen eindeutig zurück.[2] Einige Stichworte dazu will ich im Folgenden thesenartig zusammenstellen:

1. **Auch hinsichtlich der Religiosität gibt es nicht *die* Jugend als homogene Gruppe, sondern sehr viele unterschiedliche Teilgruppen junger Menschen.** Für den religiösen Bereich sind mindestens ostdeutsche und westdeutsche Jugendliche und solche mit Migrationshintergrund zu unterscheiden. Diesbezüglich spricht die aktuelle 15. Shell Jugendstudie vom Herbst 2006[3] von „Religion light" als Signum der Westjugend, von Religionslosigkeit als hervorstechendem Charakteristikum der ostdeutschen Jugend und von einer hohen Religionsaffinität bei jugendlichen Migranten.

[1] Vgl. Barz, Heiner: Jugend und Religion. Bemerkungen zum religionssoziologischen Forschungsstand. In: In Gottes Namen: Religion. Edition Ethik kontrovers. Jahrespublikation der Zeitschrift *Ethik & Unterricht*. 11/2003, S. 25–30. Hoischen, Oliver: Deutsche Jugend ohne Gott. In: *Frankfurter Allgemeine Sonntagszeitung* vom 17.12.2006.

[2] Vgl. z. B. Barz, Heiner: Von der „Religion ohne Entscheidung" zur „Religion ohne Institution" – Bemerkungen zur religiösen Erfahrung im Jugendleben. In: Wulf, Christof/Macha, Hildegard/Liebau, Eckart (Hg.): Formen des Religiösen. Pädagogisch-anthropologische Annäherungen. Weinheim 2004. S. 135–145.

[3] Hurrelmann, Klaus u. a. (Hg.): Jugend 2006. 15. Shell Jugendstudie. Eine pragmatische Generation unter Druck. Frankfurt a. M. 2006.

Innerhalb der westdeutschen Jugend ohne Migrationshintergrund sind weiter zu unterscheiden: der Mainstream (religionsfern, uninteressiert), die „Häretiker" (Jugendliche, die an religiösen Themen und Riten durchaus Interesse haben, dieses allerdings eher in unkonventionellen Formen, z. B. okkultismusnah, realisieren) und die Gläubigen im traditionellen Sinne (kirchennahe Jugend, auch freikirchlich, Weltjugendtagsbegeisterte).

Da einerseits der Religionsbezug bei muslimischen Jugendlichen deutlich stärker ausgeprägt ist, andererseits die Gemengelage von traditionellem Islam, Verwestlichungs- und Verweltlichungstendenzen, islamistischem Fundamentalismus und emanzipatorischen Strömungen einer eingehenderen Untersuchung bedurft hätte, gelten die folgenden Bemerkungen ausschließlich den deutschen Jugendlichen.

„Original-Zitat eines Jugendlichen: ‚Wer glaubt denn heute noch an die sieben Gebote?' Unkenntnis und Desinteresse kennzeichnen die Haltung gegenüber der Kirche."

2. **Unstrittig ist: Fast alle Indikatoren für christliche Religiosität sind rückläufig.** Ob wir den „Glauben an Gott", den „Glauben an die Jungfrauengeburt" oder an Jesus Christus, den Besuch von Gottesdiensten, das Beten oder die Bibellektüre heranziehen, wir stoßen auf kontinuierlich sinkende Werte. Nur noch 75 Prozent der deutschen Jugendlichen sind Mitglied in einer der großen Kirchen, nur noch 50 Prozent glauben an Gott, vier von fünf lesen nie in der Bibel und vier von fünf gehen nicht in die Kirche etc. Der Einfluss der von den Kirchen vertretenen Moral schwindet – egal, ob es sich um Sexualität vor der Ehe, um die gesellschaftliche Akzeptanz von Homosexualität, um Schwangerschaftsverhütung oder Abtreibung handelt.

3. **Aus Sicht der Jugendforschung und der Religionssoziologie interessant wird es allerdings erst dann, wenn man sich nicht auf das Konstatieren der allenthalben zu beobachtenden Rückgangstendenzen beschränkt, sondern den qualitativen Wandel der Glaubenswelten in den Blick nimmt.** Etwa den Wandel im Gottesbild: Gott wird heute eher immanent statt transzendent, eher technomorph statt als Person, eher monistisch statt dualistisch (in Bezug auf Gut und Böse) vorgestellt. Oder den Wandel im Verständnis von Jesus Christus: Jesus wird als Mensch mit einem besonderen Charisma (neben Einstein, dem Dalai Lama u. a.), der durchaus Herausragendes geleistet hat, wahrgenommen – aber eben nicht als Gottes Sohn: „Dass er gekreuzigt wurde, glaube ich. Dass er auferstanden ist, glaube ich nicht." Auch die Postmortalitätsvorstellungen verändern sich: von der Auferstehung zur Reinkarnation (allerdings ohne die in östlichen Religionen damit verbundene Karma-Belastung).

4. **Ein wichtiges Kennzeichen der heutigen weltanschaulichen und religiösen Orientierungen ist ihr Patchwork-Charakter.** Zu beobachten ist eine Entgrenzung zugunsten einer tabulosen Kombination verschiedenster Traditionen, Techniken und Überzeugungen, die früher als unvereinbar galten: Elemente aus dem Buddhismus (Meditation, Achtsamkeit), aus dem Christentum (Mys-

tik, Benediktinerregeln, Pilgerschaft: Jakobsweg), aus vorchristlichen Kulten, z. B. der Kelten (Runenorakel), der Naturvölker (Schwitzhütte), der humanistischen Psychologie (Selbsterfahrung, Therapie) werden zu einem individuellen Religions-Cocktail zusammengemixt. Damit geht einher eine starke Diesseitsorientierung und die generelle Orientierung auf die Maximierung des persönlichen Glückserlebens im selbstreferenziellen Eudämonismus.[4]

5. **Man kann diese Tendenzen auch beschreiben als eine Abkoppelung vom kirchlich verfassten Christentum.** In meiner eigenen Studie zu Jugend und Religion[5] wurde der Bedeutungsverlust der christlichen Überlieferung schon in folgendem Original-Zitat eines Jugendlichen deutlich: „Wer glaubt denn heute noch an die sieben Gebote?“ Unkenntnis und Desinteresse kennzeichnen die Haltung gegenüber der Kirche. Dabei gibt es – anders als in den kirchenkritischen 70er Jahren – sogar durchaus so etwas wie Wohlwollen: „Es ist gut, dass es die Kirche gibt“ (in der aktuellen Shell-Studie stimmen hier 69 Prozent zu), aber „die Kirche hat keine Antworten für mich“ (Zustimmung: 65 Prozent), „sie muss sich ändern“ (Zustimmung: 68 Prozent). Wirklich eigenes Interesse besteht bei den meisten nur noch an einer Hochzeit in Weiß.

6. **Der monokonfessionelle Religionsunterricht hat sich für die heutigen, der christlichen Tradition eher entfremdeten Jugendlichen überlebt**, lautet die Schlussfolgerung, die man in Bezug auf das Thema „Religion in der Schule“ aus den beschriebenen Befindlichkeiten zu ziehen hätte. Statt Katechese im Sinne einer Konfession sollte Religionsunterricht heute Lebenshilfe, die Auseinandersetzung mit Sinnfragen und Informationen über religiöse Lehren, Traditionen und Bräuche beinhalten.

7. **Dass in der Beschäftigung mit anderen Religionen und Psychotechniken letztlich sogar auch eine Chance für die christlichen Kirchen liegt**, legt u. a. die religiöse Biografie des deutschen Comedy-Stars Hape Kerkeling nahe. Über seinen 600 Kilometer langen Fußmarsch als Pilger auf dem Jakobsweg nach Santiago de Compostela hat er jüngst ein Tagebuch verfasst (*Ich bin dann mal weg*, 2006). Und in den zahlreichen Interviews und TV-Gesprächen seither werden interessante Facetten einer vielleicht prototypischen postmodernen Sampling-Religion deutlich: Kerkeling bezeichnet sich selbst als „Buddhisten mit christlichem Überbau“ (oder auch: „Ich bin Christ. Gelernt katholisch, ausgetreten. Der Buddhismus ist für mich der Schlüssel für diese Kiste ...“[6]), er glaubt an Reinkarnation. Und er vergleicht die heiligen Schriften der großen Religionen mit der Bedienungsanleitung eines DVD-Players, die man auch nicht wirklich versteht ... ❑

[4] Vgl. Barz, Heiner: Was Jugendlichen heilig ist!? Prävention im Bereich Sinnfragen, Patchwork-Religion, Heilsversprechen, Okkultismus. Freiburg 1998.

[5] Barz, Heiner: Jugend und Religion. 3 Bände. Opladen 1992/1993.

[6] „Vor allem bin ich nicht ich“. Ein Gespräch mit Hape Kerkeling. In: *Die Zeit* vom 09.11.2006.

Tradition und Kritik
Grundfragen religiöser Bildung

Rudolf Englert

Inwieweit gibt es ein gesellschaftliches Interesse an religiöser Bildung und durch welche Art von Bildungsangeboten lässt sich diesem Interesse am besten entsprechen? Darüber wird heute kontrovers diskutiert.

Über die folgenden Punkte immerhin dürfte weitgehend Einigkeit bestehen: 1. Die Zunahme religiöser Pluralität hat die gesellschaftliche Dringlichkeit religiöser Bildung erhöht. 2. Die Vermittlung dessen, was an religiöser Bildung heute nötig ist, kann nicht allein den Religionsgemeinschaften überlassen bleiben. Religiöse Bildung ist vielmehr auch eine Aufgabe des öffentlichen Bildungswesens. 3. Der hervorragende Ort für eine öffentliche religiöse Bildung ist ein eigenes, mit entsprechendem gesellschaftlichem und politischem Rückhalt versehenes Schulfach, also Religionsunterricht in einer wie auch immer gearteten Form.

Alles Weitere ist umstritten, etwa: Was sollen Schülerinnen und Schüler in einem solchen Religionsunterricht eigentlich lernen? Wie kann der Religionsunterricht zur Bearbeitung individueller und gesellschaftlicher Probleme beitragen? Und in welcher Form sollten die Religionsgemeinschaften in die Organisation und Gestaltung des Religionsunterrichts einbezogen werden? Zur Diskussion dieser Fragen möchte ich einige Überlegungen beisteuern. Wobei der Religionsunterricht aus meiner Sicht einen aufschlussreichen Testfall darstellt; ein Testfall für die Diskussion darüber, was uns unter den Bedingungen weltanschaulicher Pluralität an religiöser Bildung heute nötig und möglich ist.

1. Lernziel religiöse Orientierungsfähigkeit

Was also sollen Heranwachsende im Religionsunterricht lernen? Diese Frage lässt sich, wie in anderen Fächern auch, nicht mehr durch die Abgrenzung eines Kanons von Inhalten beantworten. So liegt es nahe, die Ziele und Standards religiöser Bildung eher formal, und das heißt heute: kompetenzorientiert zu formulieren. Auf eine Kurzformel gebracht: Schülerinnen und Schüler sollen im Religionsunterricht lernen, religiöse Orientierungsfähigkeit auszubilden.[1]

[1] Zu einer genaueren Ausfaltung der im Religionsunterricht angestrebten Kompetenzen vgl. Deutsche Bischofskonferenz (Hg.): Kirchliche Richtlinien zu Bildungsstandards für den katholischen Religionsunterricht in den Jahrgangsstufen 5–10/Sekundarstufe I (Mittlerer Schulabschluss). Bonn 2004. Fischer, Dietlind/Elsenbast, Volker (Red.): Grundlegende Kompetenzen religiöser Bildung. Zur Entwicklung des evangelischen Religionsunterrichts durch Bildungsstandards für den Abschluss der Sekundarstufe I. Münster 2006.

Die Frage ist natürlich: Was heißt das und welcher ist der geeignetste Weg für die Ausbildung dieser Kompetenz? Ist es, auch unter den Bedingungen weltanschaulicher Pluralität, die Auseinandersetzung mit einem konkreten religiösen Traditionszusammenhang? Oder ist es ein von vornherein auf eine Vielfalt religiöser Optionen hin orientiertes, interreligiöses oder religionskundliches Modell?

In die Entscheidung über den Weg, den man hier gehen will, spielen viele Faktoren mit hinein. Da sind zunächst einmal die konfessionsstatistischen Verhältnisse: In Mecklenburg-Vorpommern etwa mit einer sehr niedrigen Kirchenmitgliedschaftsquote ist die gesellschaftliche Plausibilität konfessionellen Religionsunterrichts naturgemäß niedriger als z. B. in Bayern. Auch politische Faktoren spielen eine Rolle: Wer etwa den Glauben an eine nivellierte Multikultur-Gesellschaft teilt, wird eher zu einem interreligiösen als zu einem konfessionellen Religionsunterricht tendieren. Schließlich sind pädagogische und schulorganisatorische Gründe in Rechnung zu stellen; auch diese werden oft eher für ein interreligiöses oder sogar ein religionskundliches Konzept plädieren lassen, weil diese dem integrativen Anliegen der Schule stärker entgegenzukommen scheinen. Ich selbst möchte hier dennoch für einen Religionsunterricht plädieren, der zunächst einmal vor allem zur Auseinandersetzung mit *einer* religiösen Bezugstradition einlädt, also *entweder* der christlichen Tradition *oder* der islamischen, jüdischen usw. Meine Gründe haben mit Überlegungen zu einer Hermeneutik religiöser und kultureller Traditionen zu tun, die im Folgenden noch genauer dargelegt werden sollen. Aus meiner Sicht sind dies Gründe, denen im Regelfall größeres Gewicht beizumessen ist als etwa konfessionsstatistischen oder schulorganisatorischen Gegengründen.

„Inwiefern eröffnet die Auseinandersetzung mit religiösen Traditionen heutigen Kindern und Jugendlichen Lernmöglichkeiten, die sie ohne diese Traditionen nicht hätten?“

2. Nicht-traditionaler Umgang mit religiösen Traditionen

Natürlich gibt es heute keine kulturellen Traditionen mehr, die fraglos normativ wären. Der Umgang mit dem von der Schule zu erschließenden kulturellen Erbe kann nicht anders als kritisch sein. Dies gilt selbstverständlich auch für religiöse Traditionen. Nur unter dieser Bedingung entsprechen sie der heute geforderten reflexiven Form von Bildungsprozessen und nur unter dieser Bedingung auch sind sie schulfähig. Man könnte sagen: Es geht um einen *nicht-traditionalen* Umgang mit kulturellen und eben auch religiösen Traditionen.[2]

Es ist nun sicherlich möglich, in der Distanzierung gegenüber unserem kulturellen Erbe noch einen Schritt weiter zu gehen und zu fragen: Brauchen wir solche Traditionen *überhaupt* noch für die Bewältigung unserer Gegenwarts-

[2] Ausführlicher zum Modus eines nicht-traditionalen Umgangs mit (religiösen) Traditionen: Giddens, Anthony: Tradition. In: Ders.: Entfesselte Welt. Wie die Globalisierung unser Leben verändert. Frankfurt a. M. 2001, S. 51–67; Englert, Rudolf: Auf einmal gar nicht mehr von gestern. Überlegungen zum religionspädagogischen Gebrauch von Tradition. In: Bahr, Matthias/Kropac, Ulrich/Schambeck, Mirjam (Hg.): Subjektwerdung und religiöses Lernen. München 2005, S. 64–77.

probleme? Für viele Bereiche kulturell kumulierter Wissensbestände bedarf es keines großen Begründungsaufwands, um diese Frage mit einem klaren „Ja" zu beantworten. Im Bereich religiöser Bildung tut man sich da schwerer. Denn den großen Fragen des Daseins scheint sich der Mensch immer wieder neu und gewissermaßen rückhaltlos stellen zu müssen. Das heißt: Es gibt hier offenbar nicht die in verschiedenen anderen Fachgebieten anzutreffende Kumulation bewährten Wissens, die es heutigen Heranwachsenden ermöglichte, den menschheitlichen Fortschritt gewissermaßen im Zeitraffer zu rekapitulieren. Damit verschärft sich die Frage: Inwiefern eröffnet die Auseinandersetzung mit religiösen Traditionen heutigen Kindern und Jugendlichen Lernmöglichkeiten, die sie ohne diese Traditionen nicht hätten?

Religiöse Traditionen liefern dem Einzelnen natürlich keine Kopiervorlagen für die Beantwortung seiner Lebensfragen. Nicht-traditionaler Umgang mit religiösen Traditionen heißt vielmehr: Heranwachsenden die Möglichkeit geben, ihre Lebensfragen im Lichte dieser Traditionen zu buchstabieren, um sie letztlich aber einer eigenen, individuellen Antwort zuzuführen. Von der christlichen Tradition lässt sich beispielsweise lernen, die Welt als „Schöpfung" zu sehen, den Fremden als „Nächsten", die Zukunft als „Reich Gottes". Traditionen machen gewissermaßen Sehvorschläge, sie bieten Interpretamente für die Reformulierung eigener Lebens- und Problemlagen. In dieser Funktion eröffnen sie die Chance, sich gegenüber den Plausibilitäten und Werthierarchien der eigenen Welt ein Stück weit zu distanzieren. Diese Möglichkeit, auch die Grenzen seiner eigenen Welt und ihrer dominanten Orientierungsmuster zu bedenken, stärkt das Bewusstsein eigener Freiheit; es stärkt die Fähigkeit zu selbst verantworteter, eigenständiger Orientierung – und zwar auch dann, wenn man sich keinen einzigen der von einer Tradition unterbreiteten Sehvorschläge selber zu eigen macht. Wenn sich der Einzelne dagegen bei seiner persönlichen Daseinsorientierung allein seinen spontanen Eingebungen überlassen müsste, wenn er *nicht* die Möglichkeit erhielte, von einer langen Vorgeschichte theologischer Reflexionskultur und kritischer Auseinandersetzung zu profitieren, drohte ein Rückfall in private Mythen. Wenn man im Raum öffentlicher Schulen keine reflexive Klärungsinstanz für die von Heranwachsenden für sich anvisierten Letztverbindlichkeiten mehr anböte, liefe man Gefahr, dass sich eine bildungstheoretisch hochproblematische Schere zwischen fachlicher und existenzieller Kompetenz auftut.

„Traditionen machen gewissermaßen Sehvorschläge, sie bieten Interpretamente für die Reformulierung eigener Lebens- und Problemlagen."

3. Dem Eigenanspruch von Religion und Religionen Rechnung tragen

Meine These ist also: Den wirksamsten Generierungszusammenhang für die zentrale Kompetenz religiöser Orientierungsfähigkeit stellt auch heute die Auseinandersetzung mit einer substanziellen religiösen Tradition dar. Diese These stimmt allerdings nur unter der Voraussetzung, dass der Eigenanspruch und die Eigenlogik einer Religion in dieser Auseinandersetzung auch angemessen zur Geltung kommen.[3] Um dies sicherzustellen, bedarf der Staat bei der inhaltlichen Ausgestaltung des Religionsunterrichts der Mitwirkung der Religionsgemeinschaften.

Dem Kriterium, dass schulischer Religionsunterricht mit dem eigenen Anspruch und der eigenen Logik einer Religion bekannt machen soll, können aus meiner Sicht all jene Konzepte nicht gerecht werden, die sich religiöser Traditionen nur in einem funktionalen Interesse bedienen, um sie auf ihre ethische, sozialpädagogische oder therapeutische Rendite abzuschöpfen. Dem Authentizitäts-Kriterium vermag auch das Konzept einer religionskundlichen Komparatistik nicht zu genügen, wie es etwa im Rahmen des brandenburgischen Unterrichtsfachs LER (Lebensgestaltung-Ethik-Religionskunde) vorgesehen ist. Denn diese Komparatistik muss nach allgemeinen, religions*übergreifenden* Gesichtspunkten konstruiert sein, nach denen sich die spezifische Logik einer einzelnen Religion nur höchst unzulänglich abbilden lässt. Schließlich habe ich auch erhebliche Zweifel, dass es möglich wäre, dem genannten hermeneutischen Kriterium in einem *inter*religiösen Religionsunterricht zu entsprechen. Jedenfalls sollte man die Optimierung religiöser Bildung nicht einseitig von einer Ausweitung des interreligiösen Horizonts erwarten. Dies gilt gerade unter der Voraussetzung, dass viele Schülerinnen und Schüler keine wie auch immer geartete religiöse Prägung von zu Hause mehr mitbringen. Gerade in diesem Kontext sollte es nicht vor allem um eine inhaltliche Ausweitung, sondern mehr noch um eine personale Vertiefung religiösen Lernens gehen.

„Es spricht viel dafür, dass der Einzelne religiöse Autonomie durch nichts besser zu entwickeln vermag, als indem er sich am Anspruch einer konkreten religiösen Tradition abarbeitet."

Auch wenn es zunächst vielleicht ein wenig paradox klingt: Es spricht viel dafür, dass der Einzelne religiöse Autonomie durch nichts besser zu entwickeln vermag, als indem er sich am Anspruch einer konkreten religiösen Tradition abarbeitet. Auch die Kompetenz zum Verständnis *fremder* Traditionen gewinnt er aus meiner Sicht am ehesten, wenn er zunächst die Grammatik *einer* religiösen Sprache halbwegs gründlich kennen lernt. Gewiss wird dies heute von Anfang an unter dem Eindruck geschehen, dass es im Bereich des Religiösen sehr unterschiedliche Denk- und Praxisformen gibt. Und es wird von daher ganz gewiss nicht mehr möglich sein, Religionsunterricht strikt monokonfessionell anzulegen. Auch das von mir bevorzugte Modell religiöser Bildung schließt daher selbstverständlich Formen interreligiöser Begegnung und wechselseitigen Voneinander-Lernens mit ein. Das ist aber etwas anderes als der Versuch, den Reli-

[3] Die Forderung, dass „religiöse Praxis aus ihrem eigenen Proprium heraus reflektiert, unterrichtet und thematisiert und nicht zur normensetzenden Instanz für eine universelle Ethik hypostasiert bzw. zu einer inkompetenten Erfüllungsgehilfin ethischer, ökonomischer oder politischer Wunschvorstellungen verkürzt wird" (Benner, Dietrich: Erziehung-Religion, Pädagogik-Theologie, Erziehungswissenschaft-Religionswissenschaft. Systematische Analysen zu pädagogischen, theologischen und religionspädagogischen Reflexionsformen und Forschungsdesiderata: In: Groß, Engelbert [Hg.]: Erziehungswissenschaft, Religion und Religionspädagogik. Münster 2004, S. 43) ist nicht primär theologisch, sondern bildungstheoretisch begründet.

gionsunterricht am Markt religiöser Möglichkeiten auszurichten und seinen Lehrerinnen und Lehrern eine Haltung neutraler Äquidistanz aufzuerlegen.

Fazit

Schülerinnen und Schüler sollen im Religionsunterricht lernen, religiöse Orientierungsfähigkeit auszubilden. Als das geeignetste Medium dafür erscheint die kritische Auseinandersetzung mit einer substanziellen religiösen Tradition. In dieser Auseinandersetzung kann der Einzelne von einer geprägten theologischen Reflexionskultur profitieren, ohne dass der Fortgang seines eigenen religiösen Suchprozesses dadurch inhaltlich festgelegt würde. Kurz: Es geht nicht um „learning religion", sondern um „learning *from* religion". ❑

Zum Stand der Schulbuchforschung am Beispiel „Islam“ in den deutschen Geschichts- und Geografiebüchern

Gerdien Jonker

Einführung

Das Georg-Eckert-Institut für internationale Schulbuchforschung (GEI) wurde nach dem Zweiten Weltkrieg aufgebaut, um durch eine internationale Verständigung in den Bereichen Schulbuch und Geschichtsunterricht den Frieden zu fördern. Im Zentrum dieser Bemühungen standen zunächst Deutschlands Nachbarn und frühere Kriegsgegner. Das GEI richtete binationale Kommissionen ein (Polen – Deutschland, Frankreich – Deutschland etc.), die gemeinsam versuchten, den vergangenen Krieg in den Schulbüchern aufzuarbeiten.

Ziel unserer Arbeit heute ist es, zu fragen, wie andere (nationale Nachbarn, ethnische Minderheiten, andere Religionen) in den Lernmedien dargestellt werden, wie dabei die eigene Identität konstruiert wird und wo wir gegebenenfalls zu einer Deeskalierung und einem Abbau von Feindbildern beitragen können. Dabei konzentrieren wir uns auf die für die Politik relevanten Geschichts-, Geografie- und Sachkundebücher aus dem reichen Bestand des GEI: Die Bibliothek umfasst gegenwärtig 250 000 Schulbücher aus 70 verschiedenen Ländern. Lehrmaterialien, die im Religionsunterricht benutzt werden, fallen traditionell nicht in unser Sammelgebiet. Ich könnte mir aber eine Erweiterung in Richtung des Themas vorstellen, von dem im Folgenden die Rede sein soll.

„Das Georg-Eckert-Institut plädiert dafür, ‚Europa‘ als eine gemeinsam erlebte Geschichte mit unterschiedlichen Deutungen im Geschichtsunterricht Einzug halten zu lassen.“

Gegenwärtig wird im GEI eine Projektgruppe aufgebaut, die den Dialog und die Zusammenarbeit mit der islamischen Welt in Bezug auf den Inhalt von Schulbüchern anstrebt. Wir haben uns den Namen: „Images of Self and Other. Europe and the Muslim World“ gegeben. Der Titel verdeutlicht, dass es uns nicht um die Richtigstellung religiöser Sachverhalte in den Schulbüchern geht, sondern um die gegenseitige Wahrnehmung Europas und seiner muslimischen Nachbarn und damit auch um deren Selbstwahrnehmung. So fragen wir: Ist Europa so christlich, wie der Papst behauptet? Was sind die verschiedenen Wurzeln Europas? Stellen wir uns zwei voneinander getrennte Blöcke vor, hier die muslimische Welt, dort die christliche Zivilisation? Oder sollten wir besser von Regionen sprechen – darunter Westeuropa, die europäisch-asiatische Region und Nordafrika – die auf unterschiedliche Weise von den drei monotheistischen Religionen Judentum, Christentum und Islam geprägt worden sind?

Ziel des vorliegenden Beitrags wird es sein, aufzuzeigen, wie der Islam ins deutsche Schulbuch kam, welche Wirkung die „Islam"-Erzählung[1] dort heute entfaltet und was man tun könnte, um Stereotypen und Feindbildern entgegenzuwirken. Damit möchte ich für eine Neuausrichtung der heutigen „Islam"-Erzählung in den deutschen Geschichtsbüchern werben. Nicht die Restbestände kollektiver Erzählstrukturen und historischer Imaginationen über den muslimischen Anderen sollten die Erzählung bestimmen, sondern die gemeinsame Geschichte Europas und seiner muslimischen Nachbarn. Der Mediävist Michael Borgolte hat sich neulich dafür ausgesprochen, nicht mehr vom „christlichen Europa" zu sprechen, sondern von einem „Europa der Monotheismen". Europa, so hat er beeindruckend nachgewiesen, hat nicht einen, sondern drei religiöse Wurzeln: eine jüdische, eine christliche und eine muslimische. Die religiösen und kulturellen Anleihen dieser drei historischen Akteure untereinander, ihre Ab- und Ausgrenzungsstrategien, die langen Strecken des friedlichen Zusammenlebens sowie die Versuche des einen, den anderen auszulöschen, haben Europa zu dem gemacht, was es heute ist.

> ***„Es geht uns nicht um die Richtigstellung religiöser Sachverhalte in den Schulbüchern, sondern um die gegenseitige Wahrnehmung Europas und seiner muslimischen Nachbarn und damit auch um deren Selbstwahrnehmung."***

Die Projektgruppe „Images of Self and Other. Europe and the Middle East" arbeitet zusammen mit Partnern aus der arabischen Welt, der Türkei und der Republik Tatarstan an einem gemeinsamen Geschichtsbild, in dem sowohl die Transferleistungen als auch die Feindseligkeiten zum Gegenstand des Unterrichts gemacht werden. Das Georg-Eckert-Institut plädiert somit dafür, „Europa" als eine gemeinsam erlebte Geschichte mit unterschiedlichen Deutungen im Geschichtsunterricht Einzug halten zu lassen.

Mein Beitrag gliedert sich in folgende Abschnitte: 1) Die Genese des deutschen Bildungskanons: Welche Rolle spielt der Geschichtsunterricht? 2) Der „Islam" im Geschichtsunterricht: Wo haben Muslime und islamische Welt ihren Platz im Curriculum? 3) Die Funktion des *Islam-Narrativs*: Grenzziehung zwischen dem Eigenen und dem Fremden, 4) Zusammenfassung und Analyse: Funktionen und Probleme kollektiver Erinnerung, 5) Vorschläge für ein neues Curriculum: Instrumente und Materialien.

[1] Der Begriff der „Erzählung" (bzw. des „Narrativs") wird im Folgenden im Sinne Lyotards verwendet, der die Idee einer objektiven Geschichtsschreibung in Frage stellte und sie als subjektives Konstrukt, als „große Erzählung" betrachtete. Vgl. Lyotard, Jean-François: La condition postmoderne. Paris 1979.

1. Die Genese des deutschen Bildungskanons

Im ersten Schritt geht es um die Entstehungsgeschichte eines Kanons für den deutschen Unterricht. Das Wort Kanon bedeutet Richtschnur. In diesem Zusammenhang beschreibt er eine Sammlung von Wissen, die als unentbehrlich für die Weitergabe der eigenen Kultur betrachtet wird. Jeder Kanon berührt die Essenz einer Gesellschaft, weil er in sich das Wissen vereinigt, das als relevant für die Reproduktion der eigenen Identität betrachtet wird.

Am Anfang der europäischen Bildungsgeschichte stand gleich ein doppelter Kanon, nämlich die Bibel und die klassischen römischen Autoren, vor allem die Kirchenväter. Die Weitergabe dieses Wissens wurde nicht privaten Initiativen überlassen, sondern die Kirche war beinahe tausend Jahre lang Trägerin der Bildung. In Westeuropa sorgten die Klosterschulen seit etwa dem 7. Jahrhundert dafür, dass Generationen von Kindern nach den klassischen Prinzipien der Antike unterrichtet wurden, nämlich in den *septem artes liberales*, den „sieben freien Künsten“: Grammatik, Rhetorik, Logik (das *trivium*) und Musik, Geometrie, Arithmetik, Astronomie (das *quadrivium*). Der Unterricht erfolgte in Latein. Er beinhaltete beinahe ausschließlich Studium und Auslegung der Heiligen Schrift.[2]

> ***„Die Araber galten im 12. Jahrhundert im Westen als die* philosophi *schlechthin. Erst über sie machte man in Westeuropa Bekanntschaft mit den griechischen Philosophen und Geografen.“***

Im 12. Jahrhundert wurden in Westeuropa zudem die so genannten Arabischen Wissenschaften rezipiert. Die Auseinandersetzung der lateinischen Christen mit diesem alten und für sie fremden Wissen beruhte auf dem Kontakt mit den muslimischen Gelehrtenzentren in Barcelona, Toledo und Al-Andalus. Die Araber galten in dieser Zeit im Westen als die *philosophi* schlechthin. Erst über sie machte man in Westeuropa Bekanntschaft mit den griechischen Philosophen und Geografen.

Deren neuartigen Erkenntnisse setzten aber auch eine Krise im Gang. Die Kirche reagierte heftig und versuchte zunächst, zugunsten der *contemplatio* jede Form des Unterrichts zu verbieten. Sie untersagte sogar mehrmals auch den Kloster-Unterricht „weil sie sich daran störte, dass Wissenschaft gegen Geld weitergegeben wurde“.[3]

Es folgte eine Klosterreform, die vor allem Kritik an der klösterlichen Lehrtätigkeit übte (um 1134). Laut dieser Reform sollte kein Schüler in den Wissenschaften (*litterae*) ausgebildet werden, der kein Novize sei. Nur *lectio, oratio et meditatio*, d. h. nur die Bibellesung, das Gebet und die Meditation sollten im Klassenzimmer gestattet sein.

---

[2] Fuhrmann, Manfred: Bildung. Europas kulturelle Identität. Leipzig 1999.

[3] Borgolte, Michael: Juden, Christen, Muselmanen. Das Erbe der Antiken und die Wurzeln Europas. München 2006, S. 571.

Thomas von Aquin schrieb, dass allgemeine Studien den Menschen von seiner wahren Bestimmung ablenken würden und keine tiefere Einsicht versprächen. Im Übrigen galt, man solle über zentrale Glaubenswahrheiten nicht disputieren (Hugo von St. Viktor, 1108). Stattdessen sollte die geistliche Gemeinschaft das Zentrum bilden.[4]

Es war die Zeit der Kreuzzüge. Die kirchliche Bildungsreform und die politische Grenzziehung zu den Muslimen in Spanien, auf Sizilien und im Nahen Osten griffen ineinander.

Die Ablehnung der Kirche konnte aber den Kenntniserwerb der griechischen Wissenschaften nur vorübergehend aufhalten. Der Austausch mit Al-Andalus und den griechischen Gelehrten, die nach dem Fall von Konstantinopel nach Italien flüchteten, setzten im 15. Jahrhundert eine kreative Neulektüre der Klassiker in Gang, den Humanismus.

Im 16. Jahrhundert, dem Zeitalter der Reformation, wurde das Deutsche die Unterrichtssprache in den protestantischen Teilen Deutschlands. Der klassische Kanon blieb weiter bestehen und war nach wie vor fest in den kirchlichen Horizont eingebunden. Neu war, dass die Protestanten als Erste auch die Geschichte in den Unterricht integrierten.

Geschichtsrezeption und Geschichtsunterricht erfolgten zunächst über die christliche Kalenderliteratur. Mit deren Übersetzung ins Deutsche wurden nämlich auch neue Inhalt erforderlich.[5] Die Protestanten verwarfen die katholischen Heiligenkalender und ersetzten deren Legenden durch „warhafftige Geschichte, schreckliche Miracul, lustige exempel – so sich vor und nach der Geburt Jesu Christi, zugetragen haben“ (Abraham Saum, *Calendarium historicum*, 1594).

Warum taten sie das? Das eben zitierte Calendarium enthält ein Vorwort von Philipp Melanchthon, dem großen protestantischen Bildungsreformer. Er plädiert dafür, dass Kinder lernen, die Geschichte als „Wirkungsfeld von unserem Herrn Jesus Christus“ zu betrachten. Die Geschichte wurde also zunächst als Anschauungsmaterial für die christliche Offenbarung in der Schule eingeführt.

„Im 16. Jahrhundert … wurde das Deutsche die Unterrichtssprache in den protestantischen Teilen Deutschlands. Neu war, dass die Protestanten als Erste auch die Geschichte in den Unterricht integrierten.“

Dabei ist zu beachten, dass dieser Schritt in völliger Übereinstimmung mit der Auffassung der Kirche von Geschichte stand. Die Christen hatten von den Juden den zentralen Gedanken übernommen, dass Gott nicht selbst gesprochen, sondern seine Zeichen und Offenbarungen in der Geschichte hinterlassen habe. Der Kanon der christlichen Kirche, das Alte und das Neue Testament, ist eine Sammlung dieser Zeichen. Sie verweisen nicht nur auf Gottes Sprechen in der Vergangenheit, sondern auch auf das Ende der Geschichte, den Jüngsten Tag,

[4] Vgl. Borgolte 2006 (wie Fußnote 3), S. 576.
[5] Rüpke, Jörg: Zeit und Fest. Eine Kulturgeschichte des Kalenders. München 2004.

an dem, wie es in der Bibel heißt, Gott wiederkommen wird, um die Menschen zu richten.

Die christliche Religion ist also genauso unlöslich mit dem Studium der Vergangenheit verbunden, wie sie untrennbar mit der Deutung von Zukunft, der Teleologie verknüpft ist. Die Schulreformatoren des 16. Jahrhunderts gaben der Bedeutung von Geschichte nun aber eine neue Wendung, indem sie begannen, auch Berichte über Ereignisse der jüngsten Vergangenheit zu sammeln und diese in einen christlichen Interpretationsrahmen zu stellen.

„Nach 1945 … wuchs das Bewusstsein, dass das deutsche Bildungsideal einer Humanität, die durch das Studium der klassischen Sprachen hätte vermittelt werden sollen, eine ganz andere Wirkung gezeitigt hatte.“

Im 18. Jahrhundert wurde das Schulwesen von der Kirche auf den Staat übertragen und es setzte sich allmählich die Säkularisierung der Bildung durch. Das heißt: Die Religion bildete nicht mehr den Fokus des gesamten Unterrichts, sondern wurde „nur noch“ in einem separaten Religionsunterricht behandelt. Im Geschichtsunterricht wurde diese Veränderung nur langsam vollzogen. Doch war Geschichte nicht das wichtigste Fach. In Deutschland lag bis ins 20. Jahrhundert hinein der Schwerpunkt der Bildung auf den alten Sprachen, Latein und Griechisch. Das bedeutete konkret: Grammatik „pauken“ und die klassischen Autoren lesen. Das Studium der alten Sprachen nahm sechzehn oder mehr Stunden pro Woche in Beschlag, daneben wurden Mathematik und Naturwissenschaften angeboten. Das Bildungs*ideal* wurde ebenfalls im 18. Jahrhundert umformuliert. An die Stelle der religiösen Bildung trat das sittliche Ideal der menschlichen Vollkommenheit (Goethe). Mit Hilfe der klassischen Autoren versuchte man nunmehr, Ästhetik und Ethik, das Schöne und das Gute aufeinander zu beziehen. Die deutsche Philosophie gab die Richtwerte vor – man denke etwa an Immanuel Kants kategorischen Imperativ. Die Bildung sollte fortan Menschen schaffen, die das Ideal der Humanität verkörperten.

Nach 1945, nachdem die Deutschen Europa mit zwei katastrophalen Kriegen überzogen hatten, standen deren Kinder vor den Trümmern dieses Erbes. Es wuchs das Bewusstsein, dass das deutsche Bildungsideal einer Humanität, die durch das Studium der klassischen Sprachen hätte vermittelt werden sollen, eine ganz andere Wirkung gezeitigt hatte. Statt Humanität hatte eine ganze deutsche Generation grenzenlose Inhumanität entfaltet. Die Antwort darauf war zunächst ein radikaler Bruch mit dem Bildungskanon: In den 1960er Jahren wurde das humanistische Bildungsideal endgültig zu Grabe getragen, Latein und Griechisch verschwanden fast überall vom Lehrplan.

Ins Zentrum rückte jetzt der Geschichtsunterricht. Die Geschichte war bereits im 19. Jahrhundert zum Instrument der Nationalstaatenbildung aufgestiegen und hatte auch im Klassenraum eine größere Wirkungsmächtigkeit gezeigt. Die neuen Generationen sollten nunmehr, anstelle der klassischen Ideale, konkret aus der Geschichte lernen, um nie wieder Krieg und Völkermord zu verüben oder zuzulassen.

2. Der „Islam“ im Geschichtsunterricht

Im zweiten Schritt geht es um die Bausteine der heutigen „Islam“-Erzählung. Sie spiegeln die Beschäftigung der vergangenen Jahrhunderte mit dem „Islam“ wider. Es handelt sich dabei um kollektive Erinnerungen an bedrohliche Nachbarn (17. Jahrhundert), die Faszination, die von Muhammad und seiner „Vernunftreligion“ ausgeht (18. Jahrhundert), die „Entdeckung“ und Instrumentalisierung der Kreuzzüge (19. Jahrhundert) sowie die Auseinandersetzung mit den real existierenden „Gastarbeitern“ aus islamisch geprägten Ländern (2. Hälfte des 20. Jahrhunderts). Gemeinsam bilden diese Erzählstränge ein semantisches Reservoir, an das die Wahrnehmung von Extremisten und die Verortung des Terrors anknüpfen.

Der Geschichtsunterricht, der im 16. Jahrhundert eingeführt wurde, sammelte also zunächst Berichte von Ereignissen, die in den christlichen Geschichtsrahmen eingepasst werden konnten. Für die Protestanten war Geschichte nach wie vor Offenbarungsgeschichte; die Vergangenheit war für sie ein Spiegel, in dem der Betrachter Gottes Wirken ablesen konnte. In diesem religiösen Schema erhielten die Erzählungen über die Religion und die militärischen Angriffe der muslimischen Nachbarn eine antithetische Bedeutung zugewiesen, die man etwa so umschreiben könnte: Wo der eigene, christliche Gott in der Geschichte Zeichen hinterließ, die die Rettung der Menschheit verkündeten, schien sich der Gott der Muslime durch kriegerische, für die Christenheit bedrohliche Aktionen zu erkennen zu geben.

„Das 18. Jahrhundert zeigte sich geradezu fasziniert von der Andersartigkeit der islamischen Religion und entwickelte ein großes Interesse an der Person des Propheten.“

Warum erhielten die Muslime diese Rolle? Die Antwort geben die geschichtlichen Ereignisse jener Zeit: die osmanischen Eroberungen im Südosten Europas sowie die Eroberungen der Tartaren im Osten. Die frühesten Erzählungen über Muslime standen also unter dem Eindruck von Krieg und Bedrohung. Sie wurden vor allem von der Angst eingegeben.

Diese Kriegsereignisse wurden nun unter dem jeweiligen Datum in den christlichen Kalender aufgenommen und in der Schule memoriert, das heißt, es gab zunächst nur eine Reihe von Daten, eine zusammenhängende Erzählung fehlte noch. Die Einübung dieses neuen Unterrichtsstoffs fand jedoch im Horizont eines schnell wachsenden Wissenszweigs statt, der sich mit „Türcken“ und ihrer Religion beschäftigte und die Bedrohung, die von den Türken ausging, mit der Natur ihrer Religion in Zusammenhang brachte. Es erschienen zahllose Propagandaschriften gegen die „Türckengefahr“, die auch in der Schule gelesen wurden. Daneben studierte man den Koran, die „Türckische Bibel“. Er wurde in alle europäischen Sprachen übersetzt und man las ihn vor allem, um das Geheimnis der militärischen Übermacht der Osmanen zu ergründen.

Aus dieser ersten historischen Sammlung erwuchs allmählich – die frühesten Schulbücher datieren von 1700 – eine chronologische Erzählung. Sie teilte die

Vergangenheit wie folgt ein: 1) Von der Schöpfung der Welt bis zur Geburt Christi; 2) von der Geburt Christi bis zur Entdeckung der Welt; 3) Gegenwart. Zwar setzte sich gerade in dieser Zeit auch die Säkularisierung der Bildung durch, der Geschichtsunterricht blieb davon jedoch zunächst unberührt, er bewegte sich nach wie vor in einem religiösen Kontext. Das 18. Jahrhundert zeigte sich geradezu fasziniert von der Andersartigkeit der islamischen Religion und entwickelte ein großes Interesse an der Person des Propheten: Das Gefühl der direkten militärischen Bedrohung Europas war gewichen und hatte Platz gemacht für eine tiefgehende Auseinandersetzung mit der Biografie Muhammads.

Im Schulbuch entstand eine chronologische Erzählung, die sich mit dem Leben des Propheten beschäftigte und versuchte, daraus die Grundsätze des Islam und aus diesen wiederum die arabischen Eroberungsfeldzüge, meistens „Arabersturm" genannt, abzuleiten. In dieser Zeit wurden auch thematische Schulbücher über das Leben Muhammads verfasst, Sonderhefte würden wir heute sagen. Parallel dazu entstanden thematische Schulbücher mit geografischen Beschreibungen des Nahen Ostens sowie Reiseberichte über Land und Leute. Das Europa des 18. Jahrhunderts wandte sich seinen muslimischen Nachbarn also zum ersten Mal mit einer gewissen Neugierde und Wissensdurst zu.

„Im 19. Jahrhundert wurden die Kreuzzüge zum Dreh- und Angelpunkt der Erzählung über die muslimischen Nachbarn, etwa nach dem Schema: ‚Zuerst griffen sie uns an, dann haben wir uns verteidigt.'"

Eine weitere Überraschung: Die Kreuzzüge spielten in dieser Zeit eine marginale, ja untergeordnete Rolle. Sie bildeten ein Faktum der christlichen Geschichte, das weiterhin im christlichen Kalender tradiert wurde, nämlich als Gebetseintragung unter dem 16. Juli. Die Beschäftigung mit den Kreuzzügen ist ein typisches Phänomen des 19. Jahrhunderts. Erst in dieser Zeit wurden die ersten Themenhefte geschrieben, die sich ausschließlich mit den Kreuzzügen beschäftigen. Parallel dazu entstanden übrigens auch thematische Schulbücher über die Feldzüge Napoleons. Es lässt sich nicht mit Sicherheit sagen, aber es scheint so zu sein, dass die Landung Napoleons in Ägypten und seine Versuche, Palästina zu erobern, die historische Imagination anstachelte und zum Studium der Kreuzzug-Überlieferung inspirierte. Jedenfalls tauchen die beiden Geschichten zur gleichen Zeit im Geschichtsunterricht auf.

In dieser Zeit wurden die Kreuzzüge zum Dreh- und Angelpunkt der Erzählung über die muslimischen Nachbarn, etwa nach dem Schema: „Zuerst griffen sie uns an, dann haben wir uns verteidigt." Im Zuge der Nationalstaatenbildung, die jetzt in Europa in vollem Gange war, wurde dies die Gründungserzählung, die „uns", das heißt die Europäer, die Christen und die Deutschen (die Kategorien werden undifferenziert gebraucht) von „ihnen", den „Muselmanen", „Saracenen", „Mooren" und „Türcken" als Träger einer fremden und bedrohlichen Religion, abgrenzte. Diese Darstellung bekam ein solches nationales Gewicht, dass im Jahre 1871, als in Deutschland die ersten staatlichen Curricula eingeführt wurden, „die Kreuzzüge" gewissermaßen das Motto bildeten, unter das die Erzählung über die Muslime und den Islam gestellt wurde.

Das Grundmuster der heutigen „Islam“-Erzählung war damit komplett. Sie beinhaltete:

a) die Biografie Muhammads,
b) die Prinzipien von Koran und Islam,
c) die Eroberungen der Araber, mit Schwerpunkt Europa,
d) die Kreuzzüge als legitime Verteidigung,
e) die Türkengefahr im 16. Jahrhundert.

Dies ist es, was ich das *Islam-Narrativ* nenne.[6] Es vereinigte nicht nur eine bestimmte Auswahl historischer Fakten, die als relevant betrachtet wurden, sondern schrieb dem Subjekt der Erzählung, den muslimischen Nachbarn Europas, auch bestimmte Eigenschaften zu. Diese Erzählung blieb während des ganzen 20. Jahrhunderts in den Curricula der deutschen Länder festgeschrieben, das heißt, sie gehörte zum Pflichtunterricht. Sie überstand die beiden Weltkriege und die Bildungsreform der 1970er Jahre, eben weil sie eine wichtige Funktion in der Gesamterzählung des deutschen Geschichtsbuches erfüllte.

3. Die Funktion des *Islam-Narrativs*

Im dritten Schritt geht es um die Frage, welche Funktion die Erzählung über die Muslime und den Islam im Gesamtnarrativ erhält. Ich vertrete die These, dass sie eine Grenzziehung zwischen dem Eigenen und dem Fremden vornimmt. Die muslimische Welt (der Islam) erfüllt darin die Rolle von Europas Alter Ego, im Sinne von: „Das sind wir nicht.“ Damit ist das grundsätzliche Problem des Anderen angesprochen. Dass die Unterscheidung zwischen ich/wir/eigen und du/ihr/anders zu den Grundunterscheidungen im menschlichen Zusammenleben gehört, damit müssen wir umgehen. Identität ist, wie die Soziologen bemerkt haben, ohne Alterität nicht zu haben. Die Fragen, die uns beschäftigen sollten, lauten: Wer hat die Definitionshoheit? Wer zieht die Trennungslinie und mit welchem Ziel? Wann werden aus „Anderen“ Fremde und unter welchen Umständen mutieren die Fremden zum Feind?

Auch wenn es sechzehn Bundesländer gibt, von denen jedes seine eigenen Zulassungskriterien hat und jedes Jahr vier bis fünf neue Bücher für den Geschichtsunterricht zulässt, so lassen sich in den Erzählungen über den Islam und die Muslime doch viele Gemeinsamkeiten feststellen.

Erstens ist das *Islam-Narrativ* eingebettet in eine Gesamterzählung, die in etwa wie folgt aussieht:

(Buch 1)
• Ganz weit weg = Steinzeit und Urmenschen.

[6] Vgl. auch Jonker, Gerdien: Imagining Islam. European Encounters with the Muslim World through the Lens of German Textbooks. In: Yilmaz, Hakan (Hg.): Rethinking Europe through Rethinking Islam. Istanbul (in Vorbereitung).

- Wo kommen wir her? = Frühe Hochkulturen (Ägypten, Mesopotamien, Griechenland).
- Die Entstehung Europas = „Römer und Germanen", „Welt in Bewegung".
- Völkerwanderungen nach Westeuropa und die Entstehung christlicher Reiche.
- *Islameinheit 1*: „Das islamische Reich" = Muhammad, Religion, Angriff.
- Grenzziehungen = „Papst und Kaiser", „Religionen in Europa".
- *Islameinheit 2*: „Die Kreuzzüge".

(Buch 2)
- Selbstfindungsprozesse = Reformation, Dreißigjähriger Krieg, Absolutismus, Aufklärung, Europa entdeckt die Welt.
- An der Schwelle zur Gegenwart = Französische Revolution, Napoleon, 1848er Revolution.
- Die Europäisierung der Welt = Kolonialismus und Industrialisierung.

(Buch 3)
- Der Zusammenbruch = Die beiden Weltkriege, der Holocaust, Totalitarismen in Europa.

(Buch 4)
- Die Gegenwart = Wiederaufbau, kalter Krieg, geteiltes Deutschland, Europa, UNO, Dritte Welt und Krisenherde.
- *Islam-Einheit 3*: „Die Türkengefahr" (bis in die 1970er Jahre, danach:) „Wanderbewegungen nach Westeuropa" und „Muslime in Deutschland".
- *Islam-Einheit 4*: „Krisenherd Vorderorient". Dazu gehören die iranische Revolution, die Öl-Krise und der Israel-Palästina-Konflikt. Seit 2004 wird diese Einheit ergänzt um „Reislamisierung", „Fundamentalismus", „Terrorismus" und „Der 11. September".

Zweitens gibt es heute in beinahe allen Bundesländern insgesamt nur diese vier Islam-Einheiten: „Das islamische Reich", „Die Kreuzzüge", „Migration nach Europa" und „Krisenherd Vorderorient". Manchmal begegnen sie getrennt voneinander, meistens aber werden sie in einer einzigen Erzählung zusammengefasst, die etwa elf bis zwanzig Seiten umfasst. Bei einer Gesamtzahl von vier Geschichtsbüchern, die zusammen etwa 800 Seiten oder mehr umfassen, ist das nicht viel.

Drittens hat die Erzählung nach wie vor ihren festen Platz am Ende des ersten Buches und soll in der siebten Klasse behandelt werden.

Was ist daraus zu schließen?

Die „Islam"-Erzählung ist nicht mehr als ein kleiner Ausschnitt der großen Geschichtserzählung, die die Entwicklungsprozesse beschreibt, welche die Deutschen und die Europäer zu dem gemacht haben, was sie heute sind.

Dabei erfüllt sie die Funktion einer Grenzziehung zwischen „uns“ und den anderen. Der feste Platz am Ende des ersten Geschichtsbuches deutet bereits darauf hin. Nach der Erzählung von der eigenen Identität – Alleinerbe des Römischen Reiches, europäisch und christlich – folgt die Erzählung von dem muslimischen Herausforderer, der „unsere“ christliche Identität bedrohte und zurückgeschlagen wurde.

Diese Geschichte transportiert einen ganz bestimmten historischen Blick auf den muslimischen Nachbarn Europas, in dem das christliche Verhältnis zur Vergangenheit eine entscheidende Rolle spielt. Das Schema lautet in etwa so: Der christliche Gott spricht in der Geschichte und verspricht Erlösung. Der muslimische Gott spricht durch seine Gläubigen und verspricht Gewalt.

Diese doppelte Rahmung wirft schließlich die Frage auf: Was geschieht heute mit diesem Erbe?

4. Zusammenfassung und Analyse

Die Bildung in Deutschland (und Europa) lag beinahe 1000 Jahre in den Händen der Kirche. Sie war zwischen dem 7. und dem 18. Jahrhundert religiös ausgerichtet, das heißt, alles drehte sich um das Verständnis der Heiligen Schrift. Grammatik, der Sprachenerwerb und der Geschichtsunterricht konnten diesem Ziel nur dienen. Erst im 18. Jahrhundert, als der Staat Träger der Bildung wird, findet eine allmähliche Säkularisierung statt.

Der Geschichtsunterricht wurde von den Protestanten im 16. Jahrhundert eingeführt. Die Auswahl und Interpretation historischer Fakten fand selbstverständlich in einem christlichen Rahmen statt. In dieser Zeit wurden auch kriegerische Ereignisse, die den muslimischen Nachbarn Europas betrafen, im kollektiven Gedächtnis gespeichert.

Von den sechzehn Curricula der deutschen Länder schreiben acht diese Ereignisse noch immer als Pflichtstoff für die siebte Klasse fort. Die ursprüngliche Erzählung von der „Türkengefahr“ wurde in den 1970er Jahren von einer neuen Erzählung „Gastarbeiter“ abgelöst. Diese wiederum wird jetzt aktuell durch eine Erzählung erweitert, die unter dem Titel „Der 11. September“ oder „Islamischer Extremismus“ präsentiert wird.

„Kollektive Erinnerung ist eine Art Sedimentierung des öffentlichen Gedächtnisses: Was am schwersten wiegt, sackt nach unten und bleibt auf dem Boden der gesellschaftlichen Wahrnehmung liegen.“

Kollektive Erinnerung ist eine Art Sedimentierung des öffentlichen Gedächtnisses: Was am schwersten wiegt, sackt nach unten und bleibt auf dem Boden der gesellschaftlichen Wahrnehmung liegen. Dabei wird verdrängt, was die „Wir“-Gruppe in einem schlechten Licht erscheinen lässt und damit abträglich ist für die eigene Identität. Feinde, die die „Wir“- Gruppe überwunden hat, können dagegen auf ein langes Leben im kollektiven Gedächtnis rechnen, eben weil diese Erinnerung das Selbstbewusstsein stärkt. Weiterhin ist zu berücksichtigen, dass die Inhalte des kollektiven Gedächtnisses zwar für politische Entscheidungsträger von höchstem Interesse sind – sie können diese jedoch nur bedingt steuern (zum Beispiel über Schulbücher). Das kollektive Gedächtnis steuert vor allem sich selbst.

Im *Islam-Narrativ*, das die deutschen Schulbücher vermitteln, wird die islamische Welt als ein Raum sichtbar, der sich weniger durch eine eigene Geschichte und Identität als durch eine Folge von Grenzdiskursen auszeichnet. Das Medium der Religion bildet darin einen wichtigen Katalysator. Ein roter Faden zieht sich von dem Baustein „Arabische Eroberungsfeldzüge nach Westen“ über die Kreuzzugerzählung bis hin zum Thema „Islam als Bedrohung westlicher Werte“. Der Gegensatz „Christen – Muslime“ bildet den Rahmen, innerhalb dessen diese kollektiven Erinnerungen platziert sind, und zwingt zu einem impliziten, vergleichenden Ansatz, der überwiegend vorteilhaft für die Erstgenannten ausfällt.

Das Thema „Islam“ im Schulbuch sagt somit viel über die Entstehung und Stabilisierung der europäischen Identität aus. Deren Bedingung und Schattenseite ist offenbar die Konstruktion und Tradierung eines negativen Bildes von den muslimischen Nachbarn und die Festschreibung dieser Erzählung im Schulkanon. Über die Konsequenzen dieser kollektiven Erinnerungen müssen wir uns Rechenschaft ablegen. Wer wegschaut und stattdessen unreflektiert auf den interreligiösen Dialog setzt, läuft Gefahr, dass sich das kollektive Gedächtnis verselbstständigt.

5. Vorschläge für ein neues Curriculum

Hier setzt die Projektgruppe „Images of Self and Other. Europe and the Middle East“ an. Wir fragen: Wie lassen sich Unterrichtseinheiten verändern, dass sie in der Lage sind, die Geschichte eines an Europa grenzenden Kulturraums ebenso zu vermitteln wie die Geschichte Europas? Wie lässt sich die Geschichte beider Regionen in ihrer Verflechtung sichtbar machen? Wie lässt sich das Eigene – die eigene Identität, die eigenen Interessen – aus der Beschreibung des Anderen herauslesen und in ein Thema der didaktischen Reflektion verwandeln?

Ohne die soziale und politische Realität hinter der heutigen Konfliktlage verneinen zu wollen, empfehlen wir der deutschen und europäischen Lehrerfortbildung, die sich mit der muslimischen Welt auseinandersetzt – sowie der Lehrerfortbildung in der Türkei, im Iran und in der arabischen Welt, die sich mit Europa und „dem Westen“ beschäftigt –, davon auszugehen, dass es zwischen den beiden Regionen enge Verflechtungen gibt. Die Fortbildung sollte deutlich machen, dass es niemals „reine“ Kulturen und Zivilisationen gegeben hat. Sie sollte davon ausgehen, dass Kultur – das kreative Potenzial, auf dem alle menschliche Zivilisation beruht – nur entstehen kann, wenn unterschiedliche Traditionen, historische Erfahrungen und Erinnerungskulturen sich miteinander vermischen. Sie sollte sich damit auseinandersetzen, dass Reinheitsfantasien bereits das Produkt ideologischer Isolation sind – die westliche Moderne auf der einen Seite, der „Islam“ auf der anderen. Solche Fantasien provozieren den Zusammenprall und werden dadurch weiter genährt.

Lehrerfortbildung, die sich mit der muslimischen Welt beschäftigt, sollte in der Lage sein, den Eindruck zu vermeiden, dass diese nur durch die Religion definiert wird. Sie könnte ganz im Gegenteil den Blick für die vielen unterschiedlichen Traditionen schärfen, die alle ihre Wurzeln in der islamischen Geschichte haben. Sie könnte in die Lage versetzen, darüber nachzudenken, wie und in welcher Dichte die Geschichte und Kultur der orientalischen Kirchen und der jüdischen Minderheiten mit der islamischen Tradition verwoben sind. Lehrerfortbildung, die sich mit Europa auseinandersetzt, könnte sichtbar machen, dass Europa kein exklusiver christlicher Club ist, sondern auf zumindest drei monotheistische Wurzeln zurückzuführen ist. Lehrerfortbildung im Osten wie im Westen, die sich mit der Beziehung zwischen Europa und dem Nahen Osten auseinandersetzt, könnte über den historischen Kontext nachdenken, in dem diese drei religiösen Traditionen entstanden, sich voneinander abtrennten und schließlich von ihrem gemeinsamen Ursprungsgebiet nach Europa migrierten.

„Lehrerfortbildung, die sich mit Europa auseinandersetzt, könnte sichtbar machen, dass Europa kein exklusiver christlicher Club ist, sondern auf zumindest drei monotheistische Wurzeln zurückzuführen ist.“

Um diese Ziele zu realisieren, schlagen wir die folgenden Schritte für eine gemeinsame Curriculum-Entwicklung vor. Es sollten bereitgestellt werden:

a) Instrumente für den Kulturtransfer (die Gegenwart),
b) Materialien, die Einsicht in das problematische europäische Erbe geben, das sich mit dem muslimischen „Anderen“ auseinandersetzt (1500–2000),
c) Materialien, die Zugang zu den intellektuellen und kulturellen Transferleistungen verschaffen, die sich zwischen der lateinischen Christenheit auf der einen Seite und den arabischen und osmanischen Reichen auf der anderen vollzogen haben (800–1800),
d) Materialien, die Zugänge in das kreative Konfliktfeld verschaffen, aus dem die drei monotheistischen Religionen hervorgingen, in dessen Rahmen sie untereinander Anleihen gemacht und sich voneinander abgegrenzt haben (200 v. Chr.–800 n. Chr.).

a) Instrumente für den Kulturtransfer

Hier sollten sowohl Beispiele für den Kulturtransfer gesammelt als auch Möglichkeiten angeboten werden, mit den verschiedenen Formen dieses Austauschs zu experimentieren. Beispiele findet man in der *Musik* (Metal, Hip-Hop, Anouar Brahem, Sarband), der *Literatur* (Bert Brecht in Ägypten, Orhan Pamuk in Deutschland, Franz Kafka und die arabischen Autoren, der Orient in den europäischen Literaturen), in der *Kunst* (libanesische Künstler auf der Biennale, Surrealismus rund um das Mittelmeer), im *Film* (die Geschichte des ägyptischen Films, Humphrey Bogart in Nordafrika) sowie im Theater, in der Performance- oder Kochkunst.

Wie in anderen Kontexten geht auch hier Probieren über Studieren. Wir schlagen vor, Internetprojekte zu initiieren, an denen Schulklassen in Europa und im Nahen Osten teilnehmen. Sie werden Schülern und Lehrern eine Gelegenheit bieten, sich auszutauschen, Vertrauen aufzubauen und Partnerschaften zu schließen.

b) Das problematische Erbe Europas (1500–2000)

Der Philosoph Hans-Georg Gadamer hat einmal gesagt, die Grundvoraussetzung des Dialogs sei die Einsicht, dass der andere Recht haben könnte.[7] Um dem Misstrauen Europas entgegenzutreten, schlagen wir vor, die fünfhundert Jahre ins Auge zu fassen, in denen die Europäer ihre muslimischen Nachbarn als ihr Alter Ego konstruiert haben. Wir werden unterscheiden zwischen historischen Fakten und historischer Imagination, zwischen militärischen Auseinandersetzungen (Osmanen versus Habsburger) und zeitgenössischer Kriegspropaganda, zwischen Erfahrungen von Besetzung (Bulgarien) und Erfahrungen von sozialem Aufstieg (Bosnien). Wir werden anerkennen, dass das europäische Erbe voller ikonografischer und erzählender Traditionen ist, die das Bild des bedrohlichen, gefährlichen, dennoch inferioren *Muselmanns* transportieren, ob nun die Theaterstücke von Molière, die Predigten von Martin Luther, die Philosophie von Immanuel Kant, die nationalen Gemälde des 19. Jahrhunderts oder die Literatur, die sich mit den Konzentrationslagern auseinandersetzt.

„Um dem Misstrauen Europas entgegenzutreten, schlagen wir vor, die fünfhundert Jahre ins Auge zu fassen, in denen die Europäer ihre muslimischen Nachbarn als ihr Alter Ego konstruiert haben.“

Natürlich können wir nicht einfach alle Gemälde, auf denen „Mohren“ geköpft werden, aus den Museen entfernen oder alle Theaterstücke, die ihren Spott mit der islamischen Tradition treiben, vom Spielplan nehmen. Was wir allerdings tun können, ist, dieses Erbe unvoreingenommen in Augenschein zu nehmen und gemeinsam die Konsequenzen zu besprechen. Das wird dazu beitragen, den Unterschied zwischen der Europäischen Union und der/n europäischen Identität/en sowie zwischen alten und neuen Erinnerungskulturen zu klären.

c) Transferleistungen zwischen den arabischen und osmanischen Reichen und der lateinischen Christenheit (800–1800)

Eine ganze Reihe arabischer und osmanischer Reiche haben dazu beigetragen, dass die lateinische Christenheit ein eigenes Gesicht entwickeln konnte. Auch der Islam war niemals eine reine, homogene, sondern eine gebrochene, facettenreiche Kultur, die an vielen Orten mit dem christlichen Westen eng verbunden war. Aus dieser Verflechtung ist vieles entstanden, nicht zuletzt die

[7] Vgl. Gadamer, Hans-Georg/Vietta, Silvio: Im Gespräch. München 2002.

Aufklärung. Dokumente, Karten und Artefakte, wie sie etwa in der Wanderausstellung „1001 Inventions: Discover the Muslim Heritage in Our World“ in Großbritannien gezeigt werden, vermitteln heute einen Eindruck von der intellektuellen Kreativität, die von Al-Andalus ausging sowie von dem politischen und administrativen Genius des Osmanischen Reiches.

d) Die Wiege der monotheistischen Religionen (200 v. Chr.–800 n. Chr.)

Lehrer in Europa und im Nahen Osten sollten in die Lage versetzt werden, die enge Nachbarschaft zu erklären, in welcher die drei monotheistischen Religionen entstanden sind. Diese Kenntnisse bieten ein wichtiges Fundament, um die enge Verflechtung zwischen Europa und dem Nahen Osten zu verstehen.

Wir schlagen vor, die tausend Jahre, in denen die heiligen Texte und Traditionen Form annahmen, aufeinander reagierten, untereinander Anleihen machten und sich eifersüchtig voneinander abgrenzten, für den Schulunterricht gründlich aufzuarbeiten. Die Geschichte des jüdisch-christlichen, christlich-muslimischen und muslimisch-jüdischen Zusammenlebens im Nahen Osten ist zwar in Teilen (und nach Fächern voneinander getrennt) bereits untersucht worden. Es gibt bis heute jedoch kein Archiv mit Materialien für den Unterricht, das es erlaubt, diese drei einander verwandten Religionen zusammenzudenken. Ein solches Archiv könnte helfen, die Umstände zu klären, unter denen die drei Religionen vom Nahen Osten nach Europa „wanderten“, um dort die europäische Kultur und Geschichte zu gestalten. Dieses Archiv könnte zudem die Erkenntnis fördern helfen, dass auch die Geschichte und Kultur des Nahen Ostens auf dem Zusammenleben der drei Religionen beruhen. ❑

Zwischen „Islamkunde" und „islamischem Religionsunterricht"

Zum Entwicklungsstand der Modellversuche in den Bundesländern

Michael Kiefer

1 Ausgangslage

Seit der Eröffnungsveranstaltung der ersten deutschen Islamkonferenz im September 2006 steht das Thema „Islamischer Religionsunterricht" ganz oben auf der Agenda der Bildungspolitik in Bund und Ländern. Unisono vertrat man dort die Ansicht, dass es nun an der Zeit sei, einen solchen Unterricht einzuführen. Doch auf welchem Wege dies geschehen soll, blieb weiterhin offen. Die Hindernisse, die der Einführung eines ordentlichen „Islamischen Religionsunterrichts" entgegenstehen, sind vielfältig und alles andere als neu.

Bereits Mitte der siebziger Jahre war deutlich geworden, dass zahlreiche muslimische Zuwanderer, die seit den frühen sechziger Jahren in die Bundesrepublik gekommen waren, einen dauerhaften Verbleib anstrebten. Bislang hatten sich die Muslime mit Provisorien abgefunden. Es gab nur wenige und schlecht ausgestattete Moscheen. Als problematisch erwies sich auch die religiöse Erziehung der Kinder, die zumeist von schlecht ausgebildetem Personal der jungen Moscheegemeinden durchgeführt wurde. Angesichts dieser misslichen Lage wurden bereits Ende der siebziger Jahre Stimmen laut, die einen ordentlichen islamischen Religionsunterricht unter staatlicher Aufsicht forderten. Seit diesem Zeitpunkt wird zum Thema islamischer Religionsunterricht diskutiert, experimentiert und seit einigen Jahren auch prozessiert. Angesichts dieses sehr langen Zeitraumes nehmen sich die Ergebnisse, die im zweiten Kapitel vorgestellt werden, bescheiden aus. In keinem Bundesland gibt es derzeit ordentlichen islamischen Religionsunterricht, der gemäß Art. 7 Abs. 3 GG in Übereinstimmung mit den Grundsätzen einer Religionsgemeinschaft erteilt wird. Stattdessen gibt es in einigen Bundesländern eine Reihe von zumeist sehr kleinen Schulversuchen, die sich als Vorläufer oder Platzhalter für einen ordentlichen islamischen Religionsunterricht verstehen.

„Es gibt in einigen Bundesländern eine Reihe von zumeist sehr kleinen Schulversuchen, die sich als Vorläufer oder Platzhalter für einen ordentlichen islamischen Religionsunterricht verstehen."

Verantwortlich für diese aus muslimischer Sicht unbefriedigende Situation ist eine komplexe und äußerst sperrige Problemlage, die in der öffentlichen Debatte um den Islamunterricht oftmals auf die juristischen Aspekte verkürzt wird.[1] Gestritten wird hier vor allem um den Begriff der Religionsgemeinschaft und die damit verbundene Frage, ob die in der Bundesrepublik tätigen islamischen Verbände bzw. Dachverbände als Religionsgemeinschaft anerkannt werden können.

Ein Zusammenschluss wird vom Staat nach der derzeitigen Rechtslage nur dann als Religionsgemeinschaft anerkannt, wenn er folgende Kriterien erfüllt: a) Zusammenschluss natürlicher Personen zu einer Vereinigung, b) Verfestigung, c) Gemeinsames religiöses Bekenntnis und d) Umfassende Glaubensverwirklichung. Die islamischen Dachverbände konnten diese Kriterien nach Auffassung der Verwaltungsgerichte bislang nur unzureichend erfüllen. Als Mitglieder werden lediglich die Mitgliedsvereine geführt. Hierdurch fehlt den Verbänden das für die Anerkennung notwendige personelle Substrat an natürlichen Mitgliedern. Als unzureichend gilt auch die vom Gesetzgeber geforderte umfassende Glaubensverwirklichung. Diese wird bei den Dachverbänden lediglich auf der Ebene der lokalen Moscheevereine praktiziert.[2]

> ***„Die Bildungsministerien der Bundesländer vertraten bislang unisono die Position, dass es keinen muslimischen Ansprechpartner auf Länderebene gibt, der unstrittig die gesetzlichen Mindestanforderungen erfüllt."***

Die Bildungsministerien der Bundesländer vertraten bislang unisono die Position, dass es keinen muslimischen Ansprechpartner auf Länderebene gibt, der unstrittig die gesetzlichen Mindestanforderungen erfüllt. In Nordrhein-Westfalen und auch in Hessen wollten sich die islamischen Verbände mit einer solchen Haltung nicht abfinden und zogen vor die Verwaltungsgerichte. Eine abschließende Klärung in den langwierigen Verfahren gab es bislang nicht. In Nordrhein-Westfalen wurde die Klage des *Islamrats* und des *Zentralrats der Muslime*, die in den ersten beiden Instanzen abschlägig beschieden wurde, im Februar 2005 vom Bundesverwaltungsgericht Leipzig zur Neuverhandlung an das Oberverwaltungsgericht Münster zurückverwiesen.[3] Der Ausgang ist durchaus offen, auch wenn sich die Verbände durch dieses Urteil grundsätzlich gestärkt fühlen. In Hessen scheiterte vorerst die *Islamische Religionsgemeinschaft Hessen* (IRH) mit ihrer Forderung nach Einführung *islamischen Religionsunterrichts* an hessischen Schulen. Der Hessische Verwaltungsgerichtshof stellte im Urteil vom 14. September 2005 fest, die IRH sei keine Reli-

[1] Eine ausführliche und detailreiche Darstellung der hier skizzierten Probleme ist nachzulesen bei: Kiefer, Michael: Islamkunde in deutscher Sprache in Nordrhein-Westfalen. Kontext, Geschichte, Verlauf und Akzeptanz eines Schulversuchs. Münster 2006.

[2] Vgl. Emenet, Axel: Verfassungsrechtliche Probleme einer islamischen Religionskunde an öffentlichen Schulen – Dargestellt anhand des nordrhein-westfälischen Schulversuchs „Islamische Unterweisung". Frankfurt a. M. 2003 (Hochschulschriften zum Staats- und Verwaltungsrecht, Band 5).

[3] Urteil des Bundesverwaltungsgerichts Leipzig vom 23.02.2005, BVerwG 6 C 2.04, unter: http://www.bverwg.de (03.10.2005).

gionsgemeinschaft im Sinne des Grundgesetzes, sondern ein Interessenverband zur Durchsetzung einzelner Projekte.[4]

Neben der spezifisch deutschen Rechtsproblematik gibt es weitere gravierende Probleme, die der Einführung eines ordentlichen islamischen Religionsunterrichtes entgegenstehen. An erster Stelle zu nennen ist hier die ethnische und nationale *Heterogenität* des Islam in Europa. Diese ist zurückzuführen auf die unterschiedlichen Herkunftsstaaten, die in kultureller und religiöser Hinsicht teilweise sehr eigenständige und divergente Entwicklungsprozesse durchlaufen haben. Aber auch in religiöser und konfessioneller Hinsicht haben sich deutliche Unterschiede in der islamischen religiösen Landschaft in Deutschland herausgebildet. Neben der sunnitischen Hauptströmung, zu der sich ca. 2,5 Millionen Muslime bekennen und die sich wiederum in vier große Rechtsschulen unterteilt, gibt es große alevitische Gemeinden in den Ballungsräumen mit insgesamt ca. 400 000 Mitgliedern. Darüber hinaus leben in durchaus nennenswerter Zahl Anhänger der schiitischen Glaubensrichtung in Deutschland. Die Zahl der iranischen und libanesischen Schiiten (Zwölfer-Schia) wird auf ca. 125 000 geschätzt. Schließlich ist noch die Ahmadiyya-Bewegung zu nennen, die über 60 000 Anhänger verfügt.[5] Angesichts der skizzierten Bandbreite ist das Konzept eines bekenntnisorientierten, das heißt eines einheitlichen, konfessionsgebundenen islamischen Religionsunterrichtes mit einem großen Fragezeichen zu versehen. Dort, wo es ihn gibt, bleiben die kleineren Strömungen meist unberücksichtigt. Dies zeigt lehrreich vor allem das österreichische Beispiel. In Österreich wird für alle Muslime landesweit ein einheitlicher Religionsunterricht erteilt, in dem schiitische oder alevitische Inhalte keine Berücksichtigung finden.[6]

„Vor allem die Türkei begleitete in der Vergangenheit die Einführung von deutschsprachigen Unterrichtsangeboten mit großer Skepsis und phasenweise mit schlichter Ablehnung.“

In einem erheblichen Ausmaß mitverantwortlich für die Dauerblockade war auch die Politik einiger Herkunftsländer, die bei der staatlich verantworteten religiösen Erziehung der Zuwandererkinder beträchtliche Mitspracherechte einfordern. Vor allem die Türkei begleitete in der Vergangenheit die Einführung von deutschsprachigen Unterrichtsangeboten mit großer Skepsis und phasenweise mit schlichter Ablehnung.[7] Mittlerweile hat die türkische Regierung ihre Protesthaltung aufgegeben. Sie besteht allerdings auf einer direkten Partnerschaft mit den jeweiligen Bildungsverwaltungen, die durch den

---

[4] Urteil des Hessischen Verwaltungsgerichtshofs vom 14.09.2005, AZ: 7 UE 2223/04.

[5] Şen, Faruk/Aydin, Hayrettin: Islam in Deutschland. München 2002, S. 17 und: Lemmen, Thomas: Islamische Vereine und Verbände in Deutschland. Hg. vom Wirtschafts- und sozialpolitischen Forschungs- und Beratungszentrum der Friedrich-Ebert-Stiftung, Abteilung Arbeit und Sozialpolitik. 2. Aufl. Bonn 2002, S. 20.

[6] Mohr, Irka-Christin: Islamischer Religionsunterricht im europäischen Vergleich, unter: http://uni-erfurt.de/islamwissenschaft/mohr-vortrag.html (25.03.2004) Vgl. Mohr, Irka-Christin: Islamischer Religionsunterricht in Europa. Lehrtexte als Instrumente muslimischer Selbstverortung im Vergleich. Bielefeld 2006.

[7] Gebauer, Klaus: Islamische Unterweisung in deutschen Klassenzimmern. In: *Recht der Jugend und des Bildungswesens – Zeitschrift für Schule, Berufsbildung und Jugenderziehung*, 37. Jg., Heft 3/1989, S. 265.

staatlich gelenkten Moscheenverband DITIB (*Diyanet İşleri Türk İşlam Birliği* [*Türkisch-islamische Union der Anstalt für Religion*]) wahrgenommen werden soll.[8] Da sich die DITIB bislang geweigert hat, auf Länderebene die Zusammenarbeit mit den anderen großen islamischen Verbänden zu suchen, konnte noch keine funktionierende Kooperation in Sachen islamischer Religionsunterricht erzielt werden. Als hochproblematisch muss in diesem Kontext auch die enge Verflechtung der DITIB mit der türkischen Ministerialbürokratie angesehen werden. Mit dem im Grundgesetz festgelegten Gebot der staatlichen Neutralität hinsichtlich der Religionsausübung ist dieser Sachverhalt nicht in Einklang zu bringen.

Als ein weiteres gravierendes Problem ist die unzureichende Repräsentativität der in der Bundesrepublik tätigen islamischen Dachverbände anzusehen. Im Grundverständnis einer pluralistisch und demokratisch verfassten Gesellschaft ist der Begriff Repräsentation eng mit dem Begriff Legitimität verbunden.[9] Repräsentieren bedeutet im Kontext einer Organisationsstruktur, die Interessen eines anderen oder eines Personenverbandes als legitimierter Vertreter wahrzunehmen. Legitimität kann ein Repräsentant dann für sich beanspruchen, wenn er durch Mitglieder ein Mandat erhalten hat. Genau dies ist bei den islamischen Dachverbänden, d. h. dem *Islamrat* und dem *Zentralrat der Muslime in Deutschland* (ZMD) nur sehr eingeschränkt der Fall. Aktuelle Schätzungen gehen davon aus, dass lediglich 10 bis maximal 25 Prozent der in Deutschland lebenden Muslime in einem Moscheeverein organisiert sind.[10] Angesichts dieser Zahlen können die an den Staat gerichteten Ansprüche der Verbände durchaus berechtigt in Zweifel gezogen werden. Darüber hinaus gilt die politische Ausrichtung einiger Mitgliedsorganisationen der Verbände als problematisch. So wird z. B. die größte Mitgliedsorganisation des Islamrats, die *Islamische Gemeinschaft Milli Görüş* (IGMG), nach wie vor von den Verfassungsschutzbehörden beobachtet, weil in der Vergangenheit verbandsnahe Publikationsorgane antisemitische Artikel publiziert haben.[11]

„Legitimität kann ein Repräsentant dann für sich beanspruchen, wenn er durch Mitglieder ein Mandat erhalten hat. Genau dies ist bei den islamischen Dachverbänden … nur sehr eingeschränkt der Fall.“

[8] Dies ist z. B. in Niedersachsen der Fall. Formal gesehen gibt es zur Begleitung des Schulversuchs „Islamischer Religionsunterricht“ einen „Runden Tisch“ für die Vertreter der Muslime. DITIB – vertreten durch Konsulatsbeamte aus Hannover – bestand jedoch bisher auf einem separaten Kontakt zum Ministerium.

[9] Eine gute Darstellung zum Problem Repräsentation ist nachzulesen bei: Schiffauer, Werner: Muslimische Organisationen und ihr Anspruch auf Repräsentativität: dogmatisch bedingte Konkurrenz und Streit um Institutionalisierung. In: Escudier, Alexandre (Hg.): Der Islam in Europa. Der Umgang mit dem Islam in Frankreich und Deutschland. Göttingen 2003, S. 143–159.

[10] Aydin, Hayrettin/Halm, Dirk/Şen, Faruk: „Euro-Islam“. Das neue Islamverständnis der Muslime in der Migration. Stiftung Zentrum für Türkeistudien/Renner Institut, Essen, Mai 2003, S. 6.

[11] Dokumentiert sind solche Äußerungen unter anderem in: Innenministerium des Landes Nordrhein-Westfalen (Hg.): Islamischer Extremismus in Nordrhein-Westfalen. Düsseldorf 1999. Mittlerweile haben sich führende IGMG-Funktionäre des Reformflügels von diesen Äußerungen distanziert.

2 Modelle der Länder

Angesichts dieser sperrigen Problemlage und um nicht ganz untätig zu bleiben, entschlossen sich einige Bundesländer dazu, Sonderwege zu gehen, die mittelfristig in einen regulären islamischen Religionsunterricht münden sollen. Gegenwärtig können zwei Grundmodelle unterschieden werden, deren Varianten sich jedoch in quantitativer und qualitativer Hinsicht erheblich voneinander unterscheiden.[12]

2.1 Islamkundliche Unterrichtsangebote

Betrachten wir zunächst die islamkundlichen Unterrichtangebote, die zumeist ohne oder mit nur geringen Mitwirkungsmöglichkeiten[13] der islamischen Religionsgemeinschaften realisiert wurden. Zurzeit werden in den Bundesländern sechs Modellvarianten praktiziert.

a) Konsularunterricht[14]

Die älteste Form des Islamunterrichts ist der so genannte Konsularunterricht, der z. B. in Baden-Württemberg, Schleswig-Holstein, Berlin und im Saarland erteilt wurde oder wird. Organisiert, durchgeführt und verantwortet wird er von den diplomatischen und konsularischen Vertretungen der Herkunftsländer bzw. Entsendestaaten.[15] Der Unterricht findet in der Regel an nichtöffentlichen Schulen in der jeweiligen Sprache der Herkunftsländer statt und wird von den genannten Bundesländern aus den Landeshaushalten finanziell gefördert. Die staatliche Schulverwaltung (Bezirksregierungen und lokale Schulämter) hat bei diesem Typ von Islamunterricht keine Möglichkeit, auf die Unterrichtsinhalte und das Lehrpersonal Einfluss zu nehmen. Der Konsularunterricht, der unter der Prämisse der „Rückkehrorientierung“ der Arbeitsmigranten vor mehr als 25 Jahren eingeführt wurde, gilt in der Fachdiskussion als längst überholt und wird als Integrationshindernis angesehen.

b) Religiöse Unterweisung für muslimische Schülerinnen und Schüler im Rahmen des muttersprachlichen Ergänzungsunterrichts, der in staatlicher Verantwortung durchgeführt wird[16]

[12] Bei den folgenden Ausführungen handelt es sich in wesentlichen Teilen um eine aktualisierte und ergänzte Fassung meines Beitrags: Staatlicher Islamunterricht in Deutschland. Unterrichtsmodelle der Länder – Der aktuelle Sachstand im Schuljahr 2004/2005. In: Reichmuth, Stefan/Bodenstein, Mark/Kiefer, Michael/Väth, Birgit (Hg.): Staatlicher Islamunterricht in Deutschland. Münster 2006.

[13] In Nordrhein-Westfalen wird der Schulversuch Islamkunde seit dem Jahr 2004 von einem Beirat begleitet, in dem auch alle muslimischen Spitzenverbände vertreten sind. Dieses Gremium besitzt jedoch lediglich eine Beratungsfunktion. Mitsprachemöglichkeiten bei der Lehrplanentwicklung wurden dem Beirat nicht eingeräumt.

[14] Staatsinstitut für Schulpädagogik und Bildungsforschung (Hg.): Islamischer Religionsunterricht an bayerischen Schulen? – ein Problemaufriss. München 2000, S. 22.

[15] In der Regel ist dies die Türkei.

[16] Staatsinstitut für Schulpädagogik und Bildungsforschung (wie Fußnote 14), S. 22.

Bei diesem islamkundlichen Unterrichtsmodell handelt es sich um den unmittelbaren Nachfolger des Typs Konsularunterricht. Die *Religiöse Unterweisung muslimischer Schülerinnen und Schüler* findet ebenfalls im Rahmen des *muttersprachlichen Unterrichts* statt. Allerdings wird dieser unter Verantwortung der Kultusverwaltungen an staatlichen Schulen von Landesbediensteten erteilt. Dieses Unterrichtsmodell wird derzeit vor allem in Nordrhein-Westfalen praktiziert.[17] Dort wurden für die *Religiöse Unterweisung* in einem sehr aufwändigen und langwierigen Entwicklungsprozess für die Jahrgangstufen 1 bis 10 eigene Lehrpläne entworfen, die zurzeit auch im Schulversuch *Islamkunde in deutscher Sprache (Islamische Unterweisung als eigenständiges Unterrichtsfach)* Verwendung finden. Mittelfristig betrachtet, ist auch dieser Unterrichtsstyp ein Auslaufmodell, da er den Islam an zentralen Punkten als ein hier nicht beheimatetes Migrationsphänomen thematisiert.[18] Hinzu kommt, dass der überwiegend in türkischer Sprache durchgeführte Unterricht nicht als „ordentliches Fach" in der Stundentafel verankert werden kann.

c) Religiöse Unterweisung für türkische Schülerinnen und Schüler nach deutschen Lehrplänen, die auf der Grundlage türkischer Richtlinien entwickelt wurden

Als problematisch[19] gilt aus integrationspolitischer Sicht auch das in Bayern durchgeführte deutsch-türkische Mischmodell *Religiöse Unterweisung türkischer Schüler islamischen Glaubens*, das seit dem Schuljahr 1987/1988 auf freiwilliger Grundlage für die Jahrgangstufen 1 bis 5 in türkischer Sprache angeboten wird.[20] Die Lehrpläne orientieren sich weitgehend an den Richtlinien, die das Ministerium für nationale Erziehung der Republik Türkei für den Religions- und Ethikunterricht erstellt hat. Die im Unterricht eingesetzten Schulbücher stammen ebenfalls aus der Türkei.[21] Durchgeführt wird der islamkundliche Unterricht von ca. 100 in der Türkei beschäftigten muslimischen Lehrkräften, die in Bayern in befristete Arbeitsverhältnisse übernommen werden und somit der bayerischen Schulaufsicht unterliegen.[22]

d) Islamische religiöse Unterweisung in deutscher Sprache als Parallelangebot zum gleichnamigen Unterrichtsangebot in türkischer Sprache

[17] In Hamburg wird der islamkundliche Unterricht seit dem Jahr 2004 nicht mehr im muttersprachlichen Unterricht erteilt.

[18] Die aus den 80er Jahren stammenden Lehrpläne thematisieren den Islam häufig aus der Perspektive der Migranten. So lautet eine Themeneinheit im NRW-Grundschulcurriculum „Wir leben in einer fremden Welt". Siehe Landesinstitut für Schule und Weiterbildung (Hg.): Religiöse Unterweisung für Schüler islamischen Glaubens – 24 Unterrichtseinheiten für die Grundschule (Entwurf). Soest 1986.

[19] Angesichts der Verbleiborientierung der türkischstämmigen Schülerinnen und Schüler und der zunehmenden Zahl von Einbürgerungen erscheint die enge Kooperation mit der Türkei in einem fragwürdigen Licht.

[20] Stock, Martin: Beitrag auf den Hohenheimer Tagen zum Ausländerrecht 2004: Auf dem Weg zur Rechtsgleichheit? Integration zwischen Zwang und Förderung, veranstaltet von der Diözese Rottenburg-Stuttgart am 31.01.2004 in Hohenheim, unter: www.jura.uni-bielefeld.de/Lehrstuehle/Stock/Veroeffentlichungen_Vortraege/Vortrag_K.html (01.03.2004).

[21] Bayerisches Staatsministerium für Unterricht und Kultus: Pressemitteilung 271 vom 28. September 2001.

[22] Stock, Martin: Islamunterricht: Religionskunde, Bekenntnisunterricht oder was sonst? Münster 2003, S. 7

Dieses gleichfalls islamkundliche Unterrichtskonzept wird seit dem Schuljahr 2001/2002 in Bayern als Modellprojekt an derzeit 35 Schulen praktiziert.[23] Der Unterricht wird alternativ und möglichst parallel zum türkischsprachigen Pendant angeboten. Er steht allen muslimischen Schülerinnen und Schülern offen, wird aber zumeist von nichttürkischen, mehrheitlich arabophonen Schülerinnen und Schülern besucht.[24] Unterrichtssprache ist Deutsch. Die Unterrichtsinhalte orientierten sich in der Startphase an den Richtlinien, die für den türkischsprachigen Unterricht gelten. Mittlerweile liegen neu bearbeitete Lehrpläne vor. Die eingesetzten Lehrkräfte sind bis auf eine Ausnahme unbefristete Angestellte oder Beamte des Landes. Begleitet wird der Schulversuch von der Akademie für Lehrerfortbildung und Personalführung und dem Staatsinstitut für Schulpädagogik und Bildungsforschung. Beide Institutionen sollen einen Lehrgang organisieren, welcher der Evaluation des Schulversuchs dient und der zur Entwicklung von deutschsprachigem Unterrichtsmaterial beitragen soll.[25] Nach der Evaluation des Schulversuchs soll überprüft werden, ob das islamkundliche Unterrichtsangebot auf die Sekundarstufe I ausgedehnt werden soll.[26]

e) Islamkunde in deutscher Sprache (Religiöse Unterweisung für muslimische Schülerinnen und Schüler in deutscher Sprache als ordentliches Fach)[27]

Bei den seit dem Schuljahr 1999/2000 durchgeführten Schulversuchen beschränken sich die meisten Bundesländer auf überschaubare Laborsituationen im Primarschulbereich. In Nordrhein-Westfalen ging man von Anfang an in quantitativer Hinsicht andere Wege. Im Schuljahr 2005/2006 beteiligten sich an dem fünf Jahre alten Schulversuch an mehr als 130 Schulen[28] ca. 10 000 muslimische Schülerinnen und Schüler.[29] Mit dieser Zahl – das sind immerhin geschätzte acht Prozent der in Frage kommenden muslimischen Schülerinnen und Schüler – übersteigt der NRW-Versuch alle anderen Modellversuche um ein Vielfaches. Anders als in Bayern, Niedersachsen, Rheinland-Pfalz und Baden-Württemberg ist der Schulversuch in NRW überdies nicht auf die Jahrgangsstufen 1 bis 4 beschränkt: Die Islamkunde wird seit dem Schuljahr 1999/2000 landesweit in allen Schulformen der Jahrgangsstufen 1 bis 10 erteilt.

[23] Bayerisches Staatsministerium für Unterricht und Kultus: Sachstand bei den Angeboten islamischer Erziehung, Bericht vom 20. Januar 2004. Das bayerische Kultusministerium will in den nächsten Jahren den Modellversuch erheblich ausweiten. Und: Bayerisches Staatsministerium für Unterricht und Kultus: Lehrerinfo, unter: http://www.km.bayern.de/km/lehrerinfo/thema/2005/02514/index02.asp (14.05.2006)

[24] Die türkischen Schülerinnen und Schüler bevorzugen mehrheitlich das parallel laufende türkischsprachige Angebot.

[25] Bayerisches Staatsministerium für Unterricht und Kultus: Zwischenbericht an den Ausschuss für Bildung, Jugend und Sport vom 12. Januar 2002, S. 4 f.

[26] Bayerisches Staatsministerium für Unterricht und Kultus: Lehrerinfo (wie Fußnote 22).

[27] Das Fach „Islamische Unterweisung“ wurde im Februar 2005 in „Islamkunde in deutscher Sprache“ umbenannt.

[28] Diese Zahl bezieht sich auf das aktuelle Schuljahr 2006/2007.

[29] Ministerium für Schule, Jugend und Kinder in Nordrhein-Westfalen: Pressemitteilung vom 29. Juni 2004. Und: Bildungsportal NRW – Islamische Unterweisung, unter: http://www.bildungsportal.nrw.de/BP/Schule/System/Faecher/Islamische_Unterweisung/index.html (06.12.2004). Die aktuelle Schülerzahl beruht auf einer Schätzung des LfS (September 2005).

Als gewichtigstes Alleinstellungsmerkmal ist jedoch anzusehen, dass die *Islamkunde* in NRW ordentliches Schulfach ist. Dies bedeutet, dass die im Fach erbrachten Leistungen versetzungs- und prüfungsrelevant sind. Das Fach ist damit faktisch dem Religionsunterricht gleichgestellt.

Ungeachtet der komplexen rechtlichen Problemlage wird die Zukunftsfähigkeit eines *Islamunterrichts* – sei er nun bekenntnisorientiert oder nicht – durch die curricularen Grundlagen und durch die Qualifikation der eingesetzten Lehrkräfte bestimmt. In Nordrhein-Westfalen sind in beiden Bereichen in den vergangenen fünf Jahren weitreichende Innovationen gelungen.

„Als gewichtigstes Alleinstellungsmerkmal ist jedoch anzusehen, dass die* Islamkunde *in NRW ordentliches Schulfach ist. Dies bedeutet, dass die im Fach erbrachten Leistungen versetzungs- und prüfungsrelevant sind.“

Im Bereich der Curriculumentwicklung konnte das *Landesinstitut für Schule in Soest* (LfS), das bereits in den achtziger und neunziger Jahren viel beachtete islamkundliche Lehrpläne entwickelt hat, im Frühjahr 2005 die Entwurfsfassung des neuen Grundschullehrplans vorlegen, mit dem völlig neue Wege in der islamischen Religionspädagogik beschritten werden.[30] Von zentraler Bedeutung ist das vier Lernwelten umfassende ganzheitliche Lernkonzept. Die Lernwelten „Körperlichkeit“, „Emotionalität“, „Intellektualität“ und „Spiritualität“ erscheinen in der Unterrichtsplanung als gleichermaßen zu berücksichtigende Felder. Für die konkrete Unterrichtsgestaltung bedeutet dies, dass das bislang kaum berücksichtigte emotionale Erleben der Schülerinnen und Schüler zu einem integralen Bestandteil des Lernprozesses gemacht werden kann und soll. Im Rahmen der bislang bekannt gewordenen Lernkonzepte für einen *islamischen Religionsunterricht* bzw. religionskundlichen Unterricht, die eher den normativen Horizont von Koran und Sunna im Blickfeld hatten, ist dies ein Novum.

Die zweite bedeutende Innovation ist darin zu sehen, dass die Analyse- und Planungsraster der Themeneinheiten konsequent eine mehrdimensionale Perspektive zulassen, in der sowohl sunnitische, schiitische als auch alevitische Traditionen in einer ausbalancierten Form berücksichtigt werden können. Mit den neuen Themeneinheiten wird erstmalig eine geregelte Voraussetzung geschaffen für einen multikonfessionellen islamischen Unterricht.[31] Viele alevitische Schülerinnen und Schüler, die bislang in der Regel auf eine angemessene Darstellung ihrer Glaubenswelt im Rahmen des Unterrichts verzichten mussten, und deren Eltern werden über die Neugestaltung des Unterrichts sicherlich sehr erfreut sein.[32]

---

[30] Landesinstitut für Schule NRW: Islamische Unerweisung in deutscher Sprache in der Grundschule Klasse 1 bis 4. Entwurf zur Erprobung in den Grundschulen des Landes Nordrhein-Westfalen, Fassung März 2005.

[31] In der Praxis des Schulversuchs bestehen schon seit dem Januar 2000 multikonfessionelle Unterrichtsgruppen. Bislang gab es für einen Unterricht, der sowohl sunnitische, schiitische als auch alevitische Aspekte berücksichtigt, aber keine curriculare Grundlage.

[32] Die in der Entwicklung befindliche alevitische Lehrplanvariante kann sowohl in der Islamischen Unterweisung als auch in einem eigenständigen alevitischen Religionsunterricht eingesetzt werden.

Auch im Bereich der Lehrerausbildung konnte NRW zwei zukunftsfähige Ausbildungsmodelle etablieren. Seit dem Sommersemester 2005 führt das *Centrum für religiöse Studien* (CRS) der Universität Münster den viersemestrigen Erweiterungsstudiengang Islamunterricht durch. Um diesen Studiengang zu ermöglichen, dem mittelfristig ein „grundständiges" Studium folgen soll, wurde die erste ordentliche Professur für islamische Theologie in Deutschland geschaffen. Die ersten Absolventen werden vermutlich im Jahr 2008 für den Schuldienst zur Verfügung stehen.

Für die bereits im Schulversuch tätigen 118 Lehrkräfte[33] wurde vor zwei Jahren ein zweigleisiges Fortbildungskonzept eingeführt. Für die ehemaligen Muttersprachlehrer, die über keinen islamwissenschaftlichen Studienabschluss verfügen, wurde von einer neunköpfigen Moderatorengruppe unter der Fachleitung des *Landesinstituts* eine zertifizierte Fortbildungsmaßnahme entworfen, die im Schuljahr 2003/2004 erstmalig durchgeführt wurde. In fünf Modulen werden neben fachwissenschaftlichen, d. h. theologischen und islamwissenschaftlichen Grundlagen auch alle wichtigen religionspädagogisch relevanten Unterrichtsmethoden vermittelt. Darüber hinaus werden im zweiten Teil der Ausbildung die erworbenen didaktisch-methodischen Qualifikationen intensiv in praxisnahen Übungen erprobt.

„In NRW wurde die erste ordentliche Professur für islamische Theologie in Deutschland geschaffen. Die ersten Absolventen werden vermutlich im Jahr 2008 für den Schuldienst zur Verfügung stehen."

Die im Schulversuch tätigen 16 Islamwissenschaftlerinnen und Islamwissenschaftler werden über die Seiteneinsteigerregelung in den Studienseminaren religionspädagogisch nachqualifiziert.

In Duisburg und Köln soll bis zum Jahr 2010 an den Schulen, an denen bislang Islamkunde erteilt wurde, ein bekenntnisorientierter Religionsunterricht erprobt werden. Da die Gespräche mit den muslimischen Verbänden noch nicht abgeschlossen sind, ist derzeit unklar, ob und wann diese Modellvariante starten kann. Sollte es zu dem geplanten Unterrichtsangebot kommen, wird der Unterricht von Lehrkräften durchgeführt, die bislang im Fach Islamkunde unterrichten.

f) Islamkunde in Bremen

Im Rahmen eines klein dimensionierten Schulversuchs wird das Fach *Islamkunde in deutscher Sprache* an einer Schule in Bremen unterrichtet.[34] Dieses Unterrichtsangebot kann alternativ zu *Biblischem Geschichtsunterricht* und zu *Philosophie* wahrgenommen werden. Die religionskundlichen Fächer sind

---

[33] Die Schüler- und Lehrerzahlen, die ich im September 2005 vom LfS erhalten habe, beziehen sich auf das laufende Schuljahr 2005/2006.

[34] Freie Hansestadt Bremen – Der Senat: Pressemitteilung vom 19. August 2003, unter: http://www.bremen.de/web/owa/extern.p_anz_presse2_mitteilung?pi_mid=86378&pi_back=javascript:history.back()&pi_begriff=islamkunde&pi_teilsuche=0 (24.03.2004).

nicht bekenntnisorientiert. Das Konzept für die Islamkunde wurde am „Runden Tisch" unter der Beteiligung von lokalen Moscheevereinen, Institutionen und Kirchenvertretern erarbeitet. Wie die alternativen Unterrichtsangebote steht auch das neue Fach allen Schülerinnen und Schülern offen.[35] In Bremen wird aufgrund von Art. 141 GG – der so genannten „Bremer Klausel", die die Geltung von Art 7. Abs. 3 GG einschränkt – kein staatlicher Religionsunterricht erteilt.

2.2 „Islamischer Religionsunterricht"

Wie bereits einleitend dargelegt, wird ein regulärer *Islamischer Religionsunterricht* als ordentliches Fach in keinem Bundesland erteilt. Es gibt jedoch zwei beachtenswerte Schulversuche in Bayern und Niedersachsen, die in Kooperation mit lokalen Zusammenschlüssen islamischer Vereine bzw. Verbände den Weg für einen Religionsunterricht im Sinne von Art. 7 Abs. 3 GG ebnen wollen. Und es gibt den umstrittenen Sonderfall Berlin. Auch dort ist aufgrund der „Bremer Klausel" (Art. 141 GG) der vorgenannte Artikel nicht gültig.

a) Islamischer Religionsunterricht in alleiniger Verantwortung der Religionsgemeinschaften – der Sonderfall Berlin

Sofern an Berliner Schulen Religionsunterricht angeboten wird, liegt dieser in alleiniger Verantwortung der Religionsgemeinschaften. Es handelt sich faktisch um einen freiwilligen Privatunterricht an öffentlichen Schulen. Die im Unterricht erbrachten Leistungen sind nicht versetzungs- und prüfungsrelevant. Die staatliche Aufsicht beschränkt sich allein auf die Prüfung der Rahmenlehrpläne. Die Schulbehörde ist verpflichtet, die Räumlichkeiten in öffentlichen Schulen zu stellen, und gewährt Zuschüsse für die Lehrergehälter. Im Schuljahr 2003/2004 erteilten zwei islamische Religionsgemeinschaften einen nach dem Berliner Schulrecht konzipierten gruppenspezifisch-privaten Religionsunterricht.[36]

In einem jahrelangen Rechtsstreit gelang es der *Islamischen Föderation in Berlin e. V.* (IFB), die wegen ihrer Nähe zur islamistisch orientierten *Milli Görüş* sehr umstritten ist, im Jahr 1998 ihren Anspruch auf Erteilung von Religionsunterricht durchzusetzen. Seit August 2003 bietet die IFB an Berliner Grundschulen islamischen Religionsunterricht an. Seit dem Schuljahr 2004/2005 wird der Unterricht an 37 Schulen erteilt. Nach Eigenangaben nehmen etwa 4500 Schülerinnen und Schüler am Unterricht teil.[37]

---

[35] Siebert, Mathias: Vier Jahre Vorlauf. Interview mit Werner Willker (Radiosendung), unter: http://www.radiobremen.de/online/gesellschaft/islam_unterricht.html (24.03.2004).

[36] Mittlerweile erteilt auch eine buddhistische Gemeinschaft in zwei Berliner Schulen Religionsunterricht. Es wird angenommen, dass im Laufe der nächsten Jahre weitere Gemeinschaften (z. B. die griechisch-, die serbisch-, die syrisch- und die russisch-orthodoxe Kirche) folgen. Nach Stock entwickelt sich in Berlin auf dem Boden von Art. 141 GG eine „kleinräumig parzellierte und pluralisierte, postmodern-patchworkartige Curriculumstruktur". Stock (wie Fußnote 20), S. 2.

[37] Aktuelle Zahlen über den Islamischen Religionsunterricht, unter: http://www.islamische-foederation.de/iru.htm (30.08.2006).

Ebenfalls als Religionsgemeinschaft anerkannt ist in Berlin mittlerweile auch das *Kulturzentrum Anatolischer Aleviten* in Berlin. Die Aleviten hatten im Jahr 2000 den Antrag auf alevitischen Religionsunterricht gestellt und einen Lehrplanentwurf mit 12 Unterrichtseinheiten für die Grundschule vorgelegt, der von einer Arbeitsgruppe der *Alevitischen Gemeinde Deutschland e. V.* erarbeitet wurde. Seit dem Schuljahr 2002/2003 wird der alevitische Religionsunterricht an 10 Schulen für ca. 200 alevitische Schülerinnen und Schüler angeboten.[38]

b) Schulversuche auf kommunaler Ebene

Der Schulversuch „Islamunterricht" in Erlangen (Bayern)

In Erlangen wird seit dem Beginn des Schuljahres 2003/2004 an einer Grundschule der Schulversuch *Islamunterricht* durchgeführt. Die Erstellung des Lehrplans, der umstrittene Glaubensfragen neutral behandeln soll, und die Auswahl der Lehrkräfte erfolgte in enger Kooperation mit der *Islamischen Religionsgemeinschaft Erlangen e. V.*, die im Jahr 1999 beim bayerischen Kultusministerium die Einrichtung eines Schulversuchs zum islamischen Religionsunterricht beantragte. Der Unterricht ist bekenntnisorientiert und wird in deutscher Sprache erteilt. Damit wird erstmalig – zeitgleich mit dem Modellversuch in Niedersachsen – im Geltungsbereich von Art. 7 Abs. 3 GG in enger Kooperation mit einem muslimischen Verein ein Islamunterricht erteilt, der als Vorform eines ordentlichen *Islamischen Religionsunterrichts* gelten kann. Begleitet und unterstützt wird der klein dimensionierte Schulversuch durch das *Interdisziplinäre Zentrum für Islamische Religionskunde* an der Universität Erlangen, das eigens für die wissenschaftliche und pädagogische Begleitung des Schulversuchs geschaffen wurde.[39] In Kooperation mit der *Islamischen Religionsgemeinschaft Erlangen e. V.* hatte das Interdisziplinäre Zentrum im Studienjahr 2002 eine Gastprofessur für Islamische Religionslehre eingerichtet. Mittlerweile konnte diese Stelle durch eine auf vier Jahre befristete Professur ersetzt werden.[40] Trotz dieser Bemühungen ist eine landesweite Ausdehnung des Erlanger Schulversuchs nicht beabsichtigt.[41] Nach Auffassung des bayerischen Kultusministeriums fehlt dem Staat hierfür ein legitimierter Ansprechpartner auf

„Im Studienjahr 2002 hatte das* Interdisziplinäre Zentrum *eine Gastprofessur für Islamische Religionslehre eingerichtet. Mittlerweile konnte diese Stelle durch eine auf vier Jahre befristete Professur ersetzt werden."

[38] Kulturzentrum Anatolischer Aleviten Berlin: Presseerklärung vom 19. April 2002.

[39] Rohe, Mathias: Zur Genese des Erlanger Schulversuchs „Islamunterricht", unter: www.zr2.jura.uni-erlangen.de/Schulversuch.pdf (10.03.2004).

[40] Lähnemann, Johannes: Perspektiven in der Ausbildung islamischer Religionslehrer. In: *MünchnerUni.Magazin. Zeitschrift der Ludwig-Maximilians-Universität München*, Heft 04/2003, S. 8 f. Lähnemann, Johannes: Islamische Religion als normales Unterrichtsfach, unter: http://www.uni-rlangen.de/infocenter/presse/pressemitteilungen/nachrichten_2005/01_05/3996islamunterricht.shtml (30.08.2006).

[41] Bayerisches Staatsministerium für Unterricht und Kultus: Pressemitteilung Nr. 25 vom 6. Februar 2003.

muslimischer Seite.[42] In Einzelfällen ist jedoch eine Übertragung des Konzepts auf andere Standorte möglich, falls dort vergleichbare Bedingungen anzutreffen sind.[43]

Schulversuch islamischer Religionsunterricht in Ludwigshafen-Pfingstweide

Ein lokal begrenzter Schulversuch startete auch im Schuljahr 2004/2005 an einer Grundschule in Ludwigshafen. Mit der Durchführung des deutschsprachigen Unterrichtsangebots, das als ordentliches Fach auf der Stundentafel geführt wird, wurde zunächst ein türkischer Islamwissenschaftler beauftragt. Inhaltliche Unterstützung erhält das Projekt vom *Christlich-Islamischen Gesprächskreis* und der *Türkischen Frauenbildungsstätte IGRA e. V.*[44] Der Schulversuch ist auf vier Jahre begrenzt. An der Ausarbeitung des Lehrplans war – anders als in Erlangen – keine lokale islamische Vereinigung beteiligt. Nach Auskunft der Schulleitung ist der Schulversuch als quartierbezogenes Projekt angelegt. Eine Ausdehnung auf andere Schulen sei nicht beabsichtigt.[45]

c) Der Schulversuch islamischer Religionsunterricht in Niedersachsen

In einem überschaubaren experimentellen Rahmen angelegt ist auch der *Schulversuch Islamischer Religionsunterricht* in Niedersachsen, der seit dem Schuljahr 2003/2004 an derzeit 21 Grundschulen[46] durchgeführt wird. Das Curriculum für die Primarstufe wurde am „Runden Tisch“ mit der *SCHURA Niedersachsen* und der *DITIB*, die kurzzeitig der *SCHURA Niedersachsen* angehörte, abgestimmt. Der Schulversuch ist zunächst bis zum Jahr 2007 befristet und soll in der Versuchsphase nicht auf die Sekundarstufe I ausgedehnt werden.[47]

Die eingesetzten und zukünftigen Lehrkräfte werden derzeit im Rahmen einer E-Learning-Weiterbildungsmaßnahme von der Universität Osnabrück und weiteren Partneruniversitäten fortgebildet. Im Jahr 2007 soll an der Universität Osnabrück ein grundständiges Studium folgen, das zunächst als Erweiterungsfach eingeführt wird. Das neue Fach „Islamische Religionspädagogik“ kann

---

[42] Die auch in Bayern tätigen islamischen Verbände (Zentralrat der Muslime, der Islamrat, der Verband der Islamischen Kulturzentren und DITIB) haben mittlerweile einen Verein mit dem Namen Islamische Religionsgemeinschaft in Bayern (IRB) gegründet. Dieser Verein will sich als Ansprechpartner für islamischen Religionsunterricht anbieten. Vgl. Bayerisches Staatsministerium für Unterricht und Kultus: Zwischenbericht an den Ausschuss für Bildung, Jugend und Sport vom 12. Januar 2002, S. 3.

[43] Bayerisches Staatsministerium für Unterricht und Kultus: Sachstand bei den Angeboten islamischer Erziehung, Bericht vom 20. Januar 2004. Und: Bayerisches Staatsministerium für Unterricht und Kultus: Statement von Bayerns Kultusminister Siegfried Schneider bei der Schuljahrespressekonferenz am 8. September 2006 im Bayerischen Kultusministerium, unter: http://www.stmuk.bayern.de/km/asps/archiv/08_09_schuljahrespressekonferenz.pdf (06.11.2006).

[44] Ministerium für Bildung, Frauen und Jugend Rheinland-Pfalz: Pressemitteilung vom 29. April 2004.

[45] Nach Angaben des Schulleiters kam das Unterrichtsprojekt in enger Absprache mit den Eltern zustande. Der Lehrplan wurde an der Schule entwickelt.

[46] Jeweils zwei ausgewählte Grundschulen pro Regierungsbezirk.

[47] Niedersächsisches Kultusministerium: Kultusminister startet Schulversuch Islamischen Religionsunterricht – Bundesweite Pionierrolle, Presseinformation vom 30. Mai 2003.

voraussichtlich ab dem Wintersemester 2007/2008 als Masterstudiengang (als drittes Fach) angeboten werden.[48]

d) Modellversuch islamischer Religionsunterricht in Baden-Württemberg

Ein ähnliches Projekt wird seit dem Schuljahr 2006/2007 in Baden-Württemberg an 12 ausgewählten Grundschulen durchgeführt. Unterrichtet werden zurzeit 234 Kinder auf der Grundlage eines Lehrplans, den sunnitische und alevitische Verbandsvertreter in einem äußerst zähen und langwierigen Arbeitsprozess erstellt haben. Als Ansprechpartner für den Unterricht sollen lokale Elterninitiativen und kooperationsfähige Moscheegemeinden gewonnen werden.[49] Parallel zum sunnitischen Unterrichtsangebot wird an zwei Grundschulen alevitischer Religionsunterricht angeboten.[50]

Durchgeführt wird der Religionsunterricht von bereits im Landesdienst befindlichen Lehrkräften, die ein geeignetes pädagogisches Profil aufweisen. Zur Vorbereitung durchliefen die Lehrkräfte vom Januar bis Juni 2006 eine Qualifizierungsmaßnahme, die in Kooperation mit der Pädagogischen Hochschule Karlsruhe und der Pädagogischen Hochschule Ludwigsburg durchgeführt wurde. Der Modellversuch soll wissenschaftlich begleitet werden.

3 Andere Konzeptionen

Neben den beiden skizzierten Grundmodellen, der religionskundlichen und bekenntnisorientierten Konzeption, können abschließend zwei weitere Unterrichtsangebote angeführt werden, die im Rahmen einer multireligiösen-ethischen Mischkonzeption ebenfalls islamische Inhalte vermitteln.

Prominent und zugleich umstritten ist das Hamburger Modell *Religionsunterricht für alle*. Diese Sonderform des Religionsunterrichts ist stark interreligiös und dialogisch orientiert und berücksichtigt christliche, jüdische, islamische, alevitische und buddhistische Inhalte.[51] Alleiniger Vertragspartner der Hansestadt Hamburg ist die *Nordelbische Evangelisch-Lutherische Kirche*.[52] Sie kann durch die *Gemischte Kommission Schule/Kirche* bei der Verabschiedung von Rahmenplänen und Stundentafeln für das Fach Religion mitwirken. Unterhalb der staatskirchlichen Verantwortungsebene wurde 1995 der *Gesprächs-*

48 Niedersächsische Staatskanzlei: Presseinformation vom 14. Januar 2006, unter: http://www.stk.niedersachsen.de/master/C15710864_L20_D0_I484.html (14.05.2006).

49 Ministerium für Kultus, Jugend und Sport Baden-Württemberg: Pressemitteilung vom 15. März 2005, unter: http://www.km-bw.de/servlet/PB/-s/18hhe1f1xay4aedby8k9fajjju1xb1v1t/menu/1161704_l1/index.html (20.03.02005).

50 Ministerium für Kultus, Jugend und Sport Baden-Württemberg: Pressemitteilung vom 5. September 2006, unter: http://www.km-bw.de/servlet/PB/-s/rms30avvjn061blp4wwy57kjm1anc026/menu/1188850/index.html?ROOT=1075594 (06.11.2006).

51 Doedens, Folkert: Dialogisch orientierter Religionsunterricht für alle in Hamburg. In: Beauftragte der Bundesregierung für Ausländerfragen (Hg.): Vom Dialog zur Kooperation – Die Integration von Muslimen in den Kommunen. Berlin/Bonn 2002, S. 39. Und: Doedens, Folkert: Gemeinsame Grundsätze der Religionsgemeinschaften für einen interreligiösen Religionsunterricht? Der Hamburger Weg: Religionsunterricht für alle, unter: http://lbs.hh.schule.de/relphil/pti/downloads/rufalle.doc (15.09.2004).

kreis Interreligiöser Religionsunterricht in Hamburg eingerichtet, der die Mitgestaltung und Mitverantwortung des *Religionsunterrichts für alle* durch die Hamburger Religionsgemeinschaften institutionell absichern soll. In diesem Gremium sind verschiedene evangelische Kirchen, die Buddhistische Gesellschaft, das Tibetische Zentrum, die Jüdische Gemeinde, die *SCHURA Hamburg* und das *Alevitische Kulturzentrum* vertreten.

Ein weiteres Unterrichtsmodell, das seit dem Schuljahr 2002/2003 in Hessen erprobt wird, ist im Ethik-Unterricht verankert. Das Projekt trägt den Namen *Ethik des Islam im Ethik-Unterricht* und soll die bereits verbindlichen Unterrichtsinhalte – die Weltreligionen und die grundlegenden Themen der Ethik aus jüdisch-christlicher und abendländisch-aufklärerischer Tradition – um islamische Inhalte erweitern. Die Unterrichtskonzeption, die alle Jahrgangsstufen der Sekundarstufe I umfasst, gliedert sich in zehn „Bausteine", die den vom Curriculum gesetzten Themenbereichen wie z. B. „Das Gute und das Böse – das Gewissen" zugeordnet sind. Unterrichtet werden die Bausteine von den jeweiligen Fachlehrerinnen und -lehrern. Sofern die Möglichkeit besteht, sollen auch Vertreter islamischer Gemeinden in den Unterricht eingeladen werden. Begleitet und beraten wird der Ethik-Unterricht von einem Beirat, dem Vertreter verschiedener islamischer Moscheen, der Orientalistik, der christlichen Theologie, der Religionswissenschaft, der jüdischen Ethik und der Erziehungswissenschaft sowie Eltern- und Lehrervertreter angehören.[53]

Fazit

Die vorgestellten Beispiele zeigen, dass abseits der strittigen Anerkennungsfrage eines muslimischen Ansprechpartners des Staates mehrere Bundesländer durchaus innovationsfreudige Schulversuche auf den Weg gebracht haben, die im Praxisfeld den Weg für einen ordentlichen „Islamischen Religionsunterricht" ebnen können. Dieser Weg kann mittelfristig zum Erfolg führen, wenn alle Beteiligten sich auf eine kleinschrittige und pragmatische Herangehensweise verständigen können. ❑

[52] Aufgrund dieses Sachverhalts bezeichnen muslimische Kritiker das Hamburger Modell als offenen evangelischen Religionsunterricht. Vgl. Köhler, Asiye/Köhler, Ayyub: Ordentlicher Religionsunterricht oder „Religionsunterricht für alle" an öffentlichen Schulen in Hamburg? unter: http://www.islamic-centre-hamburg.de/al-fadschr/nr101_110/nr104/af104_27.htm (15.09.2004).

[53] Harms, Joachim: Ethik des Islam im Ethikunterricht. Sachstandsbericht vom 9. September 2004. Erstellt im Auftrag des Hessischen Landesinstituts für Pädagogik (HeLP) in Frankfurt a. M.

Gesellschaftliche und religiöse Vielfalt in Schule und Gesellschaft: neue Herausforderungen für die politische Bildung

Christoph Müller-Hofstede[1]

„Wir werden in Deutschland auch noch in vierzig/fünfzig Jahren über die ethnischen Fragen reden und verhandeln müssen. So ist das nun mal in Einwanderergesellschaften. [...] Die Lösung besteht aus Hunderten von Lösungen."

Feridun Zaimoglu

1 Einwanderungsgesellschaft Deutschland: der neue Realismus

In Deutschland leben über 15 Millionen Menschen mit ausländischen Wurzeln, wie der Mikrozensus des Statistischen Bundesamts 2005 ergeben hat, mit anderen Worten: Fast ein Fünftel der deutschen Bevölkerung hat eine Migrationsgeschichte. In wenigen Jahren werden etwa 40 Prozent der Menschen in Deutschlands Großstädten einen Migrationshintergrund haben. Schon heute ist innerhalb dieser Gruppe die Zahl der deutschen Staatsangehörigen mit acht Millionen etwas größer als die der Ausländer (7,3 Millionen).

Diese und andere Daten finden sich nicht nur in den Fachpublikationen der Migrationsforscher und Demografen, sondern werden auch prominent in den großen Zeitungen und den Nachrichtensendungen publiziert. Führende Politiker haben in den letzten Jahren – parteiübergreifend – auf die religiöse und kulturelle Vielfalt der Bundesrepublik aufmerksam gemacht.[2] Diese und andere Beiträge weisen auf einen vielerorts konstatierten neuen Realismus der politischen und gesellschaftlichen Debatte über Migration und Integration in Deutschland hin. Trotz vieler ungeklärter Fragen haben sich im Vergleich zu den achtziger und neunziger Jahren die großen ideologisch fixierten Lager aufeinander zu bewegt.[3] Ähnliche Entwicklungen sind in anderen europäischen

---

[1] Der Beitrag ist in eigener Verantwortung des Verfassers entstanden und stellt keine Meinungsäußerung der Bundeszentrale für politische Bildung dar.

[2] So zuletzt Bundespräsident Horst Köhler in einer viel beachteten Rede zur Bildungspolitik in Berlin-Neukölln am 21.09.2006. Zugriff unter: http://www.bundespraesident.de/Anlage/original_633069/Bildung-fuer-alle-Berliner-Rede-von-Bundespraesident-Horst-Koehler.pdf

[3] Santel, Bernhard: In der Realität angekommen. Die Bundesrepublik Deutschland ist ein Einwanderungsland. In: *politische bildung*, 3/2006, S. 9–25. Michalowski, Ines: Vom nationalen Integrationsmodell zum europaweiten Pragmatismus? In: *politische bildung*, 3/2006, S. 26–45.

Staaten zu beobachten. Dass die demografische Entwicklung und die Dynamik der internationalen Wanderungsbewegungen Einwanderung für absehbare Zeit zu einer Notwendigkeit machen, ist eine zunehmend akzeptierte Erkenntnis innerhalb der politischen und wirtschaftlichen Eliten. Zu den wenigen „sicheren" Annahmen über die Zukunft gehört, dass die deutsche Bevölkerung in den nächsten Jahrzehnten „weniger, älter und bunter" werden wird.

Zu dem neuen Realismus gehört aber auch die Erkenntnis, dass sich viele Einwanderer und ihre Familien in den letzten Jahrzehnten nicht so selbstverständlich wie erhofft haben einbürgern lassen und dass entscheidende Daten aus der Bildungsstatistik (sei es in den PISA-Studien oder denen der OECD) auf eine misslingende Integration schließen lassen: Fast jeder fünfte ausländische Jugendliche verlässt die Schule ohne Abschluss, vier von zehn jungen Menschen mit Migrationshintergrund haben keine abgeschlossene Berufsausbildung, die Arbeitslosenquote der Ausländer ist im Durchschnitt doppelt so hoch ist wie die der Deutschen. (In Berlin liegt sie bei 40 Prozent.) Zum Abitur gelangen nur 12,2 Prozent der ausländischen Jugendlichen, dagegen 33,4 Prozent der deutschen.

Bildung und Ausbildung sind Schlüsselbereiche sozialer Integration: Wenn die Dinge in diesem Bereich in eine Schieflage geraten, ist dies ein Anlass, sich Sorgen um den Zusammenhalt der Gesellschaft zu machen.[4]

Es ist daher nur logisch, wenn sich die zentralen Debatten zur Integrationspolitik auf die Frage beziehen, wie das deutsche Bildungssystem, vor allem die Schulen besser befähigt werden können, auf eine neue ethnisch, kulturell und religiös vielfältigere Schülerschaft einzugehen. Welchen Beitrag leistet hierzu die politische Bildung, welchen kann und sollte sie leisten? Wie setzt sich politische Bildung mit religiösen Fragen auseinander; was kann sie zu dem neuen Dialogprozess mit den Muslimen in Deutschland beitragen? Wie kann im Besonderen auf die Fragen und Probleme einer wachsenden Schülerschaft muslimischen Glaubens reagiert werden? Ein Blick auf die Rahmenbedingungen politischer Bildung in Deutschland macht die Aufgaben deutlich, die auf diesem Feld noch zu bewältigen sind.

2 Politische Bildung in Deutschland: Rahmenbedingungen und Aufgaben

2.1 Grundlagen und zeitgeschichtliches Erbe politischer Bildung

Politische Bildung gehört zum Selbstverständnis der Bundesrepublik Deutschland. Staat und Gesellschaft der Bundesrepublik – so heißt es im Leitbild der Bundeszentrale für politische Bildung (bpb) – „haben auf Grund der Erfahrungen mit der nationalsozialistischen Diktatur und der DDR eine besondere Verpflichtung, die Entwicklung eines sich auf Demokratie, Toleranz und Pluralismus gründenden politischen Bewusstseins zu fördern."[5]

[4] Siehe zuletzt Schellenberg, Britta: Integration ist Integration ist Integration. In: *Internationale Politik*, November 2006. S. 2–8.

[5] Homepage der bpb: http://www.bpb.de/die_bpb/WHOLJ2,0,0,Leitbild_der_Bundeszentrale_f%FCr_politische_Bildung.html

Vor diesem Hintergrund wurde 1952 die Bundeszentrale für politische Bildung (damals noch unter dem Namen Bundeszentrale für Heimatdienst, in Anlehnung an die Reichszentrale für Heimatdienst in der Weimarer Republik)[6] als nachgeordnete Behörde des Innenministeriums gegründet: eine – damals wie heute – in Europa und in den westlichen Staaten einmalige staatliche Bildungsinstitution. Der politischen Elite in der neu gegründeten Bundesrepublik war durchaus bewusst, dass das geistige und intellektuelle Fundament der jungen deutschen Demokratie noch ungefestigt war. Das Scheitern der Weimarer Republik, die durch extremistische Kräfte von vielen Seiten zerrieben und damit zu einer „Demokratie ohne Demokraten" wurde, hatten viele der politisch Verantwortlichen noch miterlebt: Vergleichbaren Entwicklungen in der Bundesrepublik sollte rechtzeitig vorgebeugt werden. Politische Bildung, also ein umfassendes staatliches Bildungsangebot, das sich vor allem an schulische und außerschulische Multiplikatoren richtete, sollte das „Verständnis für politische Sachverhalte fördern, das demokratische Bewusstsein festigen und die Bereitschaft zur politischen Mitarbeit stärken."[7]

„Zu den wenigen ‚sicheren' Annahmen über die Zukunft gehört, dass die deutsche Bevölkerung in den nächsten Jahrzehnten ‚weniger, älter und bunter' werden wird."

Die Aufarbeitung und Analyse der nationalsozialistischen Verbrechen und ihrer Ursachen stand von Anfang an im Mittelpunkt der Arbeit der Bundeszentrale sowie der sukzessive in den Ländern gegründeten Landeszentralen für politische Bildung. Die Auseinandersetzung mit anderen ideologisch und politisch totalitär verfassten Systemen (in der DDR, in der Sowjetunion, in China) kam hinzu und prägte bis in die sechziger Jahre wesentliche Schwerpunkte der Arbeit. Kurz: Der von den westlichen Alliierten begonnene Prozess der „Re-Education" wurde ganz bewusst in die eigenen Hände genommen. Wichtige gesellschaftliche und politische Debatten wurden in den folgenden Jahrzehnten durch breite wissenschaftlich abgesicherte und politisch ausgewogene Bildungsangebote begleitet. Staatlich geförderte politische Bildung wurde zu einem essenziellen Bestandteil des intellektuellen und politischen „nationbuilding" der jungen Bundesrepublik auf ihrem „langen Weg nach Westen".[8]

Parallel zur Bundeszentrale für politische Bildung nahmen in den fünfziger und sechziger Jahren die Landeszentralen für politische Bildung sowie zahlreiche subsidiäre und weltanschaulich unterschiedlich geprägte Bildungsträger die Arbeit auf. So bereichern heute die großen Stiftungen der parlamentarisch vertretenen Parteien das Feld der politischen Bildung; hinzu kommt das Netzwerk der Volkshochschulen mit ihren Angeboten. Diese Strukturen werden alle öf-

[6] Siehe ausführlich die Beschreibung und Bewertung der Frühgeschichte der bpb in der Rede des Präsidenten der bpb, Thomas Krüger, vom 17.03.2006 anlässlich eines Journalistenworkshops zur Geschichte der 50er Jahre: http://www.bpb.de/presse/KNXDGK.html

[7] Erlass zur Arbeit der Bundeszentrale für politische Bildung, letzte Fassung vom 24. Januar 2001. Zugriff unter: http://www.bpb.de/die_bpb/2DUQ26,0,0,Erlass_%FCber_die_Bundeszentrale_f%FCr_politische_Bildung.html

[8] Winkler, Heinrich August: Der lange Weg nach Westen. 2 Bde. Schriftenreihe der Bundeszentrale für politische Bildung, Bd. 385 und 463. Bonn 2002 und 2005 (zuerst München 2000).

fentlich finanziert. So arbeiten über 300 anerkannte Träger der politischen Bildung mit der bpb zusammen. Weiterhin tragen große politikberatende Stiftungen wie die Bertelsmann-Stiftung zur politischen Bildung der Bevölkerung bei.

Die Bundeszentrale für politische Bildung mit Sitz in Bonn und Berlin ist unter den überparteilichen Einrichtungen die mit Abstand größte. Kontrollierende bzw. beratende Funktionen üben ein Kuratorium des Deutschen Bundestages mit Vertretern aus allen Fraktionen sowie ein wissenschaftlicher Beirat aus.

Die Bundeszentrale für politische Bildung ist den Grundsätzen der Überparteilichkeit und der wissenschaftlichen Ausgewogenheit und somit nicht zur Darstellung und Förderung der Arbeit der jeweiligen Bundesregierung verpflichtet – wie etwa das Bundespresseamt. Das Grundgesetz, die universalen Menschenrechte und eine demokratische politische Kultur sind unverzichtbare und unverhandelbare Grundlagen ihrer Arbeit. Die Auseinandersetzung mit extremistischen und demokratiefeindlichen Ideologien – insbesondere mit rechtsextremistischen Strömungen – bleibt weiterhin eine zentrale Aufgabe politischer Bildung.

„Staatlich geförderte politische Bildung wurde zu einem essenziellen Bestandteil des intellektuellen und politischen ‚nationbuilding' der jungen Bundesrepublik auf ihrem ‚langen Weg nach Westen'."

Politische Bildung fordert und ermöglicht das kontinuierliche Engagement der Bürger: Moderne Demokratien können hierauf gerade dann nicht verzichten, wenn ihre staatlichen Fürsorgesysteme wie derzeit in Europa an klare Grenzen stoßen und Migration und Globalisierung es notwendig machen, den Minimalkonsens über das Selbstverständnis moderner demokratischer Gesellschaften neu auszuhandeln.[9]

2.2 Politische Bildung für Einwanderer: warum das Thema vernachlässigt wurde

Bis weit in die neunziger Jahre hinein waren die Themen Einwanderung und Integration kein Schwerpunkt der politischen Bildung in Deutschland. Die Ursachen hierfür sind vielfältig: Sie haben zum einen mit den institutionellen und politischen Leitbildern zu tun, die die eigentliche Arbeit bestimmten, zum anderen aber auch mit grundlegenden Ausrichtungen der Einwanderungs- und Integrationspolitik in Deutschland in den letzten Jahrzehnten.

Betrachten wir die Aufgaben, die der politischen Bildung seit den frühen fünfziger Jahren zugewiesen wurden, so bleibt festzuhalten, dass diese zunächst explizit auf einen nationalen und damit auch ethnisch definierten Rahmen beschränkt wurden: Es ging ja wesentlich um die Festigung des demokratischen Bewusstseins der *deutschen* Bevölkerung, die nach dem Zusammenbruch des Nationalsozialismus mit den Spielregeln der Demokratie und des parlamentarischen Systems vertraut gemacht werden sollte. Und der historisch-politische

---

[9] Siehe auch den lesenswerten Essay von Jörg Lau: Selbstachtung und Selbstverbesserung. Der Patriotismus der Berliner Republik. In: *Merkur*, Oktober 2006, S. 801–812.

„Zeitgeist“ sah (nicht nur in Deutschland) wie selbstverständlich das eigene „Volk“ im Mittelpunkt von Politik und Gesellschaft. So sollte laut Gründungserlass aus dem Jahr 1952 „der demokratische und europäische Gedanke *im deutschen Volk* [Hervorhebung C. M-H.] gefestigt werden“. Erst in einem neuen Erlass des Bundesinnenministeriums aus dem Jahre 2001 wurde der Passus „im deutschen Volk“ ersatzlos gestrichen: Alle Bewohner der Bundesrepublik, auch diejenigen mit Migrationshintergrund, wurden nun zu Adressaten der politischen Bildung.

Diese Neuausrichtung der bpb stand in einem klaren politischen Zusammenhang mit dem Beginn der rot-grünen Koalition im Herbst 1998, die sich eine Überarbeitung des Zuwanderungsrechts und des Staatsangehörigkeitsrechts auf ihre Fahnen geschrieben hatte. Die breite gesellschaftliche und politische Debatte, die durch diese Initiativen entstand, machte es notwendig, auch die Programme und Maßnahmen der politischen Bildung „einwanderungskompatibel“ zu gestalten (siehe Abschnitt 2.3).

„Neue Programme politischer Bildung für und mit Migranten müssen sich der ideologischen Borniertheiten und intellektuellen Fußangeln der Integrationsdebatte bewusst werden.“

In einem weiteren Zusammenhang ist zu betonen, dass der lange vorherrschende Diskurs zum Thema Einwanderung und Integration es der politischen Bildung nicht gerade leicht machte, in diesem Bereich offensiv zu agieren. Grob skizziert lassen sich im Rückblick folgende fundamentale Defizite feststellen[10]:

- Regelmäßig wurde das Thema zur Inszenierung von innenpolitischen und ideologischen Grabenkämpfen missbraucht. Konservative Meinungsführer hielten noch lange an der These fest, dass Deutschland „kein Einwanderungsland“ sei, während progressive Politiker das Leitbild einer multikulturellen Gesellschaft ohne weitere Differenzierung verteidigten. Eine Neujustierung dieser politischen Großlager hat sich erst in den letzten Jahren vollzogen – auch im Kontext europäischer Entwicklungen.
- Migrations- und Integrationsthemen wurden regelmäßig in die Felder der Sozialpolitik und der Sozialpädagogik abgeschoben, in denen ein bloß reaktiver, oft paternalistischer Umgang mit den Herausforderungen der Migration vorherrschte. Die sozialpolitisch durchaus vorbildlichen Strukturen der Gastarbeiterbetreuung aus den sechziger Jahren wurden in den folgenden Jahrzehnten unreflektiert fortgeführt. Experten konstatieren eine „destruktive Mitleidsethik“, die Einwanderer primär als Opfer von struktureller Diskriminierung und Rassismus wahrnehme, die nicht in der Lage seien, für ihre eigene Lebenssituation Verantwortung zu tragen.[11] Rückblickend erscheint es gerechtfertigt,

[10] Ausführlich Herbert, Ulrich: Geschichte der Ausländerpolitik in Deutschland. Schriftenreihe der Bundeszentrale für politische Bildung, Bd. 410. Bonn 2003.

[11] Siehe Curvello, Tatiana Lima: Bestandsaufnahme und Analyse des Diskursfeldes zum Thema Migration und Integration. Recherchepapier für die Projektgruppe Migration der bpb, Februar 2004 (unveröffentlicht). Ferner Schmid, Thomas: Vielfalt als Chance: Strategische Eckpunkte zu einer aktuellen Debatte. In: Erzeren, Ömer (Hg.): Eisbein in Alanya. Hamburg 2004, S. 203–221.

mit Ian Buruma von einer „odd combination of charity and indifference" (einer merkwürdigen Mischung aus Wohlfahrt und Indifferenz) zu sprechen.[12]

• Überlagert wurden diese Haltungen und Paradigmen schließlich von „merkwürdigen Reflexen" – so Jürgen Kaube –, wenn es um das Thema Einbürgerung und „Deutsch-Sein" ging. In Kaubes Kommentar zur Kontroverse um die Selbstverpflichtung einer Berliner Schule, auf ihrem Pausenhof Deutsch zu sprechen, heißt es: „Es gibt zwei Formen dieses Reflexes. Die eine, vorgeblich konservative hält oder hielt es im Grunde lange nicht für möglich, Deutscher zu werden. Man muss es diesem Reflex zufolge schon sein. Die andere, vorgeblich progressive hält jede offizielle Absicht, aus Einwanderern Deutsche zu machen, für einen Angriff auf die Liberalität unseres Gemeinwesens. Beide Reflexe zusammen haben zu der Lage geführt, in der wir uns befinden, weil aus beiden Untätigkeit und die Lizenz zur Gedankenfaulheit in Bezug auf das Problem einer Gesellschaft folgt, die Einwanderer nicht nur hat, sondern braucht."[13]

Die hier nur grob skizzierten Annahmen und „Reflexe" haben jahrzehntelang den allgemeinen Diskurs zu den Themen Einwanderung und Integration geprägt. Sie haben eine angemessene Problemwahrnehmung und pragmatische Debatte über Integrationsfragen und Einwanderung lange blockiert; Engagement und Interesse für die gesellschaftlichen Belange ihres Aufnahmelandes konnte bei den Migranten so kaum erzeugt werden. Neue Programme politischer Bildung für und mit Migranten müssen sich der ideologischen Borniertheiten und intellektuellen Fußangeln der Integrationsdebatte bewusst werden.

2.3 Politische Bildung in der Einwanderungsgesellschaft: neue Rahmenbedingungen

Mit dem neuen Zuwanderungsgesetz, das am 1. Januar 2005 nach langen Debatten in Kraft trat, wurde der sich schon vorher in der gesellschaftlichen und politischen Debatte abzeichnende Paradigmenwechsel auch gesetzlich vollzogen: Das Gesetz garantiert allen Neuzuwanderern (so weit sie sich rechtmäßig und dauerhaft in Deutschland aufhalten) ein einheitliches, bundesgesetzlich geregeltes Integrationsangebot, das neben der Möglichkeit des Spracherwerbs auch die Vermittlung von Kenntnissen der Rechtsordnung, der Kultur und Geschichte in Deutschland sowie der Werte des demokratischen Staatswesens der Bundesrepublik, insbesondere der grundgesetzlich geschützten Rechte und Prinzipien vorsieht. Die staatsbürgerschaftliche Integration von Migranten wurde aufgewertet. Aus „Migranten" sollen jetzt „Bürger" werden. Damit hat sich die staatliche Politik sowohl von der jahrelangen Leugnung der Migrationsrealitäten in Deutschland verabschiedet als auch von den Konzepten eines oberflächlich verstandenen „Multikulturalismus".[14]

[12] Buruma, Ian: Murder in Amsterdam. New York/London 2006.

[13] Kaube, Jürgen: Deutsch. Gegen Selbstanklagen: Die Schule der Nation ist die Schule. In: *Frankfurter Allgemeine Zeitung* vom 31.01.2006.

[14] Joppke, Christian/Morawska, Ewa: Toward Assimilation and Citizenship: Immigrants in Liberal Nation States. New York 2003.

An die Einwanderer werden neue Anforderungen gestellt, sich mit der neuen „Heimat" auseinanderzusetzen und in einem staatsbürgerschaftlichen (also durchaus auch kritischen) Sinne zu „identifizieren". Gleichzeitig entstehen neue Verpflichtungen des Staates und der Gesellschaft, ihre Institutionen, Diskurse und gesellschaftliche Ressourcen so zu gestalten, dass sie mit der neuen Vielfalt kompetent umgehen können. Im Jahr 2006 wurden von der Bundesregierung mit den Initiativen zur Schaffung eines nationalen Integrationsprogramms und der Gründung der „Deutschen Islam Konferenz" diesbezüglich neue und wichtige Impulse gegeben.

Sowohl der diskursive als auch der politische und gesetzliche Rahmen für den Umgang mit Einwanderung und Integration hat sich somit signifikant verändert. Der politischen Bildung eröffnen sich neue Chancen; sie steht aber auch neuen Herausforderungen gegenüber. So wichtig etwa die Integrationskurse für Neuzuwanderer mit ihren staatsbürgerschaftlichen Bildungsangeboten auch sind: Politische Bildung muss weiter ausgreifen und sich primär an die wachsende Zahl von Jugendlichen und jungen Erwachsenen mit Migrationshintergrund in den Schulen und Bildungsanstalten Deutschlands richten; nicht zuletzt die Schlagzeilen der letzten Jahre weisen auf neue Konflikte hin, die dringend der Bearbeitung bedürfen (Näheres dazu in Abschnitt 3). Grundsätzlich muss politische Bildung die klassischen Multiplikatoren der Mehrheitsgesellschaft zu einem kompetenten und professionellen Umgang mit Konflikten, Reibungen und Spannungen befähigen. Ein rein normativer, moralisierend-appellativer (etwa ausschließlich an Problemen von Rassismus oder Diskriminierung anknüpfender) oder gar kulturalistischer Diskurs ist nicht zielführend.[15] Gefragt sind pragmatische und an den Problemfeldern ausgerichtete Beiträge und Handreichungen, die der politischen Brisanz interkultureller Konflikte nicht aus dem Wege gehen.

„An die Einwanderer werden neue Anforderungen gestellt, sich mit der neuen ‚Heimat' auseinanderzusetzen und in einem staatsbürgerschaftlichen (also durchaus auch kritischem) Sinne zu ‚identifizieren'."

Gleichzeitig müssen junge Migranten, insbesondere auch aus bildungsfernen Milieus, zur politischen Identifikation mit der deutschen Demokratie eingeladen und befähigt werden. Die besonderen Probleme dieser Zielgruppe, oft verdichtet in islamisch geprägten Wohnquartieren lebend, müssen zukünftig stärker durch innovative und lebensnahe Angebote politischer Bildung aufgegriffen werden. Wie notwendig es ist, neue und innovative politische Bildungsangebote für muslimische Jugendliche zu formulieren, soll im Folgenden aufgezeigt werden.

[15] Es lassen sich zahlreiche Beispiele anführen, wie sehr insbesondere ein kulturrelativistischer Diskurs im Umgang mit Muslimen das pädagogische Handeln in Deutschland beeinflusst hat. Siehe unter anderem Gültekin, Neval: Interkulturelle Kompetenz: Kompetenter professioneller Umgang mit sozialer und kultureller Vielfalt. In: Leiprecht, Rudolf/Kerber, Anne (Hg.): Schule in der Einwanderungsgesellschaft. Ein Handbuch. Schwalbach/Ts. 2006.

3 Einwanderung und neue religiöse Vielfalt als Herausforderung für Schule und politische Bildung

3.1 Demografische und religiöse Trends

Ein Blick auf die demografischen Trends in Deutschland macht deutlich, dass es berechtigt ist, von einer neuen religiösen Vielfalt in deutschen Schulen und Bildungseinrichtungen zu sprechen. Dies betrifft vor allem die wachsende Präsenz muslimischer Jugendlicher. Bundesweit wird die Anzahl der muslimischen Kinder und Jugendlichen auf 850 000 geschätzt. Trotz der ungesicherten Datenlage zur Gesamtzahl der Muslime in Deutschland oder zur Religiosität der Muslime[16] ist von einem realen Trend mit Auswirkungen auf Schule und Gesellschaft auszugehen.

Nach Angaben des Statistischen Bundesamtes ist rund ein Viertel der in Deutschland lebenden türkischen Staatsangehörigen unter 18 Jahre (456 200 Personen). 88 Prozent der Kinder und Jugendlichen mit türkischer Staatsangehörigkeit sind bereits in Deutschland geboren worden. Nach einer Pressemitteilung des Statistischen Bundesamtes vom 12. August 2005 belief sich der Anteil von Kindern mit muslimischen Eltern im Jahr 2004 auf 9,1 Prozent aller Neugeborenen (64 000 von 706 000 Kindern).[17] In jedem Fall lässt sich festhalten, dass wir es mit einer jungen und rasch wachsenden Bevölkerungsgruppe zu tun haben, deren demografisches und politisches Gewicht in den nächsten Jahren zunehmen wird.

Wie stark die Religiosität dieser Gruppe und die von Muslimen in Deutschland generell ausgeprägt ist, bleibt eine umstrittene Frage. Ungesicherten Schätzungen zufolge sind knapp ein Drittel der ca. 3,2 Millionen Muslime in Deutschland als „sehr religiös“ einzuschätzen, knapp die Hälfte als „säkulare Muslime“, die ihren Glauben selten praktizieren, die verbleibende Gruppe als eher areligiös.[18] Die säkulare und areligiöse „schweigende Mehrheit“ ist weder statistisch zuverlässig erfasst, noch hat sie sich bisher relevante Vertretungsorgane geschaffen. Eine neue Studie der Friedrich-Ebert-Stiftung, die die bisher existierenden Studien und Umfragen zusammenfasst, kommt zu dem Ergebnis, dass „muslimische Jugendliche häufiger unter sozial unterprivilegierten Bedingungen leben und in kultureller Hinsicht weniger gut integriert sind als andere Migranten. Jugendliche türkischer Herkunft zeigen sich zudem deutlich religiöser als einheimische Jugendliche, wobei offenbar in den vergangenen Jahren nicht nur die Divergenzen zwischen Deutschen und Türken, sondern auch die

[16] Hervorzuheben ist, dass es aus melderechtlichen und innerislamischen Gründen nicht möglich ist, die Gesamtzahl der Muslime in Deutschland genau zu erheben. Im Ausländerzentralregister wird nur die Staatsangehörigkeit von Ausländern erfasst. Kriterien wie ein Aufnahmeritus oder die Eintragung in ein Register sind nach muslimischen Verständnis für das Muslimsein nicht notwendig. Wie stark und ob sich ein Muslim tatsächlich der muslimischen Gemeinschaft (Umma) zugehörig fühlt, ist objektiv nicht feststellbar. Siehe Kirchenamt der Evangelischen Kirche in Deutschland (Hg.): Klarheit und gute Nachbarschaft. Christen und Muslime in Deutschland. Eine Handreichung des Rates der EKD. EKD-Texte 86. Hannover 2006, S. 82 ff.

[17] Siehe Gesemann, Frank: Die Integration junger Muslime in Deutschland. Studie für die Friedrich-Ebert-Stiftung. Berlin 2006, S. 8.

[18] Kaube 2006 (wie Fußnote 13).

zwischen sehr und gar nicht religiösen Türken größer geworden sind. Starke religiöse Bindungen gehen zudem bei jungen Muslimen mit einer geringeren sprachlich-sozialen Integration, einer stärkeren Akzeptanz traditioneller Geschlechtsrollen- und Männlichkeitskonzepte sowie deutlich konservativeren Wertorientierungen einher. Jugendliche türkischer Herkunft leben daher weitaus stärker in einer ‚konservativen Wertewelt', wobei eine höhere Bildung die stärksten Potentiale einer Öffnung in Richtung Moderne bzw. modernistischer Wertauffassungen freizusetzen scheint."[19]

3.2 Islam und politische Bildung: strategische Eckpunkte

Angesichts der „Beständigkeit des religiösen Impulses" in westlichen Gesellschaften widmet auch die Bundeszentrale für politische Bildung dem Thema Religion ihre Aufmerksamkeit. Politische Bildung soll in einer pluralistischen Gesellschaft für das Verständnis zwischen den unterschiedlichen religiösen Kulturen werben und gleichzeitig die Werte der pluralistischen Demokratie sichtbar machen. Wie sich die politische Integration der Bürger in einer „postsäkularen Gesellschaft" (Jürgen Habermas) so vollziehen kann, dass es zu einem produktiven und friedlichen Miteinander religiöser und säkularer Bürger kommt, wird ein Grundsatzthema politischer Bildung – unabhängig von der Auseinandersetzung mit einer konkreten Religionsströmung – bleiben. Dafür sprechen viele Anzeichen neuer Orientierungsbedürfnisse in einer Welt mit neuen Ängsten, wachsenden Sinnfragen und freien Zugriffen auf einen neuen „Weltmarkt" für Identitätsangebote und Identitätspolitik. Normativ erscheint es sinnvoll, Säkularisierung (mit Habermas) als zweifachen und komplementären Lernprozess zu verstehen, der einerseits dem religiösen Bewusstsein abverlangt, sich der Moderne so anzupassen, dass der Anspruch auf „Interpretationsmonopol und umfassende Lebensgestaltung" aufgegeben wird. Andererseits aber kann – so Habermas – von den säkularen Bürgern „die Einübung in einen selbstreflexiven Umgang mit den Grenzen der Aufklärung erwartet"[20] werden.

„Ein wichtiger und sicherlich auch langfristiger Schwerpunkt für die politische Bildung wird jedoch die Auseinandersetzung mit dem Islam bleiben."

Ein wichtiger und sicherlich auch langfristiger Schwerpunkt für die politische Bildung wird jedoch die Auseinandersetzung mit dem Islam bleiben. Dabei geht es nicht darum, in einen „Kampf der Kulturen oder Religionen" zu ziehen. Eine nüchterne Betrachtung zeigt, dass weder international ein Krieg oder religiöser Konflikt zwischen westlicher und islamischer Welt noch massenhaft Feindseligkeiten in den Bevölkerungsgruppen westlicher Gesellschaften zu beobachten sind. Unbestreitbar aber ist, „dass manche Angehörigen der muslimischen Bevölkerungsgruppen in Europa und in Deutschland Gefallen an

[19] Gesemann 2005 (wie Fußnote 17), S. 19.

[20] Habermas, Jürgen/Ratzinger, Joseph: Dialektik der Säkularisierung. Schriftenreihe der Bundeszentrale für politische Bildung, Bd. 356. Bonn 2005, S. 34 ff.

islamistischen Botschaften gefunden haben, und leider ebenso wahr ist, dass sich eine kleine Anzahl zu terroristischen Gewaltakten berufen fühlt."[21]

Politische Bildung hat also auf eine spezifische Verknüpfung von politischen, religiösen, sozialen und internationalen Problemlagen zu reagieren, die mit den traumatischen Ereignissen des 11. September 2001 und einer Reihe von weiteren terroristischen Anschlägen und Anschlagsversuchen in Europa verbunden ist. Die Erkenntnis, dass diese spezifischen Problemlagen nicht nur außen- oder sicherheitspolitisch bestimmt sind, hat schließlich zur Einrichtung der Deutschen Islam Konferenz geführt. Diese in der deutschen Geschichte einmalige Institution hat im September 2006 ihre Arbeit aufgenommen. Wichtigstes Ziel dieses auf zwei Jahre angelegten umfassenden Dialogprozesses zwischen Vertretern des deutschen Staates und der in Deutschland lebenden Muslime ist laut Wolfgang Schäuble: „Muslime in Deutschland sollen sich als deutsche Muslime fühlen können. Sie sollen als Bürger eines religiös neutralen, aber nicht religionsfreien demokratischen Rechtsstaates gefeit sein können gegen die Verlockungen und Irrwege islamistischer Extremisten."[22] Dieser intellektuell anspruchsvolle Versuch „politischer Bildung" zwischen Vertretern des Staates und einer religiösen Minderheit auf höchster Ebene muss von weiteren Angeboten und Maßnahmen der politischen Bildungsträger unterfüttert werden, um den Dialogprozess breitenwirksam zu gestalten.

3.3 Politische Bildung für muslimische Jugendliche: Prävention demokratiefeindlicher und islamistischer Einstellungen

Denn auch in den deutschen Klassenzimmern spiegeln sich die hier nur anzudeutenden Problemlagen. Die Terroranschläge vom Juli 2005 in London, begangen von jungen Briten islamischen Glaubens, der „Ehrenmord" an Hatun Sürücü in Berlin im Januar 2005, die Ermordung des Filmemachers Theo van Gogh durch den in den Niederlanden sozialisierten Islamisten Mohammed Bouyeri haben das Thema Radikalisierung und Prävention von Radikalisierung neu auf die Tagesordnung gesetzt. In welchem Ausmaß islamistische und antisemitische Einstellungen bei muslimischen Jugendlichen mit Migrationsgeschichte verbreitet sind und welche sozialen, religiösen oder psychologischen Faktoren eine Ausbreitung begünstigen bzw. verhindern, ist derzeit nicht bekannt. Zu den skizzierten Problemfeldern wurden in der Bundesrepublik bislang keine größeren empirischen Untersuchungen durchgeführt, die auf der Grundlage ausreichender Datenmengen relativ gesicherte Aussagen ermöglichen. Derzeit liegen lediglich kleinere Untersuchungen und Erfahrungsberichte aus dem schulischen Umfeld und den Wohnquartieren vor, die übereinstimmend zeigen, dass islamistische und antisemitische Einstellungen bei muslimischen Jugendlichen mit Migrationsgeschichte in den großen urbanen Lebensräumen zugenommen haben.

---

[21] Schäuble, Wolfgang: Muslime in Deutschland. In: *Frankfurter Allgemeine Zeitung* vom 27.09.2006. Zugriff unter: http://www.wolfgang-schaeuble.de/texte/060927faz.pdf

[22] Schäuble 2006 (wie Fußnote 21).

Berichte aus den Schulen der städtischen Ballungszentren zeigen einen Trend, in religiös gefärbte Überlegenheitsfantasien oder Ersatz-Identitäten zu flüchten: Mangelnde Bildungserfolge und berufliche Perspektivlosigkeit, tatsächliche oder „gefühlte" Diskriminierung bieten einen fruchtbaren Nährboden für ideologische Angebote. Soziale und wirtschaftliche Marginalisierung erklären jedoch nicht alles. Die Identitätsangebote islamistischer Heilsversprecher können gerade auch für junge gebildete Muslime, die sich vom orthodoxen Moscheeislam ihrer Eltern abgrenzen wollen, attraktiv sein.[23]

Die sich auch in Deutschland ausbreitende islamische Jugendkultur „zwischen Pop und Dschihad" zeigt die Ambivalenz der „islamischen Renaissance" in den muslimischen Jugendmilieus deutscher Großstädte. Eine neue Studie[24] zeichnet das faszinierende Bild einer neuen Mischung aus Islamismus und westlichem Lifestyle. Westliche Mode, Musik und TV-Kultur werden unbekümmert mit islamischen Vorzeichen versehen: Pop wird islamkompatibel, der Islam wird jugend- und popkompatibel gemacht, so jedenfalls der erste – oberflächliche – Eindruck. Ein Blick hinter die Kulissen macht deutlich: Dieser neue Trend ist maßgeblich durch im arabischen Raum – insbesondere in Ägypten und in den Golfstaaten – angesiedelte Satellitensender (wie den aus saudiarabischen Geldern finanzierten Sender Iqra TV) nach Europa und Deutschland gebracht worden. Populäre TV-Prediger, wie Amr Khaled, haben sich inzwischen eine internationale Internet- und Fernsehgemeinde geschaffen (auch als TV-Umma bezeichnet), die in die Millionen geht. Islamistische Organisationen wie die Islamische Gemeinde Deutschland (IGD) oder die Muslimische Jugend Deutschlands (MJD), aber auch islamische Eventagenturen organisieren regelmäßig Großveranstaltungen mit oft Tausenden von jugendlichen Besuchern in Deutschland. Diese Großveranstaltungen bieten ein verwirrendes Bild: auf der Bühne Islampop (gerappte Suren; Texte über die Liebe zu Allah und zum Propheten), Diskoatmosphäre mit dazwischengeschalteten Videobotschaften von islamistischen Propagandisten aus dem arabischen Raum, im Saal strikte Trennung der Zuschauer in Männer und Frauen, im Vorraum Büchertische mit missionarischer Literatur, aber auch mit Schriften des französischen Konvertiten und Holocaust-Leugners Roger Garaudy.

„Mangelnde Bildungserfolge und berufliche Perspektivlosigkeit, tatsächliche oder ‚gefühlte' Diskriminierung bieten einen fruchtbaren Nährboden für ideologische Angebote."

Eine wissenschaftlich fundierte und empirisch valide Analyse über die Verbreitung und Wirkung der neuen popislamistischen Bewegung in muslimischen Jugendmilieus liegt zurzeit noch nicht vor. Der neue Trend bietet einerseits Ansatzpunkte für eine Prävention von Radikalisierung und Gewalt: Die Ablehnung des Terrorismus ist ein wichtiges Kennzeichen dieser Bewegung

[23] Siehe ausführlich Roy, Olivier: Der Islam in Europa – eine Ausnahme? In: *Aus Politik und Zeitgeschichte*, 28–29/2006, 10. Juli 2006, S. 5–11. Zugriff unter: http://www.bpb.bund.de/files/OD5C2J.pdf

[24] Gerlach, Julia: Zwischen Pop und Dschihad. Muslimische Jugendliche in Deutschland. Berlin 2006.

geworden. Bildung als Weg zur Integration in die deutsche Gesellschaft und als „islamische Pflicht" wird hoch geschätzt. Die so genannten Pop-Muslime sind „alle in Deutschland aufgewachsen, sind religiös. Sie sind zugleich religiöser und erfolgreicher als die Mehrheit der jungen Muslime in unserem Land. [...] Viele von ihnen besuchen das Gymnasium oder haben zumindest Realschulabschluss und Ausbildungsvertrag in der Tasche. Sie zählen auch insofern zu einer Minderheit."[25]

„Die sich auch in Deutschland ausbreitende islamische Jugendkultur ‚zwischen Pop und Dschihad' zeigt die Ambivalenz der ‚islamischen Renaissance' in den muslimischen Jugendmilieus deutscher Großstädte."

Unter der Oberfläche dieser neuen individualisierten, transnationalen und popkulturellen Islamvariante lauern jedoch Abgründe, die eine Auseinandersetzung erfordern. Hierzu zählt eine offensichtlich sehr orthodoxe Auslegung islamischer Alltagsvorschriften, deren rigorose Befolgung (Kopftuchgebot schon für junge Mädchen vor der Pubertät, Fastengebot auch für Grundschüler ohne Anerkennung von Ausnahmen, rigide Geschlechtertrennung) auf ein starkes Abgrenzungsbedürfnis zu säkularen und pluralen Lebensformen schließen lässt. Ein Diskurs über die Rolle religiöser Gemeinschaften in säkulardemokratischen Gesellschaften, über Interpretationsspielräume islamischer Alltagsvorschriften und über die Ansätze muslimischer Gelehrter zu einer historischen und kontextualisierten Interpretation von Koran und Hadithen fehlt in den hier beschriebenen Milieus völlig. Das angebotene Schrifttum bleibt im Spektrum konservativ-fundamentalistischer, im Wesentlichen antiwestlicher Autoren.[26]

Ein derart essenzialisiertes Religionsverständnis ist an seinen Rändern offen für individuelle und grenzüberschreitende Radikalisierungsprozesse. Dies insbesondere dann, wenn der Islam als unbezwingbare, siegreiche Macht (Sure 3,110), die sich gegen alle Widerstände durchsetzt, interpretiert wird. In der Mischung aus heilsgeschichtlicher (apokalyptischer) Deutung und politischem Aktivismus, der die aktuellen politischen Krisenherde (Irak, Israel/Palästina, Afghanistan) zu Schauplätzen eines globalen Kampfes gegen die „Ungläubigen" stilisiert, entstehen neue Identifikationsräume und „Identitäten".[27]

Politisch ebenso brisant und in Regel bisher weder in der Schule noch von der politischen Bildung bearbeitet ist das in den letzten Jahren offen zutage tretende Problem des so genannten islamisierten Antisemitismus, der sich mit aktueller, tagespolitisch motivierter Israelfeindschaft und teilweise neuen Verschwörungstheorien über die „Macht der Juden" vermengt.[28] Hier herrscht

---

25 Gerlach 2006 (wie Fußnote 24), S. 10.

26 Eigene Beobachtung auf Büchertischen in Düsseldorf am 18.11.2006: Angeboten werden einschlägig bekannte Autoren wie Al-Quradawi, Sayed Qutb, Maududi oder Abdelrahman Yassine. Ferner Schriften des zum Islam konvertierten bekannten französischen Ex-Marxisten und Holocaust-Leugners Roger Garaudy.

27 Ich danke Johannes Kandel für diesen Hinweis. Siehe auch: Mekhennet, Souad/Sautter, Claudia/Hanfeld, Michael: Die Kinder des Dschihad. Die neue Generation des islamistischen Terrors in Europa. München 2006.

28 Kiefer, Michael: Islamischer, islamistischer oder islamisierter Antisemitismus? In: *Die Welt des Islams*. Folge 46, Nr. 3/2006, S. 277–306. Abstract unter:www.ingentaconnect.com/content/brill/dwi/2006/00000046/00000003/art00002

dringender und langfristiger Aufklärungs- und Diskussionsbedarf – gerade auch angesichts von Berichten über eine wachsende Zahl von verbalen oder auch tätlichen Übergriffen an Berliner Schulen gegenüber jüdischen Schülern.[29] In Schulen und auch in Sozialprojekten werden die Ausdrucksformen der neuen Judenfeindschaft bei muslimischen Jugendlichen oft ignoriert, da die Kompetenzen für eine sachkundige und deutliche Auseinandersetzung fehlen.[30]

3.4 Neue Herausforderungen – notwendige Antworten

Wie reagieren Schule und Jugendhilfe auf die Herausforderungen, die durch das Vordringen des Islamismus in Jugendmilieus gegeben ist? Die Antwort ist sehr kurz und lautet: bislang gar nicht. Es gibt derzeit keine Programme oder Maßnahmen, die z. B. die dringend erforderliche Medienkompetenz in diesem relativ neuen Feld vermittelten. Ebenso fehlt im Rahmen des Unterrichts eine systematische Auseinandersetzung mit den skizzierten problematischen Inhalten. In den meisten Bundesländern ist diese auch gar nicht möglich, da der schulische Fachunterricht (mit Ausnahme des Faches Islamkunde in Nordrhein-Westfalen) die Behandlung dieser Themen nicht vorsieht. Augenfällige Defizite bestehen auch bei den politischen Bildungsträgern. Produkte und Maßnahmen beziehen sich primär auf bildungsnahe Jugendliche zwischen 16 und 26 Jahren.

„Wir müssen zur Kenntnis nehmen, dass ‚bildungsferne Jugendliche‘ keineswegs ‚politikfern‘ sind. Zu konstatieren ist allerdings eine komplexe Gemengelage aus Halbwissen und Interesse an weltpolitischen Zusammenhängen.“

Grundlegende Bildungstechniken und Kompetenzen werden vorausgesetzt, um aus den Produkten der politischen Bildung einen Mehrwert beziehen zu können. Insbesondere die Bundeszentrale für politische Bildung hat in den letzten Jahren zahlreiche Produkte zur Aufklärung und Kompetenzbildung im Umgang mit dem Islam herausgebracht, die sich jedoch in der Regel an die Multiplikatoren der Mehrheitsgesellschaft richten.[31] So wichtig und verdienstvoll diese Produkte sind, sie können eine zielgruppenspezifische Ansprache und Bearbeitung islamistischer Ideologeme nicht ersetzen. Wir müssen – so die Erkenntnis eines Fachgesprächs der Bundeszentrale für politische Bildung vom Juni 2006 – zur Kenntnis nehmen, dass „bildungsferne Jugendliche“ keineswegs „politikfern“ sind. Zu konstatieren ist allerdings eine komplexe Gemengelage aus Halbwissen und Interesse an weltpolitischen Zusammenhängen, ferner intensive emotionale Auseinandersetzungen mit Themen wie Heimat, Kultur, Identität, Ge-

[29] Siehe *die tageszeitung* vom 08.04.2006.

[30] Für die Angabe einzelner Ressourcen siehe Sellier, Stephanie: Judenhass in der Schule: Gekonnt intervenieren. Beitrag für Lehrer Online, 15.02.2005. Zugriff unter: www.lehrer-online.de/dyn/408880.htm

[31] Siehe insbesondere die inzwischen über 1200 Seiten umfassenden „Arbeitshilfen für die politische Bildung“ zum Thema Islam, die seit 2002 erscheinen, sowie zahlreiche andere grundlegende Publikationen, abzurufen auf www.bpb.de unter dem Stichwort Islam.

rechtigkeit, Krieg und Frieden vor allem in Palästina und Israel, dies alles vermengt mit antisemitischen Klischees und einer großen Unkenntnis über elementare Begriffe und Institutionen des politischen Lebens in Deutschland.

Für diese jugendliche Zielgruppe in muslimisch geprägten Stadtteilen mit oft prekären sozialen Lagen und Aussichten neue politische Bildungsangebote zu entwickeln, ist eine neue und zentrale Herausforderung für die politische Bildung insgesamt.

Die Bundeszentrale arbeitet daher an der Konzeption für ein dreijähriges Modellprojekt in Berlin-Neukölln und Essen, das zum Ziel hat, neue Formate der Islamismus- und Antisemitismusprävention in muslimisch geprägten Jugendmilieus zu entwickeln. Das Modellprojekt siedelt sich an

- im Kontext einer offensiven, glaubwürdigen Integrationspolitik, die bürgerschaftliches Engagement und Bewusstsein bei Migranten und Migrantinnen erzeugen will und dafür Gelegenheiten zur politischen Bildung und Beteiligung schafft;
- im Kontext einer „Einbürgerung" des Islam in das schulische, politische und kommunale Leben in Deutschland, die eine Auseinandersetzung mit vormodernen, totalitären Interpretationen – insbesondere der Geschlechterfrage – beinhaltet, aber auch das Bedürfnis von Kindern und Jugendlichen nach religiöser Transzendenz, ihre Sehnsüchte nach Sinn und Werten, Wertschätzung und Verständigung ernst nimmt;
- im Kontext der Erprobung von neuen stadtteilnahen Formaten politischer Bildung;
- im Kontext eines erweiterten politischen Bildungskonzepts, das Kompetenzen für den Umgang mit sozial prekären Lebenslagen durch Perspektivenerweiterung, Kreativitätstraining und vieles andere mehr vermittelt.

Das Modellprojekt wird neue Formate und Methoden stadtteilnaher politischer Bildung für Kinder und Jugendliche aus Familien mit muslimischem Hintergrund erproben und die relevanten Akteure im Stadtteil in Schule, Jugendhilfe und Polizei miteinander vernetzen. Die vorhandenen Strukturen sollen nicht ersetzt oder beiseite gedrängt werden, sondern deren Mitarbeiter so politisch und interkulturell qualifiziert werden, dass sie langfristig zur Auseinandersetzung mit dem Thema Islamismus und Antisemitismus bei muslimischen Jugendlichen befähigt werden.

Im Rahmen des Modellprojekts werden Handreichungen und Produkte entstehen, die etwa die gängigsten islamistischen Parolen und Verschwörungstheorien analysieren und Gegenargumente vorschlagen. Ferner werden die im Internet und im Satellitenfernsehen kursierenden Formate einer kritischen Prüfung unterzogen. Archaische Lesarten des Islam, die zu verengten Sichtweisen und einem dichotomen Weltverständnis führen, sollen benannt und analysiert werden.

Bildungsteams mit muslimischen Jugendlichen werden eine niedrigschwellige, jugendkulturell orientierte und partizipative Arbeit ermöglichen. Den Jugendlichen müssen Gelegenheiten gegeben werden, sich in praktischen Beteiligungsprojekten mit Themen wie Demokratie, Pluralismus, Verantwortung, Toleranz etc. vertraut zu machen. Tabuthemen wie Israel, Judenfeindschaft, Amerika müssen in geeigneter Weise angegangen werden.

Ein wichtiger Pfeiler des Modellprojekts wird die Zusammenarbeit mit Moscheevereinen, Imamen und zivilgesellschaftlich engagierten muslimischen Initiativen und Vereinen sein, die ein Interesse an der Prävention von Radikalisierung haben. Die muslimische Öffentlichkeit im Stadtteil – so weit es eine solche gibt – soll regelmäßig in das Projekt einbezogen werden.

Zusammengefasst geht es um einen explorativen und innovativen Zugang zu einer in der politischen Bildung lange vernachlässigten Zielgruppe. Eine neue Übersetzung der Anliegen politischer Bildung gerade für diese nach Orientierung und Anerkennung strebende Gruppe ist dringend erforderlich, denn „die Entwicklung des Islam in Europa vollzieht sich an der Basis, nicht in Büchern oder Resolutionen.“[32] ❑

[32] Roy 2006 (wie Fußnote 23), S. 1.

Pädagogik und Religion als Konfliktprävention?

Ina ter Avest

Ich möchte den Leser einladen, mich in Gedanken in die Niederlande der sechziger Jahre des vergangenen Jahrhunderts zu begleiten. Wir gehen durch eine Kleinstadt im Osten des Landes. Übrigens ist es gar nicht so wichtig, an welche Stadt Sie dabei denken, denn in den Niederlanden ist überall dasselbe zu beobachten: Mütter und Kinder befinden sich auf dem Schulweg, wobei alle jeweils in die Schule gehen, die ihrer Religionszugehörigkeit entspricht – also in eine protestantische beziehungsweise kalvinistische (die so genannte *school met de bijbel*, Schule mit der Bibel) oder in eine katholische Schule wie zum Beispiel die St. Josefschule. Wenn die Kinder ihre Schule in ordentlichen Zweierreihen betreten, kehren die Mütter um und gehen nach Hause. Wir bleiben in Gedanken noch kurz in der Schule. Bald hören wir hohe Kinderstimmen die altbekannten Psalmen singen. Oder, wenn wir vor der St. Josefschule stehen geblieben sind, hören wir die Kinder das Ave Maria beten. Kehren wir noch kurz zurück zur Schule mit der Bibel, wo die Kinder soeben Psalmenverse gesungen haben. Wir stellen uns auf die Zehenspitzen, um durch die hohen Fenster des imposanten Schulhauses blicken zu können. Die Lehrerin sitzt mit den Erstklässlern im Kreis. Die Kinder schauen erwartungsvoll zu ihr auf. Sie hält eine Nadel in der Hand und sagt: „Wenn es so still ist, dass man diese Stecknadel fallen hört, erzähle ich euch die biblische Geschichte." Gespannt und atemlos blicken die Kinder auf ihre Hand. Das leise Klingeln, mit dem die Stecknadel auf den Granitboden der Klasse trifft, ist deutlich zu hören. Die Gruppe seufzt vor Erleichterung. Die Geschichte kann anfangen. Die Tradition wird fortgesetzt.

„Das leise Klingeln, mit dem die Stecknadel auf den Granitboden der Klasse trifft, ist deutlich zu hören. Die Gruppe seufzt vor Erleichterung. Die Geschichte kann anfangen. Die Tradition wird fortgesetzt."

Von 1973 bis 1977 habe ich (mit Mann und Kindern) in Zaria im Norden Nigerias gelebt, einer muslimischen Region, die sich in mehrerlei Hinsicht vom christlichen Süden, dem Yoruba-Gebiet, unterscheidet. Wenn ich an den Ständen am Wegesrand – an denen ich Zucker und Mehl kaufte, falls es das gab – entlangging, kam ich an der Koranschule vorbei. Unter dem Strohdach, das auf Lehmmauern ruht, hocken sechs- bis siebenjährige Kinder auf dem Boden; der Lehrer hockt auf einem etwas höheren Holzbrett vor ihnen. Alle haben eine Holztafel in der Hand, auf der die Sure steht, die sie an diesem Tag auswendig lernen sollen. Ich höre das Gemurmel hoher Kinderstimmen. Ich weiß, dass sie diese Sure am Ende des Schultages stolz vor dem Lehrer aufsagen werden. Zur Belohnung für das Auswendiglernen der Sure dürfen sie die Tafel vorsichtig mit einem Schwamm abwaschen und das Wasser, das von der Tafel herunterläuft, trinken sie. Die Tradition wird internalisiert.

„Zur Belohnung für das Auswendiglernen der Sure dürfen die Kinder die Tafel vorsichtig mit einem Schwamm abwaschen und das Wasser, das von der Tafel herunterläuft, trinken sie. Die Tradition wird internalisiert.“

Hier herrscht deutliche Übereinstimmung. Hohe Kinderstimmen rezitieren, beten oder singen alte Texte, die von Generation zu Generation überliefert werden. Sie tun das mit höchster Konzentration und werden hin und wieder angespornt – in der Koranschule von einem Klaps mit dem Rohrstock, in der Schule mit der Bibel vom kreativen Einfall einer Lehrerin, die die Redensart von der Stecknadel, die man fallen hören kann, wortwörtlich nimmt. In beiden Fällen geht es um das aufmerksame Anhören und Memorieren der Tradition. Was man einmal auswendig gelernt hat, trägt man im Herzen. Im Englischen gibt es dafür den Ausdruck *learning by heart*.

Über das Konzept des „*learning by heart*“ möchte ich im Folgenden weiter nachdenken, um – in Anbetracht der derzeit recht unterschiedlichen Positionen des Religionsunterrichts in Europa – besser über den künftigen Beitrag der Religion zum Zusammenleben im multikulturellen und multireligiösen europäischen Kontext reflektieren zu können.

Mein Beitrag gliedert sich in vier Abschnitte. Zunächst skizziere ich, wie sich die Tradition heute in der niederländischen Gesellschaft auf die Identität der christlichen Schulen auswirkt. Im zweiten Abschnitt geht es um die Persönlichkeit der Lehrkraft und deren Position innerhalb der christlichen Tradition. Drittens möchte ich untersuchen, auf welche Art und Weise die verschiedenen Generationen ihren Kindern die Tradition vermittelt haben. Dabei spielt der Konflikt eine wesentliche Rolle. Ich beschränke mich hier auf die Vermittlung der Tradition im Christentum und im Islam, doch gilt für andere religiöse und nichtreligiöse oder weltanschauliche Traditionen das Gleiche. Im vierten Abschnitt möchte ich mich der Zukunft der Vermittlung von Tradition zuwenden, dem Lehrkonzept „*learning by heart*“. Abschließend nenne ich im Rahmen des Nachdenkens über den Beitrag religiöser Traditionen zum gesellschaftlichen Leben in Europa die wichtigsten Voraussetzungen für eine Implementierung multikulturellen Lernens.

1. Die Tradition im christlichen Unterricht

Die Geschichte der christlichen Schulbildung (das heißt: der römisch-katholischen und der protestantischen Schulbildung) beginnt – was vielleicht seltsam erscheinen mag – mit der Geschichte der öffentlichen Schulen. Zu Beginn des 19. Jahrhunderts spiegelt der öffentliche Unterricht die christliche Prägung der niederländischen Gesellschaft wider, ein Christentum, das über den einzelnen Bekenntnissen steht. Obwohl das Christentum die Schulatmosphäre damals deutlich prägte, genügte das manchen noch nicht. Sowohl Eltern als auch Lehrkräfte empfanden diese Form der christlichen Schulbildung als unvollkommen, weil sie die Schüler nur ungenügend auf ihr Leben als gläubige Menschen und Mitglieder einer christlichen Kirche vorbereite. Der Unterricht knüpfe nicht an die spezifische häusliche Sozialisation an. Der Unterricht an der öffentlichen Schule zielte zu jener Zeit nämlich auf das Erlernen allgemeiner Fähigkeiten und Fertigkeiten ab, die man brauchte, um ein vollwertiges Mitglied der Gesellschaft sein zu können. Man könnte sagen: Es ging um Bürgerschaftsbildung *avant la lettre*. So entschloss man sich zur Gründung separater christlicher Schulen, die jeweils der (religiösen) Weltanschauung der Eltern entsprachen. Die sozialisierende Funktion der Schule stand im Vordergrund. Dieser Prozess hin zu religiöser Vielfalt wird in den Niederlanden mit dem Begriff „Versäulung" bezeichnet, er steht für religiöse Heterogenität in einer ansonsten homogenen Gesellschaft.

Mit dem Eintreffen der so genannten Gastarbeiter aus Marokko und der Türkei in den letzten Jahrzehnten des 20. Jahrhunderts erhob sich für die christlichen Schulen (römisch-katholische und protestantische) die Frage, wie sie mit den „Andersgläubigen", sprich den muslimischen Schülern, umgehen sollten. Die erste Gastarbeiterwelle hatte keine solchen Fragen aufgeworfen, weil sie vor allem aus Italien und Spanien kam und in der gleichen religiösen Tradition stand. Außerdem ging man damals noch davon aus, dass die Gastarbeiter wieder in ihre Heimat zurückkehren würden. Obwohl es deutliche Unterschiede zwischen den protestantischen und den römisch-katholischen Schulen gab, reagierten sie auf „das Problem" der andersgläubigen Schüler zunächst auf die gleiche Weise. Über die unterschiedlichen Konfessionen hinweg hielten sie unbeirrt an der hergebrachten Vermittlung der christlichen Tradition fest und die Lehrkräfte bezogen sich im Unterricht allein auf sie. Diese Praxis ähnelte derjenigen, die wir zu Beginn dieses Beitrags heraufbeschworen haben, doch hat sie sich in den letzten Jahren mehr oder weniger stark verändert, da immer mehr muslimische Schüler in der Klasse sitzen.

„Das versäulte niederländische Schulsystem unterteilt sich infolge des gewandelten … Kontextes in konfessionelle (Säulen-)Schulen, Begegnungsschulen und Schulen für ‚interreligiöses Lernen'."

Das versäulte niederländische Schulsystem unterteilt sich infolge des gewandelten – säkularisierten und pluralisierten – Kontextes in konfessionelle (Säulen-)Schulen, Begegnungsschulen und Schulen für „interreligiöses Lernen". In der letztgenannten Kategorie ist übrigens die Juliana van Stolbergschule bisher die einzige, die das Konzept des interreligiösen Lernens vollständig ausgearbeitet und realisiert hat.

Die religionspädagogischen Prinzipien, auf denen diese drei Formen des Erlernens der Tradition basieren, sind die Sozialisierung innerhalb der religiösen Tradition (*learning in*), die Information über mehrere religiöse Traditionen aus christlicher Perspektive (*learning about*) und die Vermittlung religiöser Traditionen zum Zwecke der Identitätsentwicklung des Kindes (*learning from*).[1]

Theologisch liegt den verschiedenen Schultypen das Exklusiv- beziehungsweise Inklusivdenken zugrunde: das Christentum als die einzig wahre Religion und der einzige Weg zu einem Leben nach Gottes Willen und Plan oder das Christentum als einer der vielen Wege, die nach Rom führen – um im religiösen Bild zu bleiben.

Für eine bestimmte Gruppe islamischer Eltern genügen weder die Begegnungsschulen noch der interreligiöse Unterricht den Anforderungen, die sie an eine religiöse Erziehung ihrer Kinder stellen. Einige wenige Eltern nutzen die Säulenstruktur des niederländischen Bildungswesens und die Freiheiten, die Artikel 23 der Verfassung garantiert. Sie gründen islamische Schulen – ein typisch niederländisches Phänomen also! 1988 wurde die erste islamische Grundschule gegründet. Anno 2006 gibt es ungefähr vierzig islamische Grundschulen in den Niederlanden. Alle zusammen machen weniger als ein Prozent der Grundschulen aus.[2]

2. Die Persönlichkeit der Lehrkraft

Ich habe es schon kurz angesprochen: In der Hochzeit der gesellschaftlichen Versäulung bekam der Lehrkörper die formale Identität der Schule „von oben" (von den Schulleitern) verordnet, um sie dann im Unterricht konkret umzusetzen. Mein Kollege Prof. Dr. Cok Bakker von der Universiteit Utrecht und ich sind seit mehreren Jahren eng in die Identitätsentwicklungsprozesse des Lehrkörpers christlicher Grundschulen einbezogen, um den Lehrern in einem induktiven Prozess „von unten" Einblick in die gelebte Identität ihrer Schule geben zu können.[3] Wir nennen das narrative Identitätsentwicklung. Die formalen Merkmale von früher, das Beten, Bibellesen und Singen – die so genannten „schmalen" Identitätsaspekte –, üben offenbar nur sehr begrenzten Einfluss auf das Programm der Identitätsentwicklung aus. Pädagogische Entscheidungen, didaktische Methoden und organisatorische Fragen – die „breiten" Identitätsaspekte – bestimmen die gelebte Identität weitaus mehr. Dabei fällt auf, dass das Verhältnis zur Tradition als „schmaler" Identitätsaspekt in den Identitätsgesprächen zwar oft als Ausgangspunkt dient, dann aber angesichts der stärker empfundenen Dringlichkeit der „breiten" Identitätsaspekte in Vergessenheit gerät.

---

[1] Grimmitt, Michael: Contemporary Pedagogies of Religious Education: What are They? In: Grimmitt, Michael (Hg.): Pedagogies of Religious Education. Great Wakering 2000, S. 24–52.

[2] Avest, Ina ter/Bakker, Cok/Bertram-Troost, Gerdien/Miedema, Siebren: Religion and Education in the Dutch pillarized and post-pillarized educational system: historical background and current debates. In: Jackson, Robert/Miedema, Siebren/Weiße, Wolfram/Willaime, Jean-Paul (Hg.): Religion and Education in Europe. Developments, Contexts and Debates. Münster/New York/München/Berlin 2007, S. 203–219.

[3] Vgl. Bakker, Cok/Avest, Ina ter: Structural Identity Consultation in Christian Primary Schools in the City of Rotterdam. Utrecht 2002–2006. Dies.: Structureel Identiteitberaad (SIB) op vier PCBO scholen. Van pilot naar structuur. Utrecht 2003. Dies.: Religion, Voice of the Multi-voiced Self? In: *Scriptura. International Journal for Bible, Religion and Theology in South Africa.* Bd. 89, Nr. 2/2005, S. 283–292. Dies.: School Ethos and its Religious Dimension. In: *Scriptura. International Journal for Bible, Religion and Theology in South Africa.* Bd. 89, Nr. 2/2005, S. 350–362.

Was geht eigentlich vor, wenn sich die Lehrer in einem induktiven Prozess mit der Identität ihrer Schule befassen? Welches persönliche Verhältnis haben sie zur Tradition – als Beitrag zu dem Gespräch über die Beziehung zwischen Tradition und Identität der Schule?

Cok Bakker hat die Lehrerpersönlichkeit untersucht und die Ergebnisse in einem Buch zusammengefasst.[4] Abgesehen von der unterschiedlichen Sozialisierung der Lehrer in der Tradition fällt vor allem auf, dass sie die christliche Identität der Schule nicht beschäftigt, wenn ihnen keine diesbezüglichen Fragen gestellt werden. Weder in Bezug auf die religiöse Vielfalt in der Schule („Als Lehrer beschäftigt man sich den ganzen Tag mit den Unterschieden zwischen den Schülern") noch im Privatleben scheinen sie sich mit der Tradition auseinanderzusetzen. Eine Konfliktquelle ist sie nicht und als Inspirationsquelle für das Zusammenleben mit anderen zeichnet sie sich offenbar nur vage am Horizont ab. „Ich glaube schon an etwas, aber ob das nun Gott ist ...?", so lautet nicht selten die Antwort auf die Frage nach der Bedeutung des Christentums im persönlichen Leben der Lehrkraft.

„Abgesehen von der unterschiedlichen Sozialisierung der Lehrer in der Tradition fällt vor allem auf, dass sie die christliche Identität der Schule nicht beschäftigt."

An christlichen Schulen sind Menschen, die sich zu einem „-ismus" und zur „Solo-Religiosität" bekennen, genau wie an anderen Orten der Gesellschaft prominent vertreten. Die Lehrer unterscheiden sich in dieser Hinsicht nicht vom Rest der Niederländer. Der amerikanische politische Philosoph James Kennedy, der an der Vrije Universiteit in Amsterdam lehrt, vermittelt in seiner Beschreibung der Nachkriegszeit ein interessantes Bild der kirchlichen und religiösen Entwicklungen in den Niederlanden.[5] Zum Ausgangspunkt seiner Darstellung nimmt er die „versäulte" Gesellschaft, also jene Epoche, in der die Kirche den Mittelpunkt des religiösen und gesellschaftlichen Lebens bildete. Der Bezug auf Gott war in diesem Zeitraum (1945–1965) überall deutlich sichtbar, sowohl innerhalb als auch außerhalb der Kirche. Auch wenn die Säkularisierung den institutionalisierten Gottesdienst zurückgedrängt haben mag, so bleibt in den darauf folgenden Jahren (1965–1985) im politischen Engagement und in der gesellschaftlichen Verantwortung für die Schwächsten eine religiöse Motivation erkennbar. Gott habe ein pluriformes Gesicht, so Kennedy, und werde von den Menschen in außerkirchlichen gesellschaftlichen und politischen Aktivitäten repräsentiert. Obwohl in der Periode, die Kennedy danach ansetzt (1985–2005), „Gott aus Jorwerd verschwand" – um den Titel eines Buches des niederländischen Historikers Geert Mak[6] zu verwenden –, machte sich das religiöse Bewusstsein mehr denn je in der öffent-

[4] Bakker, Cok/Rigg, Elizabeth: De persoon van de leerkracht. Tussen christelijke schoolidentiteit en leerlingendiversiteit. Zoetermeer 2004.

[5] Kennedy, James: Recent Dutch Religious History and the Limits of Secularization. In: Sengers, Erik (Hg.): The Dutch and their Gods. Secularization and Transformation of Religion in the Netherlands after 1950. Hilversum 2005, S. 26–42.

[6] Mak, Geert: Hoe God verdween uit Jorwerd. Groningen 1996.

lichen Diskussion bemerkbar. Gott hat kein klares Gesicht mehr, die Menschen fühlen sich von einem Etwas „angeregt". Der institutionalisierte Gottesdienst („die Kirche") ist verschwunden, doch kommt der Religion im Rahmen der Beschäftigung mit der Kontingenz der Existenz nach wie vor große Bedeutung zu. Die Menschen suchen Gott nicht mehr in der Kirche, sondern fühlen sich unverhofft und überraschend berührt und angeregt. Die Serendipität[7] bestimmt, an welcher Stelle sie bei ihrer Suche fündig werden. Die Menschen finden, was sie nicht gesucht haben – und wofür sie (fast) keine Worte (mehr) haben.

3. Die Vermittlung der Tradition

Eine beträchtliche Anzahl von Lehrern hat keine Worte mehr, um die Quelle ihrer Inspiration zu benennen. Man könnte sagen: Viele Lehrer empfinden sich auf religiösem Gebiet als Analphabeten. Durch die Säkularisierung scheint zusammen mit dem institutionalisierten Gottesdienst auch das Erlernen der Tradition an Wert eingebüßt zu haben. Die Säkularisierung ist jedoch im Weltmaßstab eine Ausnahmeerscheinung. Anderenorts hat die Tradition ihre Rolle als Mittelpunkt im Leben der Menschen behalten. Schauen wir uns einmal an, wie Tradition gelehrt und erlernt wird.

Zu Beginn meiner Ausführungen habe ich zwei verschiedene Bilder beschworen: das Erlernen der Tradition in den sechziger Jahren des vergangenen Jahrhunderts in einer protestantischen niederländischen Schule und – etwa zur gleichen Zeit – in einer nigerianischen Koranschule. Die Übereinstimmung war auffällig. Sehen wir uns die beiden Methoden des Erlernens der Tradition nun etwas genauer an.

„Aufmerksames Zuhören und Nachmachen, Memorieren und Imitieren, sind wichtige Merkmale des Erlernens von Traditionen, sowohl im Christentum als auch im Islam."

Das Wort Tradition geht auf das lateinische Verb *tradere* zurück, das den Vorgang des Weitergebens bezeichnet. Tradition ist also eine Tätigkeit. Der Erzieher muss größte Mühe darauf verwenden, das weiterzugeben, was in seinem Leben von grundlegender Bedeutung ist; und der Zögling muss sehr aufmerksam sein, um aufzunehmen, was ihm gesagt wird. Die Beziehung zwischen Erzieher und Zögling, Lehrer und Schüler ist entscheidend. Das Kind erlernt die Tradition vom Hörensagen sowie durch das Mitmachen und das Auswendiglernen. Aufmerksames Zuhören und Nachmachen, Memorieren und Imitieren, sind wichtige Merkmale des Erlernens von Traditionen, sowohl im Christentum als auch im Islam.[8] So lernt das Kind das Vaterunser, die Psalmenverse, Teile des Evangeliums (für die Weihnachtsliturgie), die erste Sure für das *Salat*-Gebet, und Teile des Korans, die bei besonderen Anlässen rezitiert werden. Das be-

[7] Serendipität (auch Serendipity oder Serendipity-Prinzip) bezeichnet die zufällige Beobachtung von etwas, das urprünglich nicht Ziel einer Untersuchung war, und zugleich die Fähigkeit, solche Entdeckungen zu machen (Anm. der Redaktion).

[8] Vgl. Meijer, Wilna A. J.: Traditie en toekomst van het islamitisch onderwijs. Amsterdam 2006.

zeichnet man auch als *closed-fist*-Methode, bei der es auf das Gedächtnis ankommt. Alles dient dazu, das Kind auf die Teilnahme am konfessionellen Leben vorzubereiten. Deshalb hatten seinerzeit in den Niederlanden die Eltern auch beschlossen, christliche Schulen zu gründen, obwohl der Unterricht an den öffentlichen Schulen ganz im Zeichen der christlichen Werte stand. Eine wichtige Erziehungsaufgabe konnten die öffentlichen Schulen allerdings nicht erfüllen, nämlich die religiöse Wissensvermittlung, die Weitergabe der Tradition, die auf die Sozialisierung des Kindes in der christlichen Glaubensgemeinschaft abzielte.

Sowohl in der christlichen als auch in der islamischen Vermittlung der Tradition folgt auf die Phase des Memorierens und Nachahmens eine Phase der Reflexion des Erlernten – womit allerdings nicht immer gesagt ist, dass diese Phase auch wirklich absolviert wird. Zum Erlernen der Tradition gehört das Fragenstellen. Was das Kind gelernt hat, hat seine Augen und Ohren zum Sehen und Hören geformt. Was es in der Wirklichkeit, die es umgibt, sieht, kollidiert jedoch manchmal mit dem, was es gelernt hat, und ruft Fragen hervor. Auf der Grundlage des Gelernten stellt das Kind Fragen, mit denen es die Wirklichkeit erkundet. Die Tradition lässt Bilder in ihm entstehen, denen die widerspenstige Umwelt nicht entspricht. Gadamer nennt dies die Negativität der Erfahrung[9]: Die Sache ist nicht so, wie man aufgrund der vermittelten und erlernten Tradition erwartet hat. Die Differenz erhält Bedeutung, das Kind wird vom Erzieher aufgefordert, auf das zu achten, was anders ist, was es nicht versteht. Der Unterschied hebt zugleich das Bekannte deutlicher hervor. Es geht dabei weniger um die Vermeidung des Konflikts als vielmehr darum, ihn ins Bewusstsein zu heben und als entwicklungsstimulierenden Impuls zu nutzen. Das Bekenntnis zur Tradition gibt dem Erzieher und dem Zögling Gelegenheit, die widerspenstige Praxis zu erforschen und den Unterschied zu artikulieren. Falls das Kind selbst keine Fragen stellt, weist der Erzieher auf die Dinge hin, die nicht der Erwartung entsprechen. Der Erzieher sorgt dafür, dass das Verb *tradere* den Beiklang von „Offenheit mit Sicherheit“ erhält. Er bringt das Kind in Berührung mit unterschiedlichen Quellen. Dadurch lernt es nicht nur andere Texte kennen, sondern eignet sich im Gespräch mit dem Erzieher auch die Kunst des Fragenstellens, des Diskutierens und des Dialogs an. Diese Methode wird in der Pädagogik auch als *open-hand*-Technik bezeichnet, bei der es um die Sinngebung der im Gedächtnis gespeicherten Tradition geht. Alte Begriffe erhalten einen neue Interpretation. Das Kind transformiert die überlieferte Tradition in eine eigene religiöse Identität. Die Konfrontation mit der Differenz stimuliert die Entwicklung einer eigenen authentischen Religiosität auf der Grundlage der memorierten Tradition.

„Auf der Grundlage des Gelernten stellt das Kind Fragen, mit denen es die Wirklichkeit erkundet. Die Tradition lässt Bilder in ihm entstehen, denen die widerspenstige Umwelt nicht entspricht.“

9 Gadamer, Hans-Georg: Wahrheit und Methode. In: Ders.: Gesammelte Werke, Bd. 1. Tübingen ^{6}1990, S. 372.

4. Das Lehrkonzept *„learning by heart"*

Das hermeneutisch-kommunikative Lehrkonzept, das ich im Vorhergehenden skizziert habe, schneidet offenbar nicht gut ab, wenn es um die Auswahl einer heute angemessenen Methode zum Erlernen der Tradition geht. Dieses Konzept knüpft eng an den *interpretative approach* an, der gegen Ende des vergangenen Jahrhunderts von dem englischen Religionspädagogen Robert Jackson[10] entwickelt und beschrieben wurde, und gleichermaßen an die „Religion für alle", die unser deutscher Kollege Wolfram Weiße und seine Mitarbeiter in Hamburg praktizieren. Anstelle des theoretischen Begriffs „hermeneutisch-kommunikatives Lehrkonzept" verwende ich lieber das englische, aber eingängige *„learning by heart"*. Dieser Begriff geht nicht nur ins Ohr, sondern hat auch den Vorteil, dass er die affektiven Prozesse des Erlernens der Tradition zum Ausdruck bringt.

„Menschen erzählen sich ihre Geschichte … und stellen einander Fragen zu dem, was sie nicht erwartet hatten. ‚Wann darfst du dein Kopftuch ablegen?' ist so eine Frage."

Die affektiven Aspekte des Lehrprozesses können nur in der Begegnung mit den Menschen zur Geltung kommen. Die Begegnung mit wirklichen, lebendigen Menschen vervollkommnet die Kommunikation, insbesondere deren affektive Dimension. Nonverbale Kommunikation bringt die Emotionen der Beteiligten besser zum Ausdruck als noch so perfekt formulierte Sätze. Einem Lehrbuchtext fehlt die grundlegende Dimension der Kommunikation. Der persönliche Bericht eines Jungen, der mit strahlenden Augen erzählt, dass er zum ersten Mal einen Tag lang am Ramadan teilnehmen und fasten durfte, oder eines Mädchens, das voller Stolz von dem tollen Kleid erzählt, dass sie zur ersten Kommunion bekommen hat, sagt viel mehr aus als die Erläuterung typischer traditioneller Rituale in einem Schulbuch. Während der Text Distanz herstellt, kommen sich Erzähler und Zuhörer beim persönlichen Bericht näher. Menschen erzählen sich ihre Geschichte, lassen einander an ihren Erfahrungen teilnehmen und stellen einander Fragen zu dem, was sie nicht erwartet hatten. „Wann darfst du dein Kopftuch ablegen?" ist so eine Frage, die Interesse für das, was vom konstruierten und voreingenommenen Standpunkt abweicht, verrät. Sie lädt den anderen dazu ein, die Rolle der Tradition im eigenen Leben zu erläutern. *„Learning by heart"* kann Augen öffnen.

„Learning by heart" in dem Sinne, wie es mir vorschwebt, wenn es um das Erlernen der Tradition geht, besteht aus drei Phasen, die ich mit den Begriffen „Kennen", „Erkunden" und „neues Wissen konstruieren" kennzeichne. In der ersten Phase lernt das Kind seine eigene Umgebung kennen. Indem es aufmerksam hinschaut und zuhört, lernt es in der Schule zu explizieren, was zu Hause häufig implizit bleibt. In der Familie wird es „heimisch im Glauben", in der Schule bekommt es die Worte vermittelt, die es in die Tradition einweihen. Es erwirbt Bildung auf dem Gebiet der Tradition, wir sprechen von religiöser Bil-

[10] Jackson, Robert: Religious Education: An Interpretative Approach. London 1997.

dung. Das „Erkunden" ist typisch für die zweite Phase, in der sich das Kind mit seinem gesamten Vorwissen aus der ersten Phase der Welt der anderen stellt und diese erforscht. Religiöse Bildung färbt seinen Blick und prägt seine Wahrnehmung der Wirklichkeit. Die Lehrer begleiten das Kind bei der Begegnung mit dem, was „anders" ist, und lehren es, dabei Fragen zu stellen. Mit ihrer Haltung, die „Offenheit mit Sicherheit" ausstrahlt, bereiten sie die wirkliche Begegnung vor, die in der nächsten Phase erfolgt. In dieser dritten Phase lernen die Schüler einander kennen. Sie konstruieren gemeinsam ein neues kognitives und affektives Wissen, sowohl in dem Sinne, dass sich ihre Sicht auf die eigene Tradition ändert, als auch in dem Sinne, dass sich ihre Haltung zum „Anderen" ändert. „*Learning by heart*" verändert die Menschen.

5. Voraussetzungen für eine Implementierung multikulturellen Lernens

Vor über zehn Jahren fand in Amsterdam eine Konferenz statt, die die niederländische Arbeitsgruppe für interreligiöse Zusammenarbeit organisiert hatte. Prof. Dr. Trees Andree hielt dort einen Vortrag unter dem Titel „Spiritualität im Unterricht erfordert eine Bündelung der Geisteskräfte". Trees Andree, meine Doktormutter, vertritt folgende Grundauffassung: Alle Gruppierungen unserer Gesellschaft, denen an Religiosität und Tradition gelegen ist, müssen ihre Kräfte bündeln, um ein Unterrichtssystem für alle Kinder auf religiöser Basis zu entwickeln. Dabei muss ein vorbehaltloser Dialog geführt werden, bei dem zugleich die Suche nach verbindenden Elementen und der Respekt gegenüber den individuellen Positionen im Mittelpunkt stehen. Nur dann können wir im Bewusstsein unserer menschlichen Gleichwertigkeit und unserer gemeinsamen Verantwortung den neuen Grundstein zu einer wahrhaft humanen, multireligiösen Gesellschaft legen.[11] In dem, was ich als „*learning by heart*" mit den Grundbegriffen „Kennen", „Erkunden" und „neues Wissen konstruieren" bezeichnet habe, wird dieses Konzept weiter ausgearbeitet und theoretisch untermauert. Die Implementierung einer solchen Bildungsreform kann nicht ohne die Mitwirkung von Entscheidungsträgern und Politikern erfolgen.

Zuallererst fordert das „*learning by heart*"-Konzept die *opinion leaders* auf diesem Gebiet dazu heraus, sich dem Gespräch mit ihren muslimischen Kollegen über die islamischen Schulen zu stellen. Damit geben sie selbst ein Beispiel für die Anwendung dieses Konzepts, das ja die Begegnung in den Mittelpunkt stellt. Die Begegnung dient dazu, voneinander zu lernen und sich zu ändern. Muslimische Kollegen in Europa oder in künftigen EU-Mitgliedstaaten wie der Türkei werden in der öffentlichen Diskussion über die multikulturelle und

„Zuallererst fordert das **‚learning by heart'-** *Konzept die* **opinion leaders** *auf diesem Gebiet dazu heraus, sich dem Gespräch mit ihren muslimischen Kollegen über die islamischen Schulen zu stellen."*

[11] Miedema, Siebren/Bertram-Troost, Gerdien (Hg.): Levensbeschouwelijk leren samenleven. Opvoeding, Identiteit & Ontmoeting. Zoetermeer 2006, S. 16.

multireligiöse Gesellschaft ständig mit dem Anderen, dem Andersgläubigen, dem Nichtmuslim konfrontiert. Entscheidungsträger, die sich von der Art und Weise, wie Muslime mit dem Anderen umgehen, überraschen lassen und dabei Fragen stellen – sowohl an die Adresse des anderen als auch an die eigene – praktizieren das vorgeschlagene Konzept des Erlernens der Tradition ganz ausgezeichnet. Sie überbrücken die Kluft und können Kräfte zur Erlernung der Tradition für alle bündeln.

Zweitens verlangt das „*learning by heart*“-Konzept angesichts der zentralen Rolle, die der Begriff der Begegnung in ihm spielt, von den Entscheidungsträgern und Politikern, dass sie Möglichkeiten schaffen, die Tradition – im weitesten Sinne – im Unterricht präsent zu machen. Wichtiger noch als der Besuch von Gotteshäusern und das Erlernen der wichtigsten Merkmale des Islam (beispielsweise die fünf Säulen und das Fasten im Monat Ramadan) ist für den (künftigen) Lehrer, dass er sich an den Umgang mit Muslimen gewöhnt, damit er in Dialog mit ihnen treten kann. Die Entscheidungsträger müssen sich also dafür einsetzen, dass Muslime im Lehrkörper vertreten sind. Das erfordert Änderungen in der Bewerbungspolitik. Wir haben ja gesehen, dass die Person des Lehrers eine entscheidende Rolle bei der Begegnung mit der Tradition und bei der Vorbereitung des Dialogs spielt.

„Dem **‚learning by heart‘*-Konzept zufolge müssen die Studenten in die Lage versetzt werden, jeden Schüler ihrer Klasse beim Erwerb religiöser Bildung innerhalb seiner eigenen Tradition mit Respekt betreuen zu können.“***

Und schließlich heißt „*learning by heart*“ für alle Beteiligten, dass die Entwicklung religiöser Bildung in der Ausbildung unserer künftigen Lehrer an zentraler Stelle stehen sollte. Dafür muss im Curriculum Platz geschaffen werden. Das gilt auch für die Finanzierung. Dem „*learning by heart*“-Konzept zufolge müssen die Studenten in die Lage versetzt werden, jeden Schüler ihrer Klasse beim Erwerb religiöser Bildung innerhalb seiner eigenen Tradition mit Respekt betreuen zu können. Um dazu fähig zu sein, muss der Student entsprechende Kenntnisse erwerben! Das heißt: Die Schulbibliotheken brauchen Geld, um die Schriften der verschiedenen Traditionen und entsprechende Lehrbücher anschaffen zu können. Den Platz, der im Curriculum geschaffen wird, verwenden die Studenten zum Memorieren der Texte, zur gegenseitigen Befragung über den Lehrstoff und zur gemeinsamen Entwicklung neuer Einsichten: Kennen, Erkunden und neues Wissen konstruieren.

Ich sehe es schon vor mir: Neben der Bibel steht die Hadith, neben dem Leuchter liegt die Holztafel, auf die auch die Schüler in Zaria ihre Suren schreiben. Ein Student blättert in der Bibel, ein anderer schreibt eine Sure auf die Tafel, um sie auswendig zu lernen, die Schrift anschließend mit einem Schwamm auszulöschen und das Wasser zu trinken. Wieder ein anderer Student summt die Melodie eines Psalms aus dem Gesangbuch vor sich hin. So legen wir – im Bewusstsein unseres individuellen Engagements und unserer gemeinsamen Verantwortung – den neuen Grundstein für eine wahrhaft humane multireligiöse Gesellschaft. Verstand und Gefühl finden zueinander: „*learning by heart*“. ❑

Religion und Bildung: Ausblicke und Grenzen – Aktionsfelder der Politik

Erich Thies

Betrachtet man die öffentliche Diskussion der letzten Jahre zum Thema „Religion in der Schule“, so stechen zwei Dinge ins Auge: Einerseits wird die religiöse Erziehung in der Schule immer öfter in Frage gestellt und es zeichnet sich eine Tendenz ab, Religiosität aus dem öffentlichen Leben überhaupt zu verdrängen und zur Privatsache zu erklären. Immerhin gehört rund ein Drittel der Bevölkerung der Bundesrepublik Deutschland keiner Religion an.

Andererseits zeigt sich in der Tagespolitik und in der öffentlichen Diskussion immer wieder, wie sehr Grundsatzfragen ethisch-religiös motiviert sind und das Verhältnis von Kirche und Staat jeweils neu thematisieren. Viele aktuelle Fragen lassen sich ohne Rückgriff auf ethisch-religiöses Wissen und Verständnis nicht mehr diskutieren, wie die Debatten um das Kruzifix in öffentlichen Schulen, um das Kopftuch von muslimischen Lehrerinnen, um den Islamunterricht in Schulen, um den Gottesbezug in der europäischen Verfassung, um Stammzellenforschung, Sterbehilfe, Abtreibung, ja selbst um die Ladenöffnungszeiten an Sonn- und Feiertagen zeigen. Sogar im traditionell laizistischen Frankreich, wo an öffentlichen Schulen kein Religionsunterricht angeboten wird, ist angesichts gravierender Integrationsdefizite die Debatte über die religiöse Erziehung in den Schulen neu entbrannt.

„Viele aktuelle Fragen lassen sich ohne Rückgriff auf ethisch-religiöses Wissen und Verständnis nicht mehr diskutieren, wie die Debatten um das Kruzifix in öffentlichen Schulen … ja selbst um die Ladenöffnungszeiten zeigen.“

Bildung ist einer der Schlüsselbereiche für unsere Zukunftsfähigkeit. Hier entscheidet sich, wie sich unsere Gesellschaft – in Deutschland wie in Europa – in den kommenden Jahren entwickeln wird. Es ist zunehmend ins öffentliche Bewusstsein gedrungen, dass unsere wirtschaftliche Entwicklung und damit eben auch unser Lebensstandard wesentlich davon abhängen, ob es gelingt, unseren Kindern und Jugendlichen, unserem „Humankapital“ eine hoch qualifizierte, chancengerechte Bildung in Schule und Hochschule anzubieten. Ich will hier nicht eingehen auf die offenen Fragen des Verhältnisses der Elternhäuser zur Schule. Das Erziehungsthema, das sich unmittelbar mit den Fragen des Religionsunterrichts verbindet, die Frage, wie in unserer Gesellschaft Werte vermittelt werden, auf deren Basis wir miteinander umgehen, ist ein gesondertes Thema und betrifft den Religionsunterricht zwar entscheidend, aber eben nur partiell.

Zur Situation des Bildungssystems in Deutschland

Bevor ich näher auf das Verhältnis von Religion und Bildung eingehe, seien einige kurze Vorbemerkungen zur Situation des Bildungsbereiches in Deutschland erlaubt. Der PISA-Schock hat bewirkt, dass die Bundesländer in sieben Handlungsfeldern mit hoher Intensität versuchen, das Bildungssystem Deutschlands qualitativ zu verbessern. Zentral hierfür ist die Entscheidung über die Einführung von nationalen Bildungsstandards, die zu länderübergreifenden und bundesweiten Vergleichsarbeiten führen sollen, um unabhängig von internationalen Untersuchungen – aber unter Beachtung von deren Maßstäben – Steuerungswissen für unser Bildungssystem zu gewinnen. Es werden zurzeit Mathematikaufgaben generiert und auch im Bereich der Fremdsprachen hat man bereits große Fortschritte erzielt, für das Fach Deutsch werden gegenwärtig Aufgaben entwickelt. Und selbstverständlich haben nicht zuletzt auch die Unterrichtsfächer Evangelische und Katholische Religion ein Interesse daran, Bildungsstandards für ihre Disziplin zu vereinbaren. Dahinter steht nicht zuletzt die Befürchtung, es könnten andernfalls womöglich Schulfächer unterschiedlicher Qualität und Bedeutung entstehen, und so bemühen sich in der Tat alle Bereiche darum, entsprechende Standards zu entwickeln.

Die Kultusministerkonferenz hat entschieden, dies zunächst nur in den oben genannten Fächern zu tun, weil der Entwicklungsaufwand hierfür bereits alle Kräfte in Anspruch nimmt. Die Fächer und Fachgesellschaften, die sich an die Kultusministerkonferenz gewandt haben mit dem Wunsch, doch ebenfalls Bildungsstandards in ihrem Bereich entwickelt zu sehen, sind gebeten worden, zunächst in den Fachgesellschaften erste Überlegungen hierzu anzustellen. Man darf gespannt sein, ob es in Bezug auf Evangelische und Katholische Religion gelingt, einheitliche Maßstäbe und Verfahren zu erarbeiten, denn nur dann lässt sich tatsächlich von gemeinsamen nationalen Bildungsstandards sprechen.

Ich habe vom PISA-Schock gesprochen. Zugleich mussten wir zur Kenntnis nehmen, dass die wirtschaftliche Entwicklung in der Bundesrepublik Deutschland deutlich hinter unserem Anspruch, hier eine Spitzenposition einzunehmen, zurückbleibt. Beides, die deutsche Bildung und die deutsche Wirtschaft in Europa nicht mehr vorne zu sehen, hat erhebliches Veränderungspotenzial in Deutschland provoziert. Dies gilt sowohl für die Schule wie auch für Hochschule und Forschung.

Bedeutung und Funktion des Religionsunterrichts

Aus bildungspolitischer Sicht stehen die große Bedeutung und wichtige Funktion des Religionsunterrichts im schulischen Fächerspektrum außer Frage. Herr Bundespräsident Köhler hat seine Meinung hierzu deutlich zum Ausdruck gebracht und die zentrale Funktion des Religionsunterrichts betont. Seine

Berliner Rede vom September 2006[1] hat zwar nicht nur Zustimmung gefunden, in dieser Frage aber keine Kritik erfahren.

Zu einer – möglichen – Definition von Inhalt, Zielen und Funktion des Religionsunterrichts sei die Fachpräambel der „Einheitlichen Prüfungsanforderungen in der Abiturprüfung (EPA) Evangelische Religionslehre" zitiert, die am 16. November 2006 von der Kultusministerkonferenz beschlossen wurden: Der Religionsunterricht „soll Einsichten in Sinn und Wertfragen des Lebens vermitteln, die Auseinandersetzung mit Ideologien, Weltanschauung und Religion ermöglichen und zu verantwortlichem Handeln in der Gesellschaft motivieren. Er erschließt die religiöse Dimension des Lebens und damit einen spezifischen Modus der Weltbegegnung. Im Mittelpunkt des Religionsunterrichts stehen Fragen von existenziellem Gewicht, die über den eigenen Lebensentwurf, die je eigene Deutung der Wirklichkeit und die individuellen Handlungsoptionen entscheiden. Diesen Grundfragen und der Pluralität der religiösen Antworten in unserer Gesellschaft stellt sich der Religionsunterricht in der Schule. Er eröffnet damit einen eigenen Horizont des Weltverstehens, der für den individuellen Prozess der Identitätsbildung und für die Verständigung über gesellschaftliche Grundorientierungen unverzichtbar ist."[2] Diese Sätze finden sich in beinahe identischem Wortlaut auch in Beschlüssen zur Katholischen Religionslehre[3] und die hier vorgenommene Ortsbestimmung des Faches gilt selbstverständlich nicht nur für die gymnasiale Oberstufe, sondern – jeweils altersgemäß angepasst – auch für alle anderen Schulstufen, sogar für die vorschulische Bildung.

„Um ein friedliches Zusammenleben zu gewährleisten, ist es nötig, Kindern und Jugendlichen Kenntnisse über die religiösen Wurzeln ihrer Gesellschaft zu vermitteln."

Insbesondere die Aussage zur „Pluralität der religiösen Antworten in unserer Gesellschaft" ist angesichts des hohen Anteils von Schülerinnen und Schülern mit unterschiedlichem Migrationshintergrund hochaktuell und verlangt – vor allem vor dem Hintergrund der derzeitigen weltpolitischen Lage – höchste Aufmerksamkeit. Wir alle müssen uns – gesamtgesellschaftlich und vor allem seitens der Bildungspolitik – diesem Thema stellen. Um ein friedliches Zusammenleben zu gewährleisten, ist es nötig, Kindern und Jugendlichen Kenntnisse über die religiösen Wurzeln ihrer Gesellschaft zu vermitteln. Dies ist die Grundlage, um eigene Wertvorstellungen zu entwickeln, um andere Religionen, deren Grundsätze und Geschichte zu begreifen und auf diese Weise Verständnis für das Fremde und Toleranz zu gewinnen.

Auch wenn dies vielfach als allzu idealistische Sichtweise eingeschätzt wird, bin ich der Meinung, dass Information und Aufklärung wesentlich dazu beitra-

---

[1] Köhler, Horst: Bildung für alle. Berliner Rede 2006. Berlin, 21. September 2006. Zugriff unter: http://www.bundespraesident.de/Anlage/original_633069/Bildung-fuer-alle-Berliner-Rede-von-Bundespraesident-Horst-Koehler.pdf

[2] Kultusministerkonferenz: Einheitliche Prüfungsanforderungen in der Abiturprüfung (EPA). Evangelische Religionslehre. Berlin 2006, S. 5. Zugriff unter: http://www.kmk.org/doc/beschl/061116_EPA-evreligion.pdf

[3] Vgl. Kultusministerkonferenz: Einheitliche Prüfungsanforderungen in der Abiturprüfung (EPA). Katholische Religionslehre. Berlin 2006, S. 5. Zugriff unter: http://www.kmk.org/doc/beschl/061116_EPA-kat-religion.pdf

gen, zu gewünschten Haltungen zu erziehen oder negative Einstellungen zum Positiven zu verändern. Es gibt genügend andere Einflüsse, denen Kinder und Jugendliche ausgesetzt sind und auf die Schule nicht so ohne Weiteres zugreifen kann. Aber die Schule muss die ihr zur Verfügung stehenden Instrumente nutzen: auf der einen Seite die Vermittlung von Kenntnissen und Fähigkeiten durch guten Unterricht und auf der anderen Seite – dies ist sehr wichtig – die Rolle der Lehrkräfte als Vorbilder.

Ich möchte hier keinesfalls den Eindruck erwecken, als wolle ich die Funktion des Religionsunterrichts auf seinen gesamtgesellschaftlichen Nutzen reduzieren und seine Bedeutung für die religiöse Orientierung und Entwicklung jedes einzelnen jungen Menschen bezweifeln. Ganz im Gegenteil: „Religion ist und bleibt eine wichtige Dimension menschlichen Lebens und gesellschaftlichen Zusammenlebens“[4] – so hat es der Ratsvorsitzende der Evangelischen Kirche Deutschlands (EKD), Bischof Wolfgang Huber, im Vorwort der „10 Thesen zum Religionsunterricht“ der Evangelischen Kirche im Oktober 2006 ausgedrückt. Ich möchte hier einige dieser Thesen nennen:

- Religion stellt eine unverzichtbare Dimension humaner Bildung dar.
- Nach evangelischem Verständnis muss der Gottesbezug im Zentrum der religiösen Bildung stehen. Gleichzeitig eröffnet religiöse Bildung Zugänge zu zukunftsfähigen Werten.
- Der Religionsunterricht unterstützt die Ausbildung zentraler Kompetenzen.
- Der Religionsunterricht trägt zu einer produktiven und profilierten Schulentwicklung bei.[5]

Staat und Religion

Welche Rolle spielt nun der Staat in Bezug auf den Religionsunterricht? Sie ist definiert in Art. 7 Abs. 3 GG:

> „Der Religionsunterricht ist in den öffentlichen Schulen mit Ausnahme der bekenntnisfreien Schulen ordentliches Lehrfach. Unbeschadet des staatlichen Aufsichtsrechtes wird der Religionsunterricht in Übereinstimmung mit den Grundsätzen der Religionsgemeinschaften erteilt. Kein Lehrer darf gegen seinen Willen verpflichtet werden, Religionsunterricht zu erteilen.“

Die Rolle der Erziehungsberechtigten ist in Abs. 2 festgeschrieben:

> „Die Erziehungsberechtigten haben das Recht, über die Teilnahme des Kindes am Religionsunterricht zu bestimmen.“

[4] Kirchenamt der Evangelischen Kirche in Deutschland (Hg.): Religionsunterricht. 10 Thesen des Rates der Evangelischen Kirche in Deutschland. Hannover 2006, S. 2. Zugriff unter: http://www.ekd.de/download/religionsunterricht.pdf

[5] Kirchenamt der Evangelischen Kirche in Deutschland 2006 (wie Fußnote 4), These 1, 2, 5 und 9.

Gemäß Art. 141 GG, der so genannten „Bremer Klausel", finden diese Vorschriften keine Anwendung in einem Land, in dem am 1. Januar 1949 bereits eine andere landesrechtliche Regelung bestand: Das sind Bremen und Berlin, aber auch Brandenburg nimmt dies für sich in Anspruch. In Bremen wird ein bekenntnismäßig nicht gebundener Unterricht in Biblischer Geschichte auf allgemein christlicher Grundlage erteilt, in Berlin ist der Religionsunterricht Sache der Religions- und Weltanschauungsgemeinschaften – die Schule muss zwei Wochenstunden im Klassenstundenplan freihalten und unentgeltlich Unterrichtsräume zur Verfügung stellen. In Brandenburg ist das Fach „Lebensgestaltung-Ethik-Religionskunde" (LER) eingeführt, die Erteilung von Religionsunterricht bleibt den Kirchen überlassen.

„Als ordentliches Lehrfach ist der Religionsunterricht Pflichtfach und daher den übrigen Fächern im Lehrplan und in der Schulorganisation gleichgestellt."

Für 13 der 16 Länder ist aber mit dem zitierten Grundgesetz-Artikel der Rahmen vorgegeben, in dem die staatliche Schulaufsicht handeln kann: Der Religionsunterricht in staatlichen Schulen ist somit verfassungsrechtlich gewährleistet. Als ordentliches Lehrfach ist der Religionsunterricht Pflichtfach und daher den übrigen Fächern im Lehrplan und in der Schulorganisation gleichgestellt; in der gymnasialen Oberstufe ist er in allen Schulhalbjahren zu belegen.

Das Grundgesetz gebietet nicht, dass die Note im Religionsunterricht bei Versetzungen und Abschlüssen zu berücksichtigen ist, verbietet dies aber auch nicht, sondern lässt hier den Ländern Spielraum. Der Charakter des Religionsunterrichts als eines ordentlichen Lehrfachs bedingt, dass Religionslehrerinnen und -lehrer dieselben Rechte und Pflichten haben wie anderes Lehrpersonal auch – dies gilt auch für Geistliche, Schulpfarrer und Katecheten, die mit der Erteilung von Religionsunterricht betraut sind.

Erziehungsberechtigte können bis zum 12. Lebensjahr ihres Kindes über dessen Teilnahme am Religionsunterricht entscheiden; danach ist auch die Zustimmung des Kindes erforderlich. Nach dem 14. Lebensjahr – in Bayern ab dem vollendeten 18. Lebensjahr – steht dem Kind die Entscheidung allein zu, weil es dann als religionsmündig gilt.

Zu den oben zitierten allgemeinen und im Grundgesetz festgeschriebenen Grundlagen treten für den Religionsunterricht und für die Ausbildung der Religionslehrerinnen und -lehrer staatskirchenrechtliche Bestimmungen hinzu. Dies sind für den katholischen Religionsunterricht insbesondere das Reichskonkordat vom 20. Juli 1933 sowie Länderkonkordate zwischen dem Heiligen Stuhl und einzelnen Bundesländern, für den evangelischen Religionsunterricht die Kirchenverträge der Länder mit ihren Landeskirchen.

Rahmenbedingungen des Religionsunterrichts

Was die Inhalte des Religionsunterrichts anbetrifft, so wirken hier Staat und Religionsgemeinschaften zusammen. Gemäß Grundgesetz müssen die Lehrpläne oder Richtlinien in Übereinstimmung mit den Grundsätzen der Kirchen festgelegt werden. Diese Bestimmung basiert auf der Trennung von Staat und Kirche, die es dem Staat aufgrund seiner Verpflichtung zur weltanschaulichen Neutralität nicht gestattet, den Religionsunterricht inhaltlich zu verantworten. Bei den kürzlich neu erstellten und oben schon zitierten „Einheitlichen Prüfungsanforderungen in der Abiturprüfung" zeigte sich dies beispielsweise darin, dass die Kommissionen mit Vertretern staatlicher und kirchlicher Stellen gleichermaßen besetzt waren und somit die Zustimmung der Kirchen gewährleistet war. Bei dieser Zusammenarbeit hat es zu keiner Zeit irgendwelche Dissonanzen gegeben.

„Gemäß Grundgesetz müssen die Lehrpläne oder Richtlinien in Übereinstimmung mit den Grundsätzen der Kirchen festgelegt werden."

Über die tatsächliche Umsetzung aller Bestimmungen in den Ländern – auf die ich hier nicht im Einzelnen eingehen kann – geben die beiden Berichte der Kultusministerkonferenz „Zur Situation des Katholischen Religionsunterrichts in der Bundesrepublik Deutschland" und „Zur Situation des Evangelischen Religionsunterrichts in der Bundesrepublik Deutschland" vom Dezember 2002 Auskunft.

Nun setzt sich die Schülerschaft längst nicht mehr nur aus Kindern katholischen und evangelischen Bekenntnisses zusammen. Eine große Zahl von Schülern, insbesondere in den östlichen Ländern, gehört keiner Kirche, ein hoher Prozentsatz anderen Religionsgemeinschaften an. Ich denke hier natürlich in erster Linie an Kinder, deren Eltern (oder zumindest ein Elternteil) zugewandert sind bzw. die aus Zuwandererfamilien stammen. In einigen Ländern werden daher – wenn auch nicht flächendeckend – Russisch-orthodoxe, Griechisch-orthodoxe oder Jüdische Religionslehre angeboten. Hier können auch Abiturprüfungen abgelegt werden, und diese werden selbstverständlich von den anderen Ländern anerkannt.

Unterrichtsangebote für muslimische Schüler und Schülerinnen

Derzeit in der Diskussion ist aber vor allem der Religionsunterricht für Kinder muslimischen Glaubens. Die Situation ist schwierig, weil die Ministerien bei nichtchristlichen Religionsgemeinschaften die Verpflichtung zur Erteilung von Religionsunterricht aus formalen Gründen abgelehnt haben. Abgelehnt deshalb, weil die betreffende Religionsgemeinschaft nicht im Sinne der im Grundgesetz angesprochenen Religionsgemeinschaften organisiert war und daher keine autorisierten Vertreter verbindliche, für die ganze Religionsgemeinschaft gültige Absprachen treffen konnten. Auch bei Dachverbänden war der Staat bisher zurückhaltend. Hier lässt sich aber eine Veränderung der von den Ministerien vertretenen Auffassung feststellen, zumal die integrationspolitische Relevanz von religionskundlichen Angeboten für muslimische Kinder und Jugendliche mittlerweile außer Frage steht.

Noch existiert in keinem Bundesland ein (nach den länderspezifischen Regelungen) dem Religionsunterricht vergleichbares Angebot für Muslime – auch wenn bestimmte Unterrichtsangebote z. B. in Baden-Württemberg, Niedersachsen und Rheinland-Pfalz als „Islamischer Religionsunterricht“ bezeichnet werden. Gleichwohl halten zahlreiche Länder an ihrem Vorhaben fest, regulären islamischen Religionsunterricht einzuführen. Allerdings müssen die Muslime dazu die oben genannten Voraussetzungen von Art. 7 Abs. 3 GG erfüllen. Es herrscht Konsens darüber, dass die religiöse Bildung muslimischer Schülerinnen und Schüler zum Auftrag der öffentlichen Schulen gehört (das gilt aufgrund der „Bremer Klausel“ allerdings nicht für Berlin, Brandenburg und Bremen). Von ihr soll Signalwirkung für die Integration dieser Kinder und Jugendlichen ausgehen.

Die Länder halten für muslimische Schülerinnen und Schüler bisher Angebote vor, die neben der Bezeichnung „Islamischer Religionsunterricht“ folgende Namen tragen: Islamische Unterweisung (Bayern), Islamunterricht (Bremen) und Islamkunde (Nordrhein-Westfalen). In der Regel wird dieser Unterricht auf Deutsch erteilt, aber es gibt in Bayern, Nordrhein-Westfalen und Rheinland-Pfalz auch Angebote in türkischer und/oder arabischer Sprache. Auch wenn die Erprobungen von islamischem und/oder alevitischem Religionsunterricht in deutscher Sprache derzeit nicht die dem Art. 7 GG gemäße Rechtsform haben, weil keine anerkannte legitimierte Religionsgemeinschaft als Partner vorhanden ist, so sind sie doch inhaltlich in der Tat als Religionsunterricht zu betrachten. Zumindest sind sie ein pragmatischer Weg, um den muslimischen Schülerinnen und Schülern ein Stück religiöse Gleichberechtigung in staatlicher Verantwortung zu geben.

„Auch den Kirchen liegt daran, dass der islamische Religionsunterricht den Status eines ordentlichen Schulfaches erhält.“

Dies befürworten übrigens auch die katholische und die evangelische Kirche. Sie bejahen seit langem das Recht der Muslime auf einen islamischen Religionsunterricht. In einer Pressemitteilung der Deutschen Bischofskonferenz vom 22. Januar 1999 heißt es, dass die Mitwirkung der katholischen Kirche ebenso wie der evangelischen bei der inhaltlichen Ausgestaltung des ordentlichen Lehrfachs Evangelische bzw. Katholische Religion „eine im europäischen Vergleich vorbildliche Arbeitsteilung zwischen Staat und Kirche“ darstelle. Dieses „Mitwirkungsrecht“ stehe „auch den Muslimen zu“. Weiter heißt es: „Niemand, der eine Gesamtverantwortung für das Gemeinwesen verspürt, kann daran interessiert sein, dass den ca. 700 000 muslimischen Kindern und Jugendlichen die Möglichkeit einer religiösen Unterrichtung in der Schule vorenthalten wird.“[6] Dabei liegt auch den Kirchen daran, dass der islamische Religionsunterricht den Status eines ordentlichen Schulfaches erhält – mit der Konsequenz, dass er in deutscher Sprache erfolgt, die Lehrkräfte wissenschaftlich und pädagogisch ausgebildet sind und die Inhalte des Religionsunterrichts nicht im Widerspruch zur Rechts- und Verfassungsordnung stehen dürfen. Horst Köhler wurde in seiner Berliner Rede noch deutlicher: „Ich halte es für überfällig, dass in unseren Schulen den Kindern

[6] Deutsche Bischofskonferenz: Islamischer Religionsunterricht. Stellungnahme des Sekretariats der Deutschen Bischofskonferenz. Pressemitteilung vom 22. Januar 1999. Zugriff unter: http://www.dbk.de/aktuell/meldungen/2670/index.html

muslimischen Glaubens von gut ausgebildeten Lehrern und in deutscher Sprache Islamunterricht angeboten wird."[7]

Alternativ oder zusätzlich bieten die meisten Bundesländer Unterricht im Fach „Ethik" an. Dessen Kernaufgabe besteht darin, zur Klarheit im individuellen Orientierungsprozess beizutragen. Er zeigt Traditionen auf, macht mit Wertekonzepten bekannt und bietet Hilfestellung bei der Entwicklung von Kriterien an, die einen verantwortlichen Umgang mit unterschiedlichen Lebensstilen, Werthaltungen und Orientierungen ermöglichen. So sind die Pluralität der Lebensstile sowie der religiösen und weltanschaulichen Orientierungen zentrale Gegenstände des Ethikunterrichts.

Fazit

Das Recht auf religiöse Erziehung ist durch die Verfassung garantiert. Die Länder werden diesem Anspruch gerecht, wenngleich es – wie in anderen Unterrichtsfächern auch – an einzelnen Schulen mitunter zu Engpässen in der Lehrerversorgung kommen mag. In meiner Wahrnehmung sehen sich Staat und Kirche in gemeinsamer Verantwortung, wenn es darum geht, die Qualität des Religionsunterrichts zu verbessern, auf aktuelle gesellschaftliche Fragen zu reagieren und insbesondere über die Grenzen der eigenen Glaubensgemeinschaft hinweg die Zusammenarbeit mit anderen Religionsgemeinschaften zu suchen und sich für diese zu öffnen.

„Die Schule darf nicht überfordert und allein gelassen werden. Sie kann nicht Probleme lösen, die ihre Ursachen in ganz anderen und viel umfassenderen Zusammenhängen haben."

Die Frage stellt sich, was die Politik und – in unserem Fall – die Bildungspolitik und die Schule leisten können, um negativen gesellschaftlichen Entwicklungen entgegenzusteuern oder sie zumindest positiv zu beeinflussen. Diese Frage stellt sich derzeit in vielen Bereichen des Bildungswesens. In der Regel lautet die Antwort darauf – und ich halte sie auch für zutreffend –, dass die Schule nicht überfordert werden und allein gelassen werden darf. Sie kann nicht Probleme lösen, die ihre Ursachen in ganz anderen und viel umfassenderen Zusammenhängen haben. Hier sind – da müssen wir ganz realistisch sein – den Schulen und den Lehrerinnen und Lehrern bei allem Engagement auch Grenzen gesetzt. Dennoch darf nicht in dem Bemühen nachgelassen werden, der nachwachsenden Generation Angebote zu machen, ihr das Wissen und die Kompetenzen zu vermitteln, die sie zur Orientierung in einer immer unüberschaubarer werdenden Welt befähigen. Nur wer eine Orientierung hat – und hier komme ich auf die oben vorgenommene Standortbestimmung des Religionsunterrichts zurück –, kann sein eigenes Leben sinnvoll gestalten und seine Verantwortung für sich und andere in dieser Welt wahrnehmen. ❑

[7] Köhler 2006 (wie Fußnote 1), S. 8.

Podiumsgespräch in der Leibniz-Schule, Berlin-Kreuzberg

Auf dem Podium: Nikolaus Kircher, Bekir Alboğa, Emre Karaça, Meinhard Schmidt-Degenhard (Moderation), Volker Graf und Gijs von der Fuhr

Religion und Bildung in Europa – zum Umgang mit Glauben in der Schule

Anna Kemper (Protokoll)

„Religion und Bildung in Europa – zum Umgang mit Glauben in der Schule" – zu diesem Thema hatte die Herbert-Quandt-Stiftung am Abend in die Aula der Leibniz-Schule (Gymnasium) in Berlin-Kreuzberg geladen. Zunächst begrüßte die Schulleiterin Frau Christina Rösch die Mitglieder des Stiftungsrats der Herbert-Quandt-Stiftung, die Teilnehmer der Podiumsdiskussion und alle weiteren Gäste, unter ihnen auch zahlreiche Schüler und Lehrer der Schule.

Frau Rösch äußerte ihre Freude darüber, dass ein Bildung und Schule betreffendes Thema auch in der Schule diskutiert werde. Wie in allen Berliner Schulen spiele Religion am Leibniz-Gymnasium vordergründig zwar keine große Rolle, da es aufgrund der Bremer Klausel keinen verpflichtenden Religionsunterricht gebe, dennoch sei Religion an der Schule vielfältig präsent: als kultureller Aspekt und im Diskurs mit Schülern und Schülerinnen muslimischer Herkunft, für die Religion oft von großer Bedeutung sei. Zudem habe die Schule in den letzten Wochen auch erfahren, dass Religion etwas sein könne, das Menschen ausgrenze: In einer Ausstellung, die eine Schülergruppe zusammengestellt hatte, waren die Lebensläufe der jüdischen Schüler der Leibniz-Schule rekonstruiert worden, die zwischen 1933 und 1938 die Schule verlassen mussten. Für eine Diskussion über Religion, Glaube und Bildung wünschte sich Frau Rösch, Religion nicht mehr als etwas Absolutes zu sehen, sondern als Netzwerk kommunikativer Prozesse innerhalb der Gesellschaft.

Für eine Diskussion über Religion, Glaube und Bildung wünschte sich Frau Rösch, Religion nicht mehr als etwas Absolutes zu sehen, sondern als Netzwerk kommunikativer Prozesse innerhalb der Gesellschaft.

Anschließend verlas Frau Terzioglu das Grußwort von Thomas Härtel, Staatssekretär für Bildung, Jugend und Sport. Härtel erinnerte eingangs an die Aussage Friedrichs des Großen: „Jeder soll nach seiner Façon selig werden". Damit habe der Preußenkönig im 18. Jahrhundert nicht nur seine Zeitgenossen provoziert, sondern zugleich den Grundgedanken der Trennung von Religion und Staat formuliert. So sei Religion im Sinne der Aufklärung zur Privatsache geworden. Nun könnte man annehmen, so der Staatssekretär weiter, dass damit die Religion für die Politik nicht mehr relevant sei. Doch seien viele nationale und internationale Konflikte auch heute noch religiös motiviert oder würden religiös interpretiert. Härtel skizzierte ein Spannungsverhältnis zwischen der Religionsfreiheit, die durch das Grundgesetz garantiert ist, und der Gefahr, dass gerade in Großstädten wie Berlin unterschiedliche Religionszugehörigkeiten zu Konflikten im Zusammenleben führen könnten. „So darf sich auch die Politik nicht der Frage verschließen, wie friedliches und konstruktives Zusammenleben unterschiedlicher Religionen, Weltanschauungen und Kulturen gefördert werden kann." Das Wissen über die eigene und fremde Religionen sei Voraussetzung dafür, andere zu verstehen und zu achten. Während die religiöse Erziehung Sache des Elternhauses sei, sei es Aufgabe der Schule, Grundwissen über die Religion zu vermitteln und damit einen Beitrag zu einem besseren Verständnis Andersdenkender zu leisten sowie den Dialog zwischen unterschiedlichen Religionen und Kulturen und ein vielfältiges friedliches Zusammenleben zu fördern. Dazu könne das neue Unterrichtsfach Ethik in Berlin einen wichtigen Beitrag leisten. Es solle nicht den Religionsunterricht ersetzen, sondern eine Gesprächsbasis für alle Weltanschauungen und Religionen bieten.

> *„Alle Religionen sind gleich und gut, wenn nur die Leute, die sich zu ihnen bekennen, ehrliche Leute sind; und wenn Türken und Heiden kämen und wollten das Land bevölkern, dann wollen wir ihnen Moscheen und Kirchen bauen."*
> Friedrich der Große, 1740

Nach Verlesung des Grußwortes verwies Moderator Meinhard Schmidt-Degenhard vom Hessischen Rundfunk auf das Einladungsschreiben zum gegenwärtigen Podiumsgespräch, in dem Graf Albrecht von Kalnein diese Abendveranstaltung als das Kernstück der Trialog-Konferenz bezeichnet hatte. Dieser Abend sei eine Nagelprobe, so Schmidt-Degenhard, denn man bringe das Thema Bildung, Schule und Religion dorthin, wo es ein konkretes Thema sei: in die Schule.

Dazu begrüßte Schmidt-Degenhard die Gäste auf dem Podium: Bekir Alboğa, Dialogbeauftragter der DITIB (Türkisch-islamische Union der Anstalt für Religion) in Köln, Emre Karaça, Schüler des 12. Jahrgangs der Leibniz-Schule, Gijs von der Fuhr vom Amsterdams Centrum Buitenlanders, Dr. Volker Graf, Lehrer für Philosophie und Ethik an der Leibniz-Schule, und Nikolaus Kircher, Schulleiter der Schmidt-Schule in Jerusalem.

Nach einer persönlichen Gewichtung der bestimmenden Themen des Abends gefragt, antwortete der Schüler Emre Karaça, Schule und Bildung ständen bei ihm an oberster Stelle, dann folge Europa, dann Religion. Religion habe aber für ihn durchaus etwas mit Bildung zu tun, da entsprechendes Wissen wichtig sei, um aktuelle Geschehnisse und Konflikte zu verstehen, die oft mit Religion verknüpft seien. Sich selbst bezeichnete er als konfessionslos, aber nicht atheistisch. Sein Glaube sei nicht an eine Glaubensrichtung gekoppelt. Seine Eltern seien säkulare Muslime, in diesem Sinne sei er geprägt.

Anschließend erklärte Gijs von der Fuhr, in den Niederlanden sei die Diskussion über die Religion durch den aktuellen Wahlkampf bestimmt. Man debattiere über islamischen Fundamentalismus. „Ich befürchte", so von der Fuhr,

„dass wir weiterhin fordern: Ihr sollt euch anpassen an unsere Kultur! Aber wir haben nicht definiert, was unsere Kultur ist. Unsere Kultur definiert sich nur noch aus dem Gegensatz: Sie ist das Gegenteil all dessen, was wir am Islam ablehnen."

Schmidt-Degenhard bat dann Nikolaus Kircher, das Konzept seiner Schule kurz zu erläutern. In der Schmidt-Schule, so Kircher, finde eine Begegnung zwischen westlicher, christlicher und muslimischer Kultur statt. 1886 gegründet von einem deutschen Pater, sei die Schule heute eine Eliteschule für arabische Mädchen, über 90 Prozent der Absolventinnen gingen nach der Schule auf die Universität. Oft werde ihm die Frage gestellt, wie eine Schule mit katholischer Trägerschaft, die zu 80 Prozent von muslimischen Schülerinnen besucht wird, funktionieren könne. Die Erfahrung zeige, dass das sehr gut gehe: Die Schülerinnen hätten im Vergleich zu denjenigen an staatlichen Schulen einen weiteren Horizont, mehr Verantwortungs- und Selbstbewusstsein. Für sie sei es nicht wichtig, ob eine Mitschülerin Muslima oder Christin sei. Er selbst bemerke im Verhalten der Schülerinnen keinen Unterschied, zudem seien die Mädchen nicht verschleiert. An der Schmidt-Schule gebe es Religionsunterricht und Morgengebet für Muslime und Christen getrennt.

Auf die Frage von Herrn Schmidt-Degenhard, ob es in den Schulen noch eine Negativdarstellung des Islam gebe, antwortete Bekir Alboğa mit einem Beispiel: Seine Tochter gehe in Mannheim in die 12. Klasse des Gymnasiums. Eine ihrer Lehrerinnen komme immer wieder auf sie zu und versuche, sie davon abzubringen, ein Kopftuch zu tragen. Seine Tochter berichte ihm auch, dass muslimische Mädchen, wenn sie traurig seien, öfter gefragt würden, ob sie zwangsverheiratet werden sollten. Seine Tochter empfinde das als Unterstellung. „Nicht nur die muslimische Seite ist aufgefordert, Fehler zu beheben und sich zu entwickeln, auch die, die sie auffordern, müssen sich bewegen."

Nach der aktuellen Shell-Studie seien ein Drittel der Jugendlichen Agnostiker, nicht Atheisten … Da sei es sinnvoller, in einem Fach Ethik religiöse und nichtreligiöse Schüler zu versammeln, um ein Diskussionsforum zu bilden, so Volker Graf.

Den Lehrer der Leibniz-Schule, Volker Graf, fragte Schmidt-Degenhard nach seiner Meinung zur Bremer Klausel. Dieser wollte sich dazu allerdings nicht äußern. An der Schule sei der Religionsunterricht nun eben kein reguläres Fach mehr. Die Praxis zeige jedoch, dass der Ethikunterricht keinesfalls des Religionsunterricht zu verdrängen suche. Man habe sogar schon entsprechende Kooperationen vereinbart, sodass ein Besuch des freiwilligen Religionsunterrichts durchaus sinnvoll sein könne, da man so als Schüler in den Ethikunterricht zusätzliche Elemente mit einbringen könne. Man dürfe aber nicht vergessen, dass nach der aktuellen Shell-Studie ein Drittel der Jugendlichen Agnostiker seien, nicht Atheisten, sondern eher unsicher ihren Glauben betreffend. Da sei es sinnvoller, in einem Fach Ethik religiöse und nichtreligiöse Schüler zu versammeln, um ein Diskussionsforum zu bilden, anstatt gläubige und nichtgläubige Schüler zu trennen. So könne das Interesse aneinander geweckt werden. „Wenn zum Beispiel ein Schüler darum bittet, dass ihm einer erklärt, was Gott eigentlich ist, dann geben sich die anderen richtig Mühe", so Volker Graf.

Emre Karaça erklärte, Religion sei an der Leibniz-Schule kaum präsent, sie sei eher eine private Angelegenheit. Er wisse zwar von einigen Schülern, dass sie in der Kirche aktiv sind oder zur Moschee gehen, aber in der Schule sei das kein Thema. Ihm falle aber auf, dass es an der Schule eine Offenheit für verschiedene Religionen gebe.

Zur Situation in Holland sagte Gijs von der Fuhr, dort habe jede Schule das Recht, Religionsunterricht anzubieten. Es gebe öffentliche Schulen, aber auch christliche, muslimische und jüdische Schulen, den Inhalt des Religionsunterrichts dürfe jeder Träger selbst bestimmen, nur die pädagogische Qualität unterliege staatlicher Kontrolle. „Es ist aber im Curriculum vorgeschrieben, dass jeder Schüler von allen Weltanschauungen Kenntnis bekommt."

Emre Karaça erklärte, Religion sei an der Leibniz-Schule kaum präsent, sie sei eher eine private Angelegenheit. Er wisse zwar von einigen Schülern, dass sie in der Kirche aktiv sind oder zur Moschee gehen, aber in der Schule sei das kein Thema.

Nikolaus Kirchner bemerkte, dass an seiner Schule in Jerusalem eine solche Diskussion gar nicht verstanden werden würde, da dort der Religionsunterricht aufgrund der Omnipräsenz der Religion im Alltag als etwas Selbstverständliches wahrgenommen werde. Im Westen treffe ein Muslim dann auf eine individualisierte Gesellschaft, in der Religion marginalisiert sei, die Familie an Bedeutung verloren habe und deren Umgang mit Alkohol und Sexualität ihm fremd sei. Folge sei eine Orientierungslosigkeit, die oft mit überzogenen Reaktionen einhergehe und instinktiver Ablehnung. „Viele Probleme kommen daher, dass unsere Gesellschaften so disparat sind."

Dazu merkte Bekir Alboğa an, dass auch die Säkularisierung der Muslime in Deutschland voranschreite.

Zur fortschreitenden Säkularisierung der Gesellschaft sagte Volker Graf, sie sei nun einmal Realität, ob man diese Entwicklung gutheiße oder nicht. Ein neutrales staatliches Gymnasium wie die Leibniz-Schule müsse mit den Schülern und Lehrern leben, wie man sie in der Gesellschaft vorfinde. Dazu gehöre zwar die Offenheit, Gespräche über Religion zu führen, wenn sie von Schülern gewünscht seien, sie sollten allerdings nicht forciert werden. Gelegenheiten dazu biete zum Beispiel der Deutschunterricht, da in der Literatur häufig auf Religion verwiesen werde.

Gijs von der Fuhr wies auf das Problem hin, dass in den Niederlanden die Islamlehrer oft schlecht ausgebildet und den Schülern so unterlegen seien. Daher suchten viele Schüler eine Antwort auf ihre sozialen Ängste in einem Islam, den sie sich mit Hilfe des Internet zusammenbastelten. „Dort gibt es dann nur noch Schwarz und Weiß, für jedes Verbot gibt es dort ein Gebot, für jedes ‚Nein' ein ‚du solltest'". Gijs von der Fuhr stellte die Frage, wie es möglich sei, dass drei monotheistische Religionen, die auf ein Buch und auf einen Erzvater, nämlich Abraham, zurückgriffen, einander ausschließende kulturelle Systeme entwickelt hätten. Für ihn liege die Antwort im politischen Missbrauch des Glaubens und darin, dass es keine Religionslehrer gebe, die es verstünden, auf philosophischer, religiöser und politischer Ebene zu unterrichten.

Bekir Alboğa fügte hinzu: Nicht nur die abrahamischen Religionen würden politisch instrumentalisiert, sondern jede andere Religion auch. Zudem gebe es zu wenig Religionswissenschaftler, die die muslimischen, christlichen und jüdischen Gelehrten daran erinnerten, dass Religion in jedem Jahrhundert neu zu interpretieren sei. „Ich werfe den Universitäten vor, dass sie sich nicht rechtzeitig darauf eingestellt haben, dass wir Lehrer mit multikultureller Kompetenz brauchen." Die Kurzsichtigkeit der Politik sei daran schuld, auch die der Religionsgemeinschaften. „Wenn wir Religionslehrer nicht an einer Hochschule ausbilden, sondern nur an der klassischen Religionsschule, können wir diese wissenschaftliche Qualität nicht schaffen."

An Nikolaus Kircher richtete sich die anschließende Frage des Moderators, ob es stimme, dass eine Lehrergeneration, die nur noch ein geringes religiöses Bewusstsein habe, Schülern begegne, für die Religion ein ganz pragmatisches Thema sei. Eine solche Diskrepanz, erläuterte Nikolaus Kircher, sei nichts Ungewöhnliches, fast jede Schülergeneration unterscheide sich von der Generation, von der sie unterrichtet werde. Oft hätten Schüler daher auch eher eine Affinität zu Lehrern, die der Großelterngeneration angehören, da sie dort auf mehr Gelassenheit und Lebenserfahrung träfen. Mit der jüngeren Generation gebe es häufiger Konfrontationen, das sei aus pädagogischer Sicht aber völlig normal. Wichtig sei ihm, dass zwei Extreme vermieden würden: eine Schärfung der Unterschiede, ihre künstliche und politische Instrumentalisierung auf der einen Seite und auf der anderen Seite eine Vertuschung der Unterschiede aus einem überzogenen Harmoniebedürfnis heraus. Er zitierte den Leiter der Anna-Lindh-Stiftung, der in einem Aufsatz konstatiert habe, dass der Dialog gescheitert sei, weil man versucht habe, Gemeinsamkeiten zu konstruieren, und darüber vergessen habe, über Unterschiede zu reden. Es sei wichtig, so Nikolaus Kircher, die Unterschiede klarzumachen, ohne einen Clash of Civilizations heraufzubeschwören. Dabei sei die Regensburger Rede des Papstes vielleicht richtungsweisend gewesen: Sie habe eine gewisse Trennschärfe zwischen den Gottesbildern gebracht. So sei das Gottesverständnis im Islam das eines transzendenten Gottes, während sich Gott im christlichen Verständnis durch seine Inkarnation viel stärker auf die Welt eingelassen habe. „Ich glaube, das ist dann eben auch die kulturell prägende Kraft, die aus den Religionen hervorgeht."

Gijs von der Fuhr stellte die Frage, wie es möglich sei, dass drei monotheistische Religionen, die auf ein Buch und auf einen Erzvater, nämlich Abraham, zurückgriffen, einander ausschließende kulturelle Systeme entwickelt hätten.

Darauf entgegnete Bekir Alboğa, dass das Zweite Vatikanische Konzil klar definiert habe, dass Juden, Muslime und Christen den gleichen Gott, den Gott Abrahams, verehrten. „Wenn das Vatikanische Konzil dies einmal festgehalten hat, was soll dann diese Rede? Das kann ich als Muslim nicht begreifen." Nikolaus Kircher antwortete, dass er die Unterscheidung dennoch für sinnvoll halte, da das Gottesverständnis Auswirkungen auf das Menschenbild habe.

Emre Karaça erklärte, dass für ihn Europa durchaus ohne Religion vorstellbare wäre, dass aber für viele Religion noch eine wichtige Rolle spiele. Daher könne Europa ohne Religion nicht existieren, vor allem in Zukunft nicht ohne den Islam: Wegen der großen Zahl von muslimischen Migranten, besonders in Deutschland und Frankreich, sei er ein wichtiger Aspekt.

Die Frage, ob man an der Leibniz-Schule praktizierte Religion erleben könne, verneinte Volker Graf. Das Diskutieren über Religion und die Vermittlung entsprechenden Wissens gehöre zum Unterricht, das Praktizieren nicht. „Selbst wenn wir zum Weihnachtskonzert einladen, was ja eine gewisse Praktik ist, dann kennen den Hintergrund nicht mehr alle.“ Ein Weihnachtskonzert in der Kirche bringe noch ein anderes Problem mit sich: Manche Eltern sagten, dass sie nicht kämen, weil dort die weltliche Schule ein Konzert gebe, wodurch die Kirche entweiht werde; andere wiederum weigerten sich, das Konzert zu besuchen, weil es in der Kirche stattfinde – „in diesem Spannungsfeld bewegen wir uns“. Konflikte mit religiösem Hintergrund seien oft schwer zu definieren, da man ja auseinanderhalten müsse, ob ein Konflikt religiös, kulturell oder entwicklungsbedingt sei. Er neige dazu, einen Konflikt erst einmal ganz persönlich zu sehen und eine Lösung im persönlichen Gespräch zu suchen. Die große Debatte könne anschließend immer noch geführt werden. Er habe zwar nichts dagegen, dass man im kulturellen Diskurs Gegensätze benenne, aber ein persönlicher Konflikt brauche eine Lösung auf persönlicher Ebene.

Bekir Alboğa fügte hinzu, es gebe zu wenig Religionswissenschaftler, die die muslimischen, christlichen und jüdischen Gelehrten daran erinnerten, dass Religion in jedem Jahrhundert neu zu interpretieren sei.

Emre Karaça beschrieb den Umgang mit religiösen Themen an der Schule als respektvoll, zu religiösen Konflikten komme es nicht. Die Folgen des Karikaturenstreits und des Papstzitats seien aber auch an der Schule spürbar gewesen, „manche Schüler fühlten sich in ihren religiösen Gefühlen verletzt.“

Nun öffnete Moderator Schmidt-Degenhard das Gespräch für Beiträge aus dem Publikum. Frau Jonker äußerte, sie habe das Gefühl, dass sie als Referenten ein Thema diskutieren würden, das den Schülern gar nicht wichtig sei. „*Wir* haben dieses Thema in diese Schule gebracht“, die eigentlich wichtigen Themen wie Armut, soziale Unterschiede und Diskriminierung seien alle hinter dem Thema Religion zurückgetreten.

Einige Schüler und Lehrer bestätigten diesen Eindruck. „Andere Themen sind aktueller“, meinte eine Lehrerin der Leibniz-Schule, „Religion kann vielleicht ein Lösungsangebot sein, manchmal kompensiert sie aber auch nur die Probleme.“ Eine Lehrerin der Carl von Ossietzky-Oberschule in Kreuzberg brachte darüber ihre Verwunderung zum Ausdruck: An ihrer Schule sei Religion sehr präsent. Während des Ramadan fasteten fast drei Viertel der Klasse, die Schüler seien dankbar, wenn man das Thema aufgreife, als Ethiklehrerin komme sie gar nicht daran vorbei, über Religion zu sprechen. Oft stelle sie bei muslimischen Schülern eine starre Haltung in Bezug auf die Religion fest: „Wenn man dann versucht, über einzelne Punkte zu diskutieren, dann geht es schnell heiß her." Wichtig sei zum Beispiel die Frage, ob man faste oder nicht: Es gebe fastende Schüler, die den anderen vorwerfen würden, dass sie nicht fasteten, es entstehe ein regelrechter Rechtfertigungszwang, der schon in der 7. Klasse einsetze. Oft könnten die Schüler sich durch das Fasten nicht mehr konzentrieren, Klassenarbeiten in dieser Zeit seien fast unmöglich.

Eine Lehrerin des Leibniz-Gymnasiums bestätigte den Eindruck ihrer Kollegin hinsichtlich der Bedeutung der Religion. In ihrem Geschichtsunterricht komme es häufig zu Auseinandersetzungen um religiöse Fragen und Werte: „Welche Rolle spielt Religion? Brauchen wir Gott? Gibt es eine höhere Instanz?" Die Diskussionen würden respektvoll geführt, und sie glaube, dass die Schüler sich mit der Frage auseinandersetzten, welche Rolle Religion für ihre Identität spiele.

Eine Kollegin sah wiederum Diskriminierung und andere Probleme als wesentlicher an als die religiöse Diskussion. Diese diene den Schülern oft nur als Vorwand. Es sei viel wichtiger, gemeinsam die Werte zu formulieren, die für das Zusammenleben in der Schule notwendig seien, als einen Stellvertreterkrieg zu führen, der die eigentlichen Schwierigkeiten verdecke. Als Beispiel führte sie eine Prügelei zweier Siebtklässler an: Zunächst habe der eine gesagt, der andere habe ihn „Scheißislamist" genannt, der andere habe erwidert, er sei „Polacke" gerufen worden, woraufhin der erste gesagt habe, der andere habe behauptet, er sei zu dick und kriege keine Freundin. Es sei also ein pubertäres Problem gewesen, es würden aber Klischees von außen hereingetragen, die zunächst vielleicht einen anderen Eindruck vermittelten. „Wir sollten lieber mit den Schülern arbeiten, statt Plakatdiskussionen zu führen – das brächte uns weiter."

Oft hätten Schüler eher eine Affinität zu Lehrern, die der Großelterngeneration angehören, da sie dort auf mehr Gelassenheit und Lebenserfahrung träfen. Mit der jüngeren Generation gebe es häufiger Konfrontationen, erläuterte Kircher.

Auch der Hausmeister der Schule bestätigte, dass die Probleme an anderer Stelle zu suchen seien: Er trainiere nebenher eine Fußballmannschaft, in der zu 80 Prozent Jugendliche mit Migrationshintergrund spielten. Die schlechten Zukunftschancen beschäftigten die Jugendlichen weitaus mehr als die Religion. Schüler mit schwächerem sozialen Hintergrund hätten es schwerer, im Bildungssystem aufzusteigen. Aus dieser Unzufriedenheit entstünden dann Konflikte, die über die unterschiedliche Religion lediglich ausgetragen würden.

Ein Schüler aus der 13. Jahrgangsstufe bemängelte, dass auch in dieser Diskussion nicht deutlich zwischen Tradition, Kultur und Religion differenziert worden sei. Er stelle immer wieder fest, dass vieles durch die Religion verdeckt werde. Unter Religionsunterricht könne er sich wenig vorstellen, für ihn sei Philosophie wichtiger, da dort über verschiedene Werte diskutiert werde, „das ist in einem Stadtteil wie Kreuzberg einfach wichtiger". Er selbst habe einen arabisch-türkischen Hintergrund, bezeichne sich als religiös, gehe aber nicht in die Moschee. Religion sei für ihn Privatsache und sollte nicht öffentlich gezeigt werden, auch nicht in der Schule.

Nun gab Moderator Schmidt-Degenhard dem Podium Gelegenheit, auf die Äußerungen des Publikums einzugehen. Zunächst berichtete Bekir Alboğa, dass seine Kinder in einen katholischen Kindergarten gegangen seien, dort seien sie mit Elementen des Christentums vertraut gemacht worden, zum Beispiel während der Weihnachtszeit. Er habe daraufhin vorgeschlagen, den letzten Tag des Opferfests gemeinsam zu feiern und habe die Kinder durch die Moschee geführt. So wüchsen Kinder heutzutage eben auf, dass sei doch selbstverständlich.

Dann äußerte er sich zum angesprochenen Thema des Fastens in der Schule während des Ramadans. Er stelle fest, dass immer mehr muslimische Familien die Praxis des Fastens vernachlässigten, daher seien viele Eltern froh, wenn sie sähen, dass ihre Kinder die Werte der Religion achteten. Er sei der Meinung, man dürfe ein Kind keinesfalls zum Fasten zwingen, aber wenn es freiwillig faste, würde er das befürworten.

Das Schlusswort hatte Gijs von der Fuhr. Er merkte an, dass Jugendliche ohne Perspektive und ohne Arbeit wenig hätten, worauf sie stolz sein könnten, und da bleibe oft nur die Religion.

Das Schlusswort hatte Gijs von der Fuhr. Er merkte an, dass Jugendliche ohne Perspektive und ohne Arbeit wenig hätten, worauf sie stolz sein könnten, und da bleibe oft nur die Religion. Er halte es für wichtig, muslimischen Jugendlichen auch ein Zugehörigkeitsgefühl zu dem Land zu vermitteln, in dem sie leben. Er berichtete von einigen positiven Erfahrungen mit Jugendlichen marokkanischer Herkunft in den Niederlanden: Beispielsweise hätten anlässlich der Feierlichkeiten zum 60-jährigen Jubiläum des Endes des Zweiten Weltkriegs einige Jugendliche marokkanischer Herkunft randaliert. Man habe diese Jugendlichen dann zu einem Friedhof mitgenommen, auf dem neben Gräbern französischer Soldaten Gräber marokkanischer Soldaten liegen. So wäre ihnen klar geworden, dass der Befreiungskampf der Niederlande auch ihr Befreiungskampf gewesen sei. „Wir müssen uns überlegen“, so Gijs von der Fuhr, „wie wir muslimische Jugendliche in unsere Kulturgeschichte einbinden können, sodass es ihre Kulturgeschichte ist, in der der Islam kein Makel ist, sondern eine Ergänzung.“ ❑

PFADFINDER – BEISPIELE ERMUTIGENDER SCHULENARBEIT

Meinhard Schmidt-Degenhard interviewt Schüler nach dem Podiumsgespräch in der Leibniz-Schule, Berlin-Kreuzberg.

Begegnung und Dialog

Umgang mit kulturellem Pluralismus am Beispiel der Ernst-Reuter-Schule 1 in Frankfurt am Main

Angelika Rieber

I. Einwanderungsland Deutschland

Die Ernst-Reuter-Schule 1 in Frankfurt am Main ist ein reines Oberstufengymnasium. Die Schülerinnen und Schüler kommen aus dem ganzen Stadtgebiet und haben vorher überwiegend Gesamtschulen und Realschulen besucht. Die Jahrgänge (11 bis 13) sind sechszügig. Es gibt, für eine Oberstufe ungewöhnlich, Klassen, wobei einer der beiden Leistungskurse die Klasse bildet.

Stellvertretend für alle Schülerinnen und Schüler der ERS 1 möchte ich die Klasse 12 e vorstellen, die sich im Schuljahr 2005/06 mit einem eigenen Beitrag am ersten Wettbewerb der Herbert-Quandt-Stiftung „Schulen im Trialog – Europäische Identität und kultureller Pluralismus“ beteiligt hat (siehe Abbildung 1). Aufgenommen wurde das Foto am letzten Tag des Projektes „Auf den Spuren von Ernst Reuter in Ankara“ vor der dortigen deutschen Botschaft. Von den 18 Schülerinnen und Schülern, die hier zu sehen sind, haben 14 Migrationshintergrund. Ihre Herkunftsländer sind Indien, Pakistan, Afghanistan, Iran (eine Kurdin), Türkei einschließlich Nord-Zypern, Griechenland, Kroatien, Marokko (darunter ein Berber). Nur zwei dieser 14 Schülerinnen und Schüler haben keinen deutschen Pass. Der Migrationshintergrund der übrigen zwölf taucht daher in den üblichen Statistiken, die nur die Staatsangehörigkeit berücksichtigen, nicht auf. Dies führt oft zu falschen bzw. einseitigen Schlussfolgerungen. In der Öffentlichkeit ist fast nur die Rede von Migrantenkindern mit schulischen Misserfolgen. Es gibt jedoch, wie dieses Beispiel zeigt, zahlreiche Zuwanderer, die das Gymnasium besuchen und ihr Abitur ablegen. In unsere Überlegungen müssen wir stets beides, Erfolge wie Misserfolge, einbeziehen.

„In der Öffentlichkeit ist fast nur die Rede von Migrantenkindern mit schulischen Misserfolgen. Es gibt jedoch, wie dieses Beispiel zeigt, zahlreiche Zuwanderer, die das Gymnasium besuchen und ihr Abitur ablegen.“

Neuere Statistiken berücksichtigen jedoch die Einbürgerung von Zuwanderern und erfassen nicht nur die Staatsbürgerschaft, sondern auch die Herkunft. Dabei wird deutlich, dass die Zahl der in Deutschland lebenden Personen mit Migrationshintergrund erheblich höher ist, als die bisher vorliegenden Statistiken annehmen lassen. Nach den aktuellen Daten des Mikrozensus 2005[1] leben in der Bundesrepublik 15,3 Millionen Personen mit Migrationshintergrund. Davon haben 7,3 Millionen einen ausländischen Pass und 8 Millionen die deutsche Staatsbürgerschaft. Der Anteil von Personen mit Migrationshintergrund an der Bevölkerung beträgt somit 18,6 Prozent.

„Welche Potenziale bringen Schülerinnen und Schüler mit Migrationshintergrund mit und wie können diese Ressourcen in der Schule noch besser genutzt werden?"

Berücksichtigt man die unterschiedliche Verteilung auf die Altergruppen, so ergibt sich folgendes Bild: Der Anteil von Personen mit Migrationshintergrund unter 25 Jahren beträgt 27,2 Prozent, unter 6 Jahren sind es 32 Prozent. Knapp ein Drittel der Schülerinnen und Schüler im Bundesgebiet hat danach Migrationshintergrund, Tendenz steigend, in den Großstädten entsprechend mehr als im ländlichen Raum. Auch wenn der Migrantenanteil an der ERS 1 selbst für Frankfurter Verhältnisse ungewöhnlich hoch ist, so müssen wir uns doch in Zukunft auf einen immer größer werdenden Anteil von Zuwanderern einstellen. Ausreichend Gründe, diese Tatsache nicht nur zur Kenntnis zu nehmen, sondern sich intensiver mit den sich daraus ergebenden Konsequenzen für die Schule zu beschäftigen, d. h. der Entwicklung von Konzepten im Umgang mit einer multikulturellen und multireligiösen Schülerschaft.

Zu berücksichtigen ist außerdem, dass sich der Anteil von Zuwanderern und deren nationale Herkunft in einzelnen Regionen in der Bundesrepublik höchst unterschiedlich darstellen. Gogolin und Krüger-Potratz unterscheiden in diesem Zusammenhang drei Szenarien:[2]

- Großstadtlage mit einer hohen Konzentration von Zuwanderern aus vielen verschiedenen Herkunftsnationen, die meist in der ganzen Stadt verteilt leben. Ghettobildungen stellen die Ausnahme dar. Es findet sich ein Höchstmaß sozialer, sprachlicher und kultureller Heterogenität;
- ländliche Lage mit geringer Zuwanderung;
- ländliche oder städtische Lage mit hoher Konzentration von Zuwanderern, zum Teil Flüchtlingen oder Aussiedlern. Im Gegensatz zum ersten Szenario sind nur wenige Herkunftsnationen (z. B. Türkei oder Russland) repräsentiert.

Neben der Tatsache, dass der Anteil der Zuwanderer meist unterschätzt und die unterschiedlichen Bedingungen in einzelnen Regionen nicht berücksichtigt werden, gibt es noch einen weiteren Aspekt, der eine differenziertere Betrachtung der Situation verlangt. Meist werden Zuwanderer als homogene Gruppe wahrgenommen (Türken aus Anatolien, ungebildet, Unterschicht). In Wirklichkeit unterscheiden sie sich jedoch auf vielfältige Weise durch

- ihre Herkunftsländer
- ihre soziale Herkunft oder den Bildungshintergrund der Familien

[1] Statistisches Bundesamt, Mikrozensus 2005.
[2] Gogolin, Ingrid/Krüger-Potratz, Marianne: Einführung in die Interkulturelle Pädagogik. Opladen 2006, S. 19 ff.

Abbildung 1: Die Klasse 12 e vor der deutschen Botschaft in Ankara

- Migrationsursachen: Arbeitsmigration oder Flucht;
- individuelle Schicksale und Biografien;
- ihre Lebensbedingungen und soziale Lage in Deutschland;
- die Tatsache, ob die Emigration nach Deutschland einen sozialen Aufstieg oder Abstieg bedeutete.

In der Klasse 12 e sitzt beispielsweise die Professorentochter aus Kabul neben einem Berber, dessen Mutter nicht lesen und schreiben kann.

Bildungspolitische Strategien zum Umgang mit kultureller Heterogenität sollten diese Unterschiede in Herkunft und Lebenssituation berücksichtigen und auf die jeweiligen Bedingungen bezogene Konzepte entwickeln.

Da sich die Diskussion um die Integration von Zuwanderern meist auf Bildungsmisserfolge bezieht, konzentrieren sich die Maßnahmen in der Bildungspolitik dementsprechend auf die Behebung der Ursachen, vor allem auf die Aufgabe der Förderung der Sprachkompetenz in der deutschen Sprache. Andere Fragen wie beispielsweise die Reflexion von Unterrichtsinhalten und -methoden kommen dabei zu kurz. Da Bildungserfolge kaum wahrgenommen werden, werden sie auch nicht als Entwicklungsbereich angesehen, der ebenfalls der Förderung bedarf. Verschiedene Gründe legen eine Erweiterung des Blickwinkels in die Richtung dieser Aufgaben nahe.

Es würde unsere Arbeit in der Schule beispielsweise erheblich weiterbringen, wenn sich Forschungen verstärkt mit folgenden Fragen auseinandersetzten: Was fördert Bildungserfolge von Schülerinnen und Schülern mit Migrationshintergrund? Was hemmt sie? Welchen Beitrag kann die Schule leisten, um Schülerinnen und Schüler mit Migrationshintergrund weiter zu fördern? Welche

Potenziale bringen Schülerinnen und Schüler mit Migrationshintergrund mit und wie können diese Ressourcen in der Schule noch besser genutzt werden?[3]

Nicht außer Acht gelassen werden sollte auch, wie die oft einseitige öffentliche Diskussion über schulische Misserfolge von Zuwanderern auf junge Migranten wirkt. Die Sensationsberichterstattung über Probleme beispielsweise an der Rütli-Schule wird von diesen Jugendlichen oft als diffamierend und abwertend empfunden. Das Gefühl der Zugehörigkeit zu dieser Gesellschaft wird dadurch nicht unbedingt gestärkt. Dies wiederum ist eine wichtige Voraussetzung nicht nur für den sozialen Frieden in diesem Land, sondern auch für die Realisierung der wiederholt vorgetragenen Forderung einer stärkeren Repräsentanz von Lehrerinnen und Lehrern mit Migrationshintergrund in unseren Schulen. Will man entsprechenden akademischen Nachwuchs – nicht nur im Bereich der Schule – fördern, so sollte der Integrationsarbeit im Gymnasium und an der Universität höhere Aufmerksamkeit gewidmet werden. Dabei sollten sowohl die Stärkung der mit Mehrsprachigkeit und Mehrkulturalität verbundenen Ressourcen in den Blick genommen werden als auch der Ausgleich möglicher Defizite im sprachlichen Bereich, vor allem der schriftlichen Ausdrucksfähigkeit. Bedacht werden sollte auch das Identitätsbewusstsein von Migranten und die Sensibilisierung für mögliche Rollenprobleme, in die sie als Lehrerinnen und Lehrer und als Mittler zwischen den Kulturen geraten können.

„Zwar wird in den didaktischen Leitlinien der Curricula meist die Bedeutung interkulturellen Lernens als Anspruch formuliert, aber die konkrete Umsetzung hinkt oft hinterher.“

Wie kann die Schule angemessen mit der beschriebenen kulturellen, sozialen und religiösen Vielfalt der Schülerschaft umgehen und Integration fördern? Zwar hat sich die Kultusministerkonferenz in verschiedenen Erklärungen mit diesen Fragen auseinandergesetzt[4], zwar wird in den didaktischen Leitlinien der Curricula meist die Bedeutung interkulturellen Lernens als Anspruch formuliert, aber die konkrete Umsetzung (Themenschwerpunkte, Unterrichtsbücher) hinkt oft hinterher. Die Realität in den Schulen ist daher vielfach weiter als vorhandene Schulbücher und Lehrpläne.

Hier setzt der Wettbewerb der Herbert-Quandt-Stiftung an und versucht, Schulen zu ermutigen, Konzepte zu entwickeln, umzusetzen und zu präsentieren, mit denen die bildungspolitische Diskussion zu interkulturellen Fragen wichtige Impulse erhalten soll und bereits erhalten hat. Welche Überlegungen die Ernst-Reuter-Schule 1 zu Fragen interkulturellen und interreligiösen Lernens angestellt hat, welche Projekte wir in Angriff genommen und was wir uns vorgenommen haben, möchte ich im Folgenden anhand einiger Beispiele vorstellen.

---

[3] Der Modellversuch FÖRMIG (Förderung von Kindern und Jugendlichen mit Migrationshintergrund) der Bund-Länder-Kommission beschäftigt sich mit der Förderung von Sprachkompetenzen und mit Berufsbildung und Übergängen in den Beruf.

[4] 1996: Empfehlungen für „Interkulturelle Bildung und Erziehung in der Schule“; 2002: Beschluss des Berichtes „Zuwanderung“; 2003: Weimarer Erklärung „Lerngemeinschaft. Das deutsche Bildungswesen und der Dialog mit den Muslimen“.

II. Schritte zur Verankerung interkulturellen und interreligiösen Lernens an der Ernst-Reuter-Schule 1

Das Oberstufengymnasium Ernst Reuter-Schule 1 liegt im Norden Frankfurts in einem Schulkomplex, der mehrere voneinander unabhängige Einrichtungen umfasst. Im Rahmen einer Examensarbeit untersuchte eine Kollegin die Zusammensetzung der Schülerschaft der ERS 1.[5] Danach haben zwei Drittel der Schülerinnen und Schüler einen Migrationshintergrund. Sie kommen aus den unterschiedlichsten Ländern und Kontinenten. Besonders häufig vertreten sind von den europäischen Ländern Kroatien und Bosnien, Russland und Polen. Neben der Türkei kommen zahlreiche Schülerinnen und Schüler aus verschiedenen Ländern Asiens, vor allem aus dem Iran, aus Afghanistan, Pakistan und Indien. Von den afrikanischen Ländern sind Marokko und Eritrea besonders häufig vertreten.

„Drei Viertel der Schülerinnen und Schüler mit Migrationshintergrund sind in Deutschland geboren. ... Weit mehr als die Hälfte hat die deutsche Staatsbürgerschaft.“

Drei Viertel der Schülerinnen und Schüler mit Migrationshintergrund sind in Deutschland geboren. Ein zunehmender Anteil dieser Jugendlichen, weit mehr als die Hälfte, hat die deutsche Staatsbürgerschaft. Durch die Vielfalt von Herkunftsländern sind auch die unterschiedlichsten Religionen vertreten. Gut ein Drittel der Schülerinnen und Schüler sind Muslime, ein etwas höherer Anteil Christen (Protestanten, Katholiken, Orthodoxe), einige Schülerinnen und Schüler, überwiegend aus Osteuropa, sind jüdischen Glaubens, etliche gehören keiner Religionsgemeinschaft an.

Wie kann man unter Berücksichtigung dieser Rahmenbedingungen konstruktiv mit Schülerinnen und Schülern unterschiedlicher Herkunft und Religionen arbeiten? Wie kann man angemessen mit dem mit dieser Vielfalt verbundenen Spannungspotenzial umgehen? Tagtäglich mit dieser Multikulturalität konfrontiert, sind wir gezwungen, darauf zu reagieren und entsprechende Konzepte zu entwickeln bzw. weiterzuentwickeln.

In den vorangegangenen Jahren fand die Auseinandersetzung über interkulturelles Lernen in verschiedenen Bereichen innerhalb der Schule statt, jedoch zunächst unverbunden. Einzelne Lerngruppen und Projekte beschäftigten sich mit Fragen und Problemen des Zusammenlebens vieler Kulturen, mit der Integration von Einwanderern sowie mit Rassismus und Fremdenfeindlichkeit in Vergangenheit und Gegenwart. Auf Initiative von zwei Kolleginnen bildete sich eine offene Arbeitsgruppe, die unter Beteiligung der Schülervertretung zunächst einen Beitrag zum Schulprogramm vorlegte. Neben der Bestandsaufnahme bisheriger Aktivitäten wurden dort erste Vorstellungen zur Förderung interkultureller Kompetenzen festgehalten und als eine wesentliche Entwicklungsaufgabe im Schulprogramm der ERS 1 verankert.

---

[5] Pahn, Katja: Kulturelle Vielfalt – Die multikulturelle Schülerschaft und ihre Implikationen für den Handlungsraum Schule am Beispiel der Ernst Reuter-Schule 1 in Frankfurt. Examensarbeit, Frankfurt 2005. Zugriff unter: http://www.ernst-reuter-schule-1.de/agil/cd/4examensarbeit.pdf

Abbildung 2:
Ernst Reuter, gestaltet von Schülerinnen und Schülern eines Kunst-Leistungskurses unter Leitung von Eva Osberghaus

Die Arbeitsgruppe setzte sich in mehreren Treffen mit Fragen interkulturellen Lernens auseinander, zu denen verschiedene außerschulische Gesprächspartner eingeladen wurden. Ein Meilenstein war 2003 die Bildung einer von der Gesamtkonferenz legitimierten Steuerungsgruppe. Diese Gruppe hat sich das Ziel gesetzt, den Entwicklungsprozess zu koordinieren, durch Fortbildungsveranstaltungen und Projekte voranzutreiben, Ideen aufzugreifen und selbst Impulse zu setzen. Wesentliches Element dabei ist, auf vorhandenen Aktivitäten in den Fachbereichen und einzelnen Klassen aufzubauen und diese weiterzuentwickeln. Mehrere von der Steuerungsgruppe initiierte Fortbildungsveranstaltungen dienten der Sensibilisierung, Bilanzierung und Diskussion innerhalb des Kollegiums.

„Begegnung und Dialog sind für uns die Kernelemente interkulturellen Lernens, das weder ein eigenes Fach ist noch bestimmten Fächern zuzuordnen.“

Entscheidend für die Bewerbung zur Teilnahme am ersten Wettbewerb der Herbert-Quandt-Stiftung im Schuljahr 2005/06 war der Wunsch, dass Prozesse in der Schule beschleunigt, schlummernde Projekte in Angriff genommen und begonnene Vorhaben mit mehr Nachdruck betrieben würden. Auch wenn die Steuerungsgruppe vor allem in Phasen starker schulischer Belastungen – beispielsweise durch Abiturprüfungen, Korrekturen oder Studienfahrten – immer wieder zweifelte, ob sie die selbst gesetzten Aufgaben angemessen erfüllen könne, ist die Bilanz erfreulich. Insgesamt ist die Verankerung interkultureller Fragen in den Fachbereichen einen großen Schritt vorangekommen, wenn auch mit unterschiedlichem Tempo in einzelnen Fachbereichen. Die positive Bilanz hat die ERS 1 dazu bewogen, sich auch für den zweiten Wettbewerb für das Schuljahr

2006/07, der die Verbindung zur Lehreraus- und -fortbildung in den Mittelpunkt stellt, zu bewerben.

Als Titelbild der Bewerbung wurde ein im Kunstunterricht entwickeltes farbenprächtiges Bild ausgewählt, das Ernst Reuter darstellt, ein Mosaik, das für die vielfältigen Projekte an der Schule und die Bedeutung des Namensgebers für die schulische Arbeit steht (siehe Abbildung 2). Der Beitrag wurde unter das Motto „Begegnung und Dialog – Umgang mit kulturellem Pluralismus" gestellt, denn Begegnungen und Dialoge bestimmen unseren Alltag, Begegnungen zwischen Jugendlichen unterschiedlicher Herkunft, Begegnungen mit Menschen, die wir in die Schule einladen oder zu denen wir gehen. Begegnung und Dialog sind für uns die Kernelemente interkulturellen Lernens, das weder ein eigenes Fach ist noch bestimmten Fächern zuzuordnen. Die Sensibilisierung für das gemeinsame Lernen unterschiedlicher Kulturen und Religionen sehen wir als Querschnittaufgabe innerhalb der Schule an.

Ziel unserer Arbeit ist die Entwicklung und Förderung interkultureller Kompetenzen von Lehrkräften, Schülerinnen und Schülern, aber auch des jeweiligen Umfelds durch:

- kritische Reflexion der Haltung gegenüber der eigenen Kultur und anderen Kulturen. Bewusst wird hier nicht das Begriffspaar Eigenes – Fremdes verwendet;
- das Bewusstsein eigener Perspektivität und die Fähigkeit zum Perspektivwechsel;
- eine Grundhaltung von prinzipieller Wertschätzung gegenüber anderen Kulturen und Religionen;
- die Bereitschaft zum Dialog über Gemeinsamkeiten, Unterschiede und Grenzen;
- reflektierten Umgang mit kultureller Vielfalt in Schule und Gesellschaft;
- Kenntnisse über andere Kulturen und Religionen;
- Nutzung von Mehrsprachigkeit und Mehrkulturalität der Schülerinnen und Schüler;
- Integration von Migranten durch Identitätsstärkung und Partizipationsmöglichkeiten.

Bei den genannten Zielen und Kompetenzen geht es nicht nur um Inhalte, um Kenntnisse und Wissen, sondern auch und vor allem um Fragen der Haltung. Interkulturelles Lernen ist in erster Linie ein Kommunikationsprozess, hinter dem Neugierde, Offenheit und Respekt stehen. Um diese Ziele zu erreichen, arbeiten wir auf folgenden Ebenen:

1. Fachunterricht, Unterrichtsinhalte
2. Unterrichtsmethoden
3. Förderung von Sprachkompetenzen
4. Fortbildung
5. Schulgemeinde, Schulprofil, Schulentwicklung

Anhand einiger Beispiele möchte ich diese unterschiedlichen Ebenen näher beleuchten.

1. Fachunterricht, Unterrichtsinhalte

Im Zentrum unserer Arbeit steht die Weiterentwicklung und kritische Reflexion des unterrichtlichen Alltags. Wir bemühen uns

- die inhaltliche Schwerpunktsetzung innerhalb der Fächer auf die kulturelle Heterogenität der Schülerschaft einzustellen und dabei vorhandene Spielräume innerhalb der Curricula zu nutzen;
- Kenntnisse, Erfahrungen, Interessen und Haltungen aller Schülerinnen und Schüler in den Unterricht einzubeziehen und produktiv für den Lernprozess zu nutzen, d. h. die Potenziale zu nutzen, die sich aus der kulturellen Vielfalt der Schülerschaft ergeben;
- Themen zu wählen, die Grundfragen menschlichen Zusammenlebens, dazu zählt auch die Auseinandersetzung über religiöse Fragen, in den Mittelpunkt stellen, und sie aus jeweils unterschiedlichen Perspektiven zu betrachten;
- Themen zu wählen, die Relevanz für das alltägliche Leben der Schülerinnen und Schüler haben.

Lässt sich ein solcher Ansatz mit der Vorbereitung auf das Zentralabitur vereinbaren? Müssen die Curricula über Bord geworfen werden? Auch wenn die Curricula der Überarbeitung bedürfen, um beispielsweise der veränderten Zusammensetzung der Schülerschaft Rechnung zu tragen, so lassen sich auch in den vorliegenden Lehrplänen genügend Anknüpfungspunkte für einen Unterricht finden, der auf die Fragen, die Herkunft und die Erfahrungen von Schülerinnen und Schülern unterschiedlicher Herkunft eingeht. Einerseits besteht die Möglichkeit, innerhalb der Curricula durch Schwerpunke Akzente zu setzen, andererseits genügt es oft, die in den Lehrplänen vorgeschriebenen Themen anders zu fokussieren, etwa aus der Perspektive interkultureller Fragen zu betrachten.

Wie sind Menschen in früheren Zeiten oder in anderen Kulturen mit Fragen, die uns heute bewegen, umgegangen, mit dem Verhältnis zwischen Mehrheit und Minderheit in der Gesellschaft, mit anderen Nationen, Kulturen oder Religionen? Wie wurden oder werden Konflikte gelöst? Auf welche Weise wurden oder werden grundlegende Menschenrechte missachtet? Wie verhalten oder verhielten sich andere Nationen zu Verbrechen gegen die Menschlichkeit? Wie bearbeiten nachfolgende Generationen bzw. Gesellschaften Unrecht in der Vergangenheit?

„Wie verhalten oder verhielten sich andere Nationen zu Verbrechen gegen die Menschlichkeit? Wie bearbeiten nachfolgende Generationen bzw. Gesellschaften Unrecht in der Vergangenheit?“

Der Blick über den nationalen oder zeitgeschichtlichen Tellerrand bringt oft neue Fragen, Gedanken oder Perspektiven zu aktuellen Themen ein und hilft dabei, den eigenen Standpunkt zu finden und zu schärfen.

Die folgenden Beispiele aus dem Unterricht beziehen sich überwiegend auf das Thema der 11. Konferenz des Trialogs der Kulturen: „Religionen in der Schule – Bildung in Deutschland und Europa vor neuen Herausforderungen“

und stellen den Dialog der Schülerinnen und Schüler miteinander bzw. mit außerschulischen Experten in den Mittelpunkt.

Christentum – Judentum – Islam

Die Beschäftigung mit den drei abrahamischen Religionen ist nicht denkbar ohne die Berücksichtigung gesellschaftlicher Prozesse in Vergangenheit und Gegenwart. Für die Auseinandersetzung mit dem Judentum spielt der Holocaust als Bezugspunkt eine wichtige Rolle. Bei der Beschäftigung mit dem Islam müssen wir die Islamophobie und deren historische Wurzeln sowie den gegenwärtigen Fundamentalismus bedenken. Auch müssen wir uns vergegenwärtigen, wie diese Tatsachen das Identitätsbewusstsein der Jugendlichen beeinflussen.

Das Christentum ist für uns die kulturelle Folie, auf der die europäischen Gesellschaften historisch gewachsen sind. Insofern ist und bleibt die Rolle des Christentums als Fundament europäischer Gesellschaften eine zentrale Frage im Unterricht verschiedener Fächer. In kulturell heterogenen Gruppen wird das Christentum unter den veränderten gesellschaftlichen Bedingungen nun, abhängig von Herkunft und Religion der Schülerinnen und Schüler, aus jeweils unterschiedlichen Blickwinkeln betrachtet, eine nicht zu unterschätzende Chance, dieses kulturelle Fundament neu, anders und auch kritisch zu betrachten und zu reflektieren.

„Welche – jeweils unterschiedliche – Bedeutung die Kreuzzüge im Bewusstsein der Menschen noch heute haben, wurde im Zusammenhang mit dem Irakkrieg deutlich.“

Die Auseinandersetzung mit anderen Religionen und Kulturen ist auch gleichzeitig eine Auseinandersetzung mit den Beziehungen dieser Religionen untereinander. Konflikte und Kriege sollten dabei ebenso thematisiert werden wie Zeiten friedlichen Zusammenlebens. Zwei Beispiele sollen hier genannt werden.

Auch wenn das Thema Kreuzzüge in etlichen Unterrichtswerken für das Fach Geschichte nur am Rande erwähnt wird, so entscheidet sich die Mehrzahl der Kolleginnen und Kollegen für die Behandlung dieses Schwerpunktes in der 11. Klasse, denn die Kreuzzüge sind ein wichtiger historischer Bezugspunkt für alle drei Religionen. Welche – jeweils unterschiedliche – Bedeutung die Kreuzzüge im Bewusstsein der Menschen noch heute haben, wurde im Zusammenhang mit dem Irakkrieg deutlich. Da die Kreuzzüge oder die Belagerung Wiens nach wie vor von großem Einfluss auf die Haltung gegenüber anderen Religionen und Gesellschaften sind, ist die Beschäftigung mit diesen historischen Ereignissen wichtiger Baustein interkulturellen Lernens.

Eine andere Ebene spricht ein Projekt an, das für die Fächer Religion und Ethik entwickelt wurde, das Unterrichtsprojekt Abraham. Dieses Vorhaben beschäftigt sich mit der Bedeutung Abrahams für Juden, Christen und Muslime. Dabei werden sowohl diesbezügliche Gemeinsamkeiten als auch Unterschiede der drei abrahamischen Religionen herausgearbeitet.

Jüdische Geschichte im Unterricht

Da die Mehrzahl der Schülerinnen und Schüler der Ernst-Reuter-Schule Muslime oder Christen und nur wenige jüdischen Glaubens sind, nimmt die Beschäftigung mit dem Judentum eine besondere Stellung ein. Gespräche mit jüdischen Zeitzeugen oder Gesprächspartnern, Gedenkstättenbesuche, die Kooperation mit dem Jüdischen Museum in Frankfurt und anderen Institutionen gehören daher an der ERS 1 zum festen Bestandteil der Arbeit verschiedener Fächer (Geschichte, Ethik, Politik und Wirtschaft, Deutsch, Englisch, Darstellendes Spiel).

Trotz des wachsenden zeitlichen Abstandes zur NS-Zeit spielt für Schülerinnen und Schüler deutscher Herkunft die Auseinandersetzung mit der Schuld am Holocaust immer noch eine wichtige Rolle. Es ist nachvollziehbar, dass Migranten einen anderen Bezug zu diesem Thema haben. Daraus ergibt sich ein Spannungsfeld, das sich positiv wie negativ auf den Lernprozess auswirken kann. Anlass zur Sorge geben Studien, die weit verbreitete antiisraelische und judenfeindliche Haltungen vor allem bei muslimischen Jugendlichen feststellen. Solche Haltungen finden auch in unserem schulischen Alltag ihren Niederschlag. Um dieses Problem angemessen anzugehen, ist die Gruppe „Interkulturelles Lernen“ im Gespräch mit der jüdischen Erziehungsberatungsstelle in Frankfurt und setzt sich mit den Erfahrungen des israelischen Psychologen Dan Bar-On auseinander.[6]

„Anlass zur Sorge geben Studien, die weit verbreitete antiisraelische und judenfeindliche Haltungen vor allem bei muslimischen Jugendlichen feststellen.“

Oft wird vermutet, Schülerinnen und Schüler aus muslimischen Ländern hätten kein Interesse an der Thematisierung des Holocaust. Die Realität zeigt jedoch ein weitaus komplexeres Bild von Reaktions- und Äußerungsformen.[7] Dementsprechend vielfältig sind auch die möglichen pädagogischen Antworten. Neben der Vermittlung fundierter Kenntnisse über jüdische Geschichte und Religion besteht unsere Aufgabe als Pädagogen insbesondere darin, Stereotypen aufzuweichen und Vorurteilen entgegenzuarbeiten.

Begegnungen mit jüdischen Gesprächspartnern eignen sich hierfür in besonderer Weise. Bei Gesprächen mit jüdischen Zeitzeugen der NS-Zeit geht es um weit mehr als um die Vermittlung von Kenntnissen, nämlich vor allem um den Dialog zwischen Menschen unterschiedlicher Herkunft und Religionen. Dabei werden Identitätsfragen aufgeworfen, die für alle Beteiligten von Bedeutung sind. Teilweise werden Verbindungen deutlich zwischen den Flucht- oder Emigrationserfahrungen der Gesprächspartner und den persönlichen Erfahrungen der Jugendlichen und ihrer Familien. Auch Erfahrungen als Mitglied einer ge-

---

[6] Bar-On, Dan: Die „Anderen“ in uns. Dialog als Modell der interkulturellen Konfliktbewältigung. Aktualisierte Neuauflage. Hamburg 2006.

[7] Rieber, Angelika: Inhaltliche und methodische Überlegungen zum Unterricht über die NS-Zeit in multikulturellen Klassen. In: Schlag, Thomas/Scherrmann, Michael (Hg.): Bevor Vergangenheit vergeht. Für einen zeitgemäßen Politik- und Geschichtsunterricht über Nationalsozialismus und Rechtsextremismus. Schwalbach/Ts. 2005, S. 132–144.

sellschaftlichen Minderheit, im Herkunfts- oder/und im Aufnahmeland, spielen dabei eine wichtige Rolle.

Dies möchte ich an einem Beispiel verdeutlichen. Ruth Barnett, die mit einem Kindertransport Deutschland verlassen musste, lebt heute in England. Sie sieht sich als Engländerin mit deutschen Wurzeln. Zu Beginn des Gespräches mit der Klasse fragte sie die Jugendlichen, wie sie sich selbst sähen. Die Mehrzahl der Jugendlichen mit Migrationshintergrund definierte sich eher über ihre Herkunft als über das Land, in dem sie heute leben, also nicht als Deutsche. Ruth Barnetts Anmerkung, sie finde dies traurig, regte die Klasse zum Nachdenken an. Auch für die Schülerinnen und Schüler deutscher Herkunft hatte Ruth Barnetts Frage Bedeutung, denn sie äußerten ihr Unbehagen, das sie angesichts des Holocaust als Deutsche empfinden.

„Bei Gesprächen mit jüdischen Zeitzeugen der NS-Zeit geht es um weit mehr als um die Vermittlung von Kenntnissen, nämlich vor allem um den Dialog zwischen Menschen unterschiedlicher Herkunft und Religionen.“

Eine Fortsetzung erfuhr die Auseinandersetzung um die Frage der Identität, als die Klasse einen ehemaligen Frankfurter jüdischer Herkunft kennen lernte, der sich als Amerikaner definierte, ohne den Zusatz „deutscher Herkunft“. Heftig debattierten die Schülerinnen und Schüler über die möglichen Gründe. Sie haben bei diesen beiden Gesprächen nicht nur etwas über die Vergangenheit und deren Verarbeitung erfahren, sondern ausreichend Gelegenheit erhalten, über sich selbst nachzudenken.

Pointe am Rande: Während der Studienreise in die Türkei fand ein Gespräch mit türkischen Schülerinnen statt, in dem diese ein negatives Bild von Deutschland bzw. der Situation von Zuwanderern zeichneten. So sah sich die Klasse veranlasst, das Land, in dem sie leben, gegenüber solchen Negativbildern zu verteidigen.

Abgesehen davon, dass Zeitzeugenberichte zur Auseinandersetzung mit der eigenen Identität beitragen, haben biografische Berichte für die Arbeit in heterogenen Gruppen noch in einem weiteren Zusammenhang besondere Bedeutung. Biografien beschreiben die jeweiligen Personen nicht nur als Opfer, sondern auch als Handelnde, die beispielsweise Auswege aus einer für sie bedrückenden Situation suchen. Biografische Berichte und Gespräche mit Zeitzeugen ermöglichen somit einen differenzierten Blick auf die Vergangenheit, der die Perspektiven und die Handlungsmöglichkeiten der Betroffenen einschließt. Migranten sehen sich häufig als Opfer, sei es der Bedingungen in ihrem Herkunftsland, sei es von Diskriminierungen und Vorurteilen in Deutschland. Handlungsoptionen von Menschen in der Vergangenheit können möglicherweise Wege aufzeigen, Ohnmachtsgefühlen in der Gegenwart entgegenzuwirken.

Diese Überlegungen waren mitentscheidend für die Entwicklung einer Unterrichtseinheit über Gabriel Riesser, einem Kämpfer für die Demokratie und die Emanzipation der Juden im 19. Jahrhundert. In seinen Schriften setzte er sich intensiv mit seiner Identität auseinander, mit seiner Religion und mit der Gesellschaft, in der er lebte.[8] Die Texte und Bilder ermöglichen einerseits ein tieferes Verständnis der gesellschaftlichen und politischen Prozesse im 19. Jahrhundert und geben andererseits Anstöße, über Gegenwartsfragen nachzudenken.

Islam im Unterricht

Die Auseinandersetzung mit dem Islam ergibt sich häufig aus aktuellen Konfliktpunkten, sei es der Kopftuch-Frage oder dem Karikaturenstreit, den Unruhen in Frankreich, dem Film *Tal der Wölfe* oder der Nichtteilnahme einiger muslimischer Schülerinnen an Klassenfahrten. Einerseits ist es wichtig, den Schülerinnen und Schülern anhand dieser Themen die Gelegenheit zum Austausch unterschiedlicher Positionen und zur gemeinsamen Suche nach Lösungswegen zu geben, andererseits besteht die Gefahr, den Islam dadurch auf den Konfliktfall zu reduzieren. Eine Studie ergab, dass 80 Prozent der Deutschen den Islam mit dem Terror in Verbindung bringen. 70 Prozent finden, Muslime seien „gefährlich". Umgekehrt berichtet die Studie, Muslime fühlten sich häufig diskriminiert. Jürgen Miksch vom Interkulturellen Rat zieht die Schlussfolgerung, es fehle beiden Seiten an Kommunikation, weshalb Vorurteile und Gewaltbereitschaft zunähmen.[9]

„Die Auseinandersetzung mit dem Islam ergibt sich häufig aus aktuellen Konfliktpunkten, ... sei es dem Karikaturenstreit oder der Nichtteilnahme einiger muslimischer Schülerinnen an Klassenfahrten."

Migranten, vor allem Muslime, erleben ein wiederkehrendes Gefühl der Entwertung durch die Mehrheitsgesellschaft, wozu auch die in der Öffentlichkeit und in Schulbüchern präsentierten Bilder über „Ausländer", den Islam und islamisch geprägte Länder bzw. auch deren Nichtwahrnehmung beitragen. In einem Feedback zur Arbeit im vorangegangenen Schuljahr zeigte sich ein Schüler marokkanischer Herkunft – für ihn spielt die Religion eine große Rolle im Leben – erleichtert darüber, dass wir in unseren Diskussionen zwischen Islam und Terrorismus unterschieden hatten. Diese Äußerung zeigt nicht nur die Bedeutung der Präsenz verschiedener Herkunftskulturen und -religionen im Unterricht, sondern auch die Notwendigkeit einer von prinzipieller Wertschätzung getragenen, differenzierten und multiperspektivischen Betrachtung.

Da es dafür noch nicht ausreichend geeignete Materialien gibt, rückt die Frage, wie der Lernprozess gestaltet wird und in welcher Weise die Haltungen und Kompetenzen der Schülerinnen und Schüler dabei einbezogen werden, stärker in den Blick. Angeregt durch eine Tagung des Eckert-Instituts[10] und gleichzeitig als Vorbereitung auf die Fahrt in die Türkei sichtete die Klasse 12 e verschiedene Geschichtsbücher der Nachkriegszeit zur Darstellung des Islam und des Osmanischen Reiches. Die Ergebnisse waren ernüchternd und haben

---

[8] Rieber, Angelika: Deutsch oder heimatlos. Gabriel Riesser – ein jüdischer Deutscher im Vormärz. Teilabdruck der Unterrichtseinheit in: *Praxis Geschichte* 3/2006, S. 40–43.

[9] *Frankfurter Rundschau* vom 05.10.2006.

[10] The Muslim World through the Lens of European Textbooks, Braunschweig, Februar 2006.

uns veranlasst, gemeinsam Überlegungen zur Veränderung der präsentierten Bilder zu formulieren.[11] Zentraler Gedanke dabei war, nicht bei der Analyse stehen zu bleiben, sondern einen Schritt weiterzugehen und alle Schülerinnen und Schüler der Klasse in die Überlegungen zur zukünftigen Gestaltung von Schulbüchern einzubeziehen.

Mit einer Unterrichtseinheit über das Ende des Osmanischen Reiches soll darüber hinaus die in den Schulbüchern bestehende Lücke wenigstens ansatzweise gefüllt werden.[12]

Auf zwei Themen, die die Schülerinnen und Schüler im vergangenen Jahr in besonderer Weise bewegt haben, möchte ich näher eingehen: den Karikaturenstreit und die Ausschreitungen in Frankreich. Damit soll einerseits auf die Haltung der Jugendlichen zu diesen Fragen hingewiesen und andererseits verdeutlicht werden, dass sich diese Themen – eine gewisse Flexibilität vorausgesetzt – gut in die Curricula einzelner Fächer einbinden lassen.

Die mit dem Karikaturenstreit verbundenen Fragen der Pressefreiheit, der Religionsfreiheit oder des Verhältnisses zwischen Staat und Religion können problemlos mit dem Halbjahresthema Demokratie/Menschenrechte im Fach Politik und Wirtschaft verbunden werden. Die Ausschreitungen in Frankreich lassen sich mit der Frage von Partizipationsmöglichkeiten in der Demokratie und deren Grenzen in Verbindung bringen.

Dennoch stehen wir bei der Behandlung solcher Themen vor hohen Anforderungen, denn deutlich wurde in den Gesprächen über diese Fragen eine hohe Emotionalität, das Gefühl eigener Ohnmacht und eine damit verbundene latente Gewaltbereitschaft, die sich beispielsweise als Verständnis für die Ausschreitungen in Frankreich äußerte. Solche Diskussionen drohen unter Umständen zu entgleisen oder können zu Frontbildungen führen. Wie kann man mit den hinter dieser Emotionalität stehenden Ohnmachts- oder Entwertungsgefühlen angemessen umgehen, ohne dass es zu den geschilderten Problemen kommt? Voraussetzungen dafür sind

- eine Haltung von prinzipieller Wertschätzung und Respekt, die Grenzsetzungen, wo nötig, einschließt;
- die Kenntnisnahme solcher Gefühle und Sichtweisen und die kritische Auseinandersetzung mit ihnen;
- eine differenzierte Betrachtung der Situation, bei der für unterschiedliche Perspektiven Raum geschaffen werden muss;
- das Erkennen und Aufzeigen von Handlungs- und Partizipationsmöglichkeiten jenseits von Gewalt.

Die Schülerinnen und Schüler sollen auf diese Weise zu nüchterner und differenzierter Betrachtung der Situation befähigt und ihre Bereitschaft gefördert

[11] Das Osmanische Reich im Geschichtsbuch. In: Jahrbuch 2006 der Ernst-Reuter-Schule 1, S. 119–124. Rieber, Angelika: Einige Überlegungen zum Thema der Tagung „The Muslim World through the Lens of European Textbooks" aus der Sicht der Schule, Vortrag im Rahmen einer Nachfolge-Tagung am 08.05.2006 in Braunschweig.

[12] Rieber, Angelika: Vom Reich zur Republik. Der Zerfall des Osmanischen Reiches und die Türkei des Kemal Atatürk. Teilabdruck der Unterrichtseinheit in: *Praxis Geschichte* 4/2006, S. 34–39.

werden, die eigene Position im Austausch mit der Klasse zu überprüfen und zu reflektieren. Ziel ist, die Handlungskompetenzen für friedliche Lösungen von Konflikten zu erweitern.

Nicht allein die Auswahl der Unterrichtsthemen entscheidet also, ob wir diesem Ziel näher kommen, sondern vor allem die Form der Auseinandersetzung über diese Fragen. Ein von gegenseitiger Wertschätzung getragener, gleichberechtigter und offener Dialog kann die Persönlichkeiten und die Identität(en) stärken und damit präventiv Gewalt entgegenwirken.

„Ein von gegenseitiger Wertschätzung getragener, gleichberechtigter und offener Dialog kann die Persönlichkeiten und die Identität(en) stärken und damit präventiv Gewalt entgegenwirken."

Im Weimarer Aufruf der Kultusministerkonferenz heißt es dazu: „Integration ist mehr als das gegenseitige Dulden von Nichtmuslimen und Muslimen, sondern vielmehr die gegenseitige Anerkennung. Voraussetzung dafür ist die Fähigkeit zum Dialog der Kulturen [...] Ein wirklicher Dialog kann nur beginnen, wenn auf beiden Seiten das Bewusstsein und das Gefühl gleichen Wertes und gleicher Würde vorhanden ist. Wer sich auf einen Dialog einlässt, hat bereits dadurch erkannt, dass er allein nicht im Vollbesitz der ganzen Wahrheit ist."[13]

Dennoch oder gerade deshalb sollte die Bedeutung von Schulbüchern, die diesem Anspruch entsprechen, nicht unterschätzt werden. Differenzierte, multiperspektivische Materialien über verschiedene Länder, Kulturen und Religionen sind das Fundament des Unterrichts, das unabhängig von der Zusammensetzung der Schülerschaft überall vonnöten ist.

Spurensuche

Wenn Integration mehr sein soll als einseitige Anpassung, so ist es auch wichtig, sich mit dem auseinanderzusetzen, was die Jugendlichen an Kenntnissen und Erfahrungen mitbringen. Eine Möglichkeit, diese Kompetenzen einzubeziehen, sind Referate über die jeweiligen Herkunftsländer. Auch hier gibt es Anknüpfungspunkte in den Curricula. Beispielsweise haben die Schülerinnen und Schüler bei der Behandlung des Themas Kolonialismus/Imperialismus im Fach Geschichte die Möglichkeit, über die Geschichte ihrer Herkunftsländer zu berichten. Im Rahmen des Politik-Themas „Menschenrechte und Demokratie" können sie auf die gegenwärtige Situation eingehen und dabei eigene Erfahrungen einbeziehen.

Immer wieder wird dagegen eingewendet, die Schülerinnen und Schüler wüssten doch wenig oder nichts über ihre Herkunftsländer oder die ihrer Eltern. Auch wenn dies teilweise zutrifft, so haben sie doch überwiegend einen starken emotionalen Bezug zu diesen Ländern. Für viele ist die Bearbeitung des

[13] Weimarer Aufruf vom 14. März 2003. In: Kultusministerkonferenz (Hg.): Lerngemeinschaft. Das deutsche Bildungswesen und der Dialog mit den Muslimen. Konferenz Weimar 13.–14. März 2003. Berlin 2003, S. 134–140. Zugriff unter: http://www.kmk.org/doc/publ/Lerngemeinschaft_10.pdf

Themas daher eine Spurensuche, die ihnen neue Erkenntnisse über das Land, die Familie und deren Emigrationsgeschichte vermittelt. Oft eröffnet diese Spurensuche einen Kommunikationsprozess innerhalb der Familien. Eltern und andere Familienangehörige werden befragt. Ein wichtiges Ziel ist, die Schülerinnen und Schüler zu befähigen, politische und gesellschaftliche Fragen des Herkunftslandes differenziert und damit auch kritisch betrachten zu können, ohne dass dabei der emotionale Bezug zu diesem Land verloren geht. Solche Projekte dienen damit auch der Selbstvergewisserung und können die Reflexion über das Verhältnis zum Herkunftsland wie zu dem Land, in dem sie leben, fördern. „Mein Herz schlägt für mein Herkunftsland, aber mein Verstand ist hier, denn hier habe ich Rechte, die ich dort nicht hätte", so kommentierte ein Schüler sein Verhältnis zu seinem Herkunftsland. Für die Schülerinnen und Schüler mit Migrationshintergrund hat das Erzählen über das Herkunftsland auch insofern große Bedeutung, als damit ihre Wurzeln zur Kenntnis genommen und respektiert werden.

Welche Bedeutung hat diese Spurensuche für die Klassenkameraden deutscher Herkunft? Oft beteiligen sie sich an den Referaten. Sie nutzen die Gelegenheit, mehr über die Herkunftsländer ihrer Freunde zu erfahren. „Fremdes" macht nicht nur Angst, sondern auch neugierig. Auf diese Weise ist eine lebendige Beschäftigung mit anderen Kulturen, Religionen und Ländern über vertraute Personen möglich.

„‚Fremdes' macht nicht nur Angst, sondern auch neugierig. Auf diese Weise ist eine lebendige Beschäftigung mit anderen Kulturen, Religionen und Ländern über vertraute Personen möglich."

Die Bilder der Jugendlichen deutscher Herkunft von islamisch geprägten Ländern bzw. dem Islam oder Ländern der „Dritten Welt" sind allerdings oft einseitig und negativ sowie von einem meist unbewussten Gefühl kultureller Überlegenheit geprägt. Dies gilt auch für Lehrerinnen und Lehrer, die in ihrer überwiegenden Mehrzahl aus dem christlich-westlichen Kulturkreis stammen. Daher sind fundierte und differenzierte Kenntnisse über andere Kulturen und Religionen, bei denen unterschiedliche Perspektiven zum Tragen kommen, wichtig für einen Austausch auf Augenhöhe. Werden im Unterricht, so weit möglich, Herkunft, Religion, Erfahrungen und Haltungen aller Schülerinnen und Schüler berücksichtigt und einbezogen, ermöglicht dies eine gemeinsame Auseinandersetzung mit der jeweiligen Kultur. Die – persönlichen wie vermittelten – Erfahrungen der Jugendlichen werden somit geteilte Erfahrungen.

2. Unterrichtsmethoden

Unterricht in heterogenen Gruppen verlangt nach Methodenkompetenzen aller Beteiligten. Sie können helfen, der manchmal verwirrenden Vielfalt unterschiedlicher Perspektiven Struktur zu geben, und vermitteln das notwendige Know-how im Umgang mit „heißen" bzw. Konfliktthemen. Ziel ist die

- Schaffung einer Atmosphäre gegenseitigen Respekts;

- Entwicklung und Anwendung von Methoden, die eine Einbeziehung der jeweils unterschiedlichen Kenntnisse, Erfahrungen und Haltungen ermöglichen;
- Entwicklung der Fähigkeit, unterschiedliche Perspektiven wahrzunehmen, zu erkennen und damit angemessen umzugehen;
- Förderung der Dialogfähigkeit und der Bereitschaft zum gleichberechtigten Austausch;
- Förderung von Methoden- und Kommunikationskompetenz und von Fähigkeiten im Umgang mit Konflikten.

An zwei Beispielen möchte ich verdeutlichen, auf welche Weise die Bereitschaft, eigene Haltungen und Erfahrungen in den Unterricht einzubringen, geweckt bzw. gefördert werden kann.

Als Einstieg in die Arbeit mit einer neuen Klasse bietet sich etwa folgende Methode an. Eingeleitet wird die Stunde mit der Frage: Nenne fünf historisch-politische Ereignisse, die sich während deiner Lebenszeit ereignet haben, an die du dich bewusst erinnerst. Nach einer kurzen Stillarbeit, in der die Schülerinnen und Schüler die Ereignisse notieren, beginnt der Austausch mit einem Partner oder/und in einer Kleingruppe. Anschließend werden alle Ereignisse gesammelt und der Häufigkeit der Nennungen nach sortiert. Das Ergebnis wird gemeinsam betrachtet und reflektiert.

„Für komplexe, mit Emotionen oder auch Tabus belegte Themen eignet sich eine weitere Einstiegsmethode. … Über Bilder werden Voreinstellungen sichtbar, deren Kenntnisnahme wiederum wichtig für den weiteren Lernprozess ist.“

Was wird bei dieser Methode deutlich? Zunächst Gemeinsames, zentrale Ereignisse, die alle oder einen großen Teil der Klasse besonders bewegt haben. Gleichzeitig werden bereits unterschiedliche Sichtweisen und Begründungen für die Bedeutung eines Ereignisses erkennbar, die mit der eigenen Person, der Familie, Freunden oder Migrationserfahrungen zu tun haben. Bei dieser Einstiegsmethode sollen subjektive Erinnerungen positiv besetzt und so die Schülerinnen und Schüler angeregt werden, sich und ihre persönlichen Erfahrungen und Gedanken in den Unterricht einzubringen.

Für komplexe, mit Emotionen oder auch Tabus belegte Themen eignet sich eine weitere Einstiegsmethode. Zu Beginn der Unterrichtseinheit erhalten die Schülerinnen und Schüler verschiedene Bilder oder Karikaturen, die mit dem Thema verbunden sind. Sie werden aufgefordert, ein Beispiel auszuwählen, das den eigenen Bezug oder die Haltung zu dem Thema zum Ausdruck bringt. Die ausgewählten Bilder werden nacheinander in einer Runde vorgestellt und die Auswahl begründet. Erst nach dieser Runde sind Kommentare oder Nachfragen möglich.

Solche Bilder wirken einerseits als Türöffner, andererseits kann jede Person frei entscheiden, wie weit sie sich den anderen öffnet. Über Bilder werden Voreinstellungen sichtbar, deren Kenntnisnahme wiederum wichtig für den weiteren Lernprozess ist. Bei dieser Methode geht es darum, den eigenen Bezug zu einem schwierigen Thema zu suchen, zu finden, zu formulieren, mit anderen auszutauschen, zuzuhören, zu vergleichen und dabei Gemeinsamkeiten wie Unterschiede festzustellen. Meist ergeben sich aus solchen Runden automatisch die Themen und Fragen, die für die Schülerinnen und Schüler von Bedeutung sind und die im weiteren Unterricht bearbeitet und beantwortet werden können.

Auch wenn die genannten Methoden weder neu sind noch speziell interkulturell, so handelt es sich doch um Methoden, die sich für kulturell heterogene Gruppen in besonderer Weise eignen, weil sie vom Ansatz her multiperspektivisch und dialogisch sind. Solche Methoden können Brücken schlagen zwischen dem Unterrichtsgegenstand und den Erfahrungen der Schülerinnen und Schüler.

Aber auch in relativ – oder scheinbar – homogenen Gruppen haben sich solche biografisch-subjektorientierten Arbeitweisen bewährt, offenbaren sie doch meist eine weitaus größere Vielfalt von Perspektiven als gedacht.

3. Förderung von Sprachkompetenzen

Zwei Drittel der Schülerinnen und Schüler an der ERS 1 haben einen Migrationshintergrund. Neben den in der Schule vermittelten Fremdsprachen beherrschen viele Jugendliche mit Migrationshintergrund teilweise mehrere Sprachen, ein Sprachschatz, der in unserem Schulsystem kaum zur Kenntnis genommen und als Ressource genutzt wird. 14 Prozent dieser Jugendlichen sprechen zu Hause ausschließlich Deutsch, 66 Prozent eine andere Sprache, 20 Prozent sogar zwei andere Sprachen.[14]

Ist diese Mehrsprachigkeit einerseits eine Ressource, so ist sie andererseits auch mit Problemen verbunden. Viele Eltern von Migrantenkindern beherrschen die deutsche Sprache nur unzureichend. Teilweise haben sie nur eine geringe Schulbildung, etliche Mütter sind Analphabeten. Da laut PISA-Studie die soziale Herkunft einen großen Einfluss auf den Schulerfolg hat, ist die Schule in der Pflicht, Chancengleichheit zu sichern. Neben einer gezielteren und besseren Nutzung der Mehrsprachigkeit ergibt sich hieraus die Notwendigkeit, Sprachdefizite, die sich vor allem im Schriftlichen äußern, zu beheben. Im Bereich der Förderung der Sprachkompetenzen ergeben sich für die Schule daher folgende Aufgaben:

- Sprachförderkurse zur Verbesserung der Sprachkompetenz in der deutschen Sprache;
- Angebot verschiedener Herkunftssprachen als 2./3. Fremdsprache;
- Nutzung der Sprachkompetenzen in Herkunftssprachen im Fachunterricht sowie bei besonderen Veranstaltungen wie Klassenfahrten und Studienreisen;
- Fortbildung von Lehrerinnen und Lehrern;
- gezielte Einstellung von Lehrerinnen und Lehrern mit Migrationshintergrund.

[14] Pahn 2005 (wie Fußnote 5).

Da es für die Gymnasiale Oberstufe keine Sprachförderprogramme gibt, haben sich Fachkonferenzen und die Gesamtkonferenz mehrfach mit der Frage der Förderung von Sprachkompetenzen beschäftigt. In Kooperation mit der Volkshochschule in Frankfurt wurde ein Förderkonzept entwickelt, wonach die VHS Kurse für Schülerinnen und Schüler anbietet, deren Erstsprache nicht Deutsch ist.

Eine weitere Maßnahme ist die Förderung der Kompetenzen von Lehrerinnen und Lehrern im Umgang mit Mehrsprachigkeit. Dazu hatte die Projektgruppe die Sprachwissenschaftlerin Professor Ingrid Gogolin zu einer Fortbildungsveranstaltung eingeladen. Ein weiterer Workshop wird folgen.

Angeregt durch diese Veranstaltung wird sich eine Referendarin im Rahmen ihrer Examensarbeit mit dem Thema Mehrsprachigkeit beschäftigen, auf deren Ergebnisse wir gespannt sind.

4. Lehrerfortbildung – Lehrerausbildung

Ausgehend von der Überlegung, dass eine gemeinsame Verständigung des Kollegiums über den Umgang mit den Herausforderungen interkulturellen Lernens – über Konsens wie über Dissens – Voraussetzung für die Entwicklung eines gemeinsamen Konzeptes der Schule ist, spielt die Fortbildung des Kollegiums in der Arbeit der Projektgruppe eine wichtige Rolle. Ziel ist die langfristige und nachhaltige Förderung der interkulturellen Kompetenzen der Lehrkräfte. Daher werden von der Steuerungsgruppe regelmäßig schulinterne Fortbildungsveranstaltungen angeboten, die sich mit unterschiedlichen Themen beschäftigen:

- Pädagogischer Tag zur Bilanzierung der bisherigen und Planung der weiteren Arbeit;
- Untersuchungen zu Bildungserfolgen von Migranten;
- Möglichkeiten zur Förderung der Sprachkompetenzen von Schülerinnen und Schülern;
- Umgang mit dem Islam.

Zudem wurde die Einrichtung eines Handapparates für interkulturelle Fragen in der Schulbibliothek in Angriff genommen. Neben Fachliteratur zu verschiedenen Fragen interkulturellen Lernens werden dort auch schwer zugängliche Materialien beispielsweise zu einzelnen Ländern oder zu den drei abrahamischen Religionen gesammelt, mit denen vorhandene Lücken in den Schulbüchern gefüllt werden können.

Verstärkt wird die Arbeit auch außerhalb der Schule wahrgenommen und im Rahmen von Tagungen einer breiteren Öffentlichkeit vorgestellt. Insbesondere seit den Diskussionen um die Rütli-Schule ist das Interesse an den Erfahrungen der ERS 1 im Bereich interkulturellen Lernens gewachsen.

Ausgebaut werden soll die Zusammenarbeit im Bereich der Lehrerausbildung. Die an der Schule tätigen Referendarinnen und Referendare werden von Beginn an gezielt in die durch die Steuerungsgruppe organisierte Fortbildungsreihe eingebunden und ermutigt, Unterrichtseinheiten mit interkulturellem

Schwerpunkt zu erproben, sie im Rahmen ihrer Examensarbeiten auszuwerten oder derartige Projekte im Studienseminar vorzustellen. Eine Referendarin schrieb ihre Examensarbeit über das interkulturelle Lernen in der ERS 1, ein anderer Referendar über die Arbeit mit jüdischen Zeitzeugen, geplant ist eine Examensarbeit über Mehrsprachigkeit. Die Intensivierung dieser Zusammenarbeit wird von uns als wichtige Entwicklungsaufgabe angesehen, denn so können junge Lehrerinnen und Lehrer bereits in der Ausbildung für die Arbeit mit kulturell heterogenen Gruppen sensibilisiert und qualifiziert werden.

5. Schulgemeinde, Schulprofil, Schulentwicklung

Schulprofilbildung und Schulprogrammentwicklung sind oft ein mühseliger und zäher Prozess. Ob die Verankerung im Kollegium gelingt, hängt davon ab, ob möglichst viele Gremien und Bereiche innerhalb der Schule in diesen Entwicklungsprozess einbezogen und ob unterschiedliche Interessen in diesem Prozess ausgeglichen werden können. Die Projektgruppe hat sich darum bemüht, möglichst viele Ebenen zu berücksichtigen, wobei sich die ersten Schritte darauf konzentrierten, die Schulleitung und die Fachbereiche zu gewinnen. Obwohl durch die Gesamtkonferenz eingesetzt, muss sich die Projektgruppe doch immer wieder kritischen Stimmen stellen, die der Schwerpunktsetzung in Richtung interkultureller Fragen eher skeptisch gegenüberstehen und andere Aufgaben für dringlicher halten. Hier gilt es, Freiräume für diejenigen zu bewahren, denen andere Fragen stärker am Herzen liegen, und gleichzeitig Freiräume für diejenigen zu schaffen, die im Bereich interkulturellen Lernens neue Projekte entwickeln und erproben möchten. Gelassenheit und ein langer Atem sind wichtige Wegbegleiter bei diesem Prozess.

„Die Projektgruppe muss sich doch immer wieder kritischen Stimmen stellen, die … andere Aufgaben für dringlicher halten.“

In diesem Zusammenhang haben die folgenden Bereiche der Schulentwicklung besondere Bedeutung für uns:

- Verankerung von interkulturellem Lernen auf möglichst vielen Ebenen innerhalb der Schule: Fachunterricht, Fachbereiche, Schulleitung, Gremien der Schule (Personalvertretung, Vertrauenslehrer, Schülervertretung, Elternvertretung);
- Steuerungsgruppe zu interkulturellem Lernen, die diesen Prozess koordiniert, moderiert und Impulse gibt;
- Verankerung interkultureller Fragen im Schulprogramm bzw. in Schulvereinbarungen;
- Förderung der Präsentation und des Austauschs von Ideen und Projekten innerhalb der Schule (Fachkonferenzen, Projekttage, Jahrbuch);
- Entwicklung eines Konzeptes für Klassen- und Studienreisen unter Einbeziehung der Herkunftsländer von Schülerinnen und Schülern;
- Schulprofil: Auseinandersetzung mit dem Namensgeber der Schule und dessen Lebensweg;

- Förderung einer Personalpolitik, die sich darum bemüht, den Anteil von Lehrerinnen und Lehrern mit Migrationshintergrund zu erhöhen;
- Fortbildung der Lehrerinnen und Lehrer (interkulturelle Sensibilisierung, Schärfung des Problembewusstseins, Supervision, Förderung der Handlungskompetenz und Erweiterung der Sachkompetenz);
- Öffnung der Schule nach außen durch Kooperation mit außerschulischen Partnern, die sich mit Migrationsfragen oder Fragen des Zusammenlebens unterschiedlicher Kulturen und Religionen beschäftigen.

Auf den Spuren von Ernst Reuter in Ankara

Am Beispiel der Auseinandersetzung mit dem Namensgeber der Schule, Ernst Reuter, soll der Prozess der Profilbildung näher erläutert werden. Dessen Biografie spielt in der Schule eine wichtige Rolle. Eine Arbeitsgruppe entwickelte eine Ausstellung über die wichtigsten Stationen des Lebens von Ernst Reuter, im Kunst-Unterricht wurde ein Wandbild mit dessen Porträt gestaltet. Auch zu seinem Sohn, Edzard Reuter, gibt es enge Verbindungen; fast jedes Jahr besucht der frühere Manager die Schule. Das Land, in das die Familie Reuter während der NS-Zeit emigrierte, hat vor diesem Hintergrund besondere Bedeutung für die Schule.

Im Zusammenhang mit einer weiteren schulischen Aufgabe, der Entwicklung eines Konzeptes für Klassen- und Studienreisen unter Einbeziehung der Herkunftsländer von Schülerinnen und Schülern, wurde das Projekt „Auf den Spuren von Ernst Reuter in Ankara" entwickelt. Hierbei zahlte sich die Personalpolitik der Schulleitung aus. Eine Referendarin türkischer Herkunft begleitete das Projekt und stellte es anschließend im Studienseminar vor. Ziele der Fahrt waren:

- den Spuren Ernst Reuters und anderer Emigranten in der Türkei nachzugehen;
- durch eigene Anschauung und Begegnungen in der Türkei eine differenzierte Position zur Frage des Beitritts der Türkei zur EU zu entwickeln;
- Begegnungen mit Schülerinnen und Schülern.

Ernst Reuters Emigrationserfahrungen stellen eine Verbindung her zu den Biografien vieler Migrantenkinder bzw. deren Erfahrungen. Muslimische Schülerinnen und Schüler empfinden eine solche Studienfahrt in eines ihrer Herkunftsländer als Ausdruck der Wertschätzung gegenüber ihren Herkunftskulturen und ihrer Religion. Für sie verbinden sich mit der Diskussion um die Aufnahme der Türkei in die EU auch Identitätsfragen. Für Schülerinnen und Schüler türkischer Herkunft eröffnet sich zudem die Chance, eigene Erfahrungen, Kontakte, Ortskenntnisse und Sprachkompetenzen einzubringen.

Nach dem erfolgreichen Verlauf der Fahrt ist nun eine Fortsetzung und Intensivierung des Austauschs mit der Ernst-Reuter-Schule in Ankara sowie einer türkischen Schule geplant.

Ein wesentliches Ziel dieses Projektes war es, die eigenen Bilder oder auch Vorurteile durch eigene Anschauung zu überprüfen und gegebenenfalls zu korrigieren.

Hier schließt sich der Kreis zu dem Ausgangsbild. „Wir haben gelernt, Dinge immer von verschiedenen Blickwinkeln aus zu betrachten", so mehrere Schülerinnen und Schüler der Klasse 12 e im Juni 2006 rückblickend auf die Beteiligung am Wettbewerb der Herbert-Quandt-Stiftung. Während der Fahrt in die Türkei hatten sie ausreichend Gelegenheit dazu, beispielsweise beim Besuch des Atatürk-Mausoleums.

„Am Sonntag fand wohl unser am meisten diskutierter Besuch statt, der des Atatürk-Mausoleums. Uns erwartete ein riesiges Bauwerk. Zunächst besuchten wir das Museum, welches in das Mausoleum integriert ist. Das Museum präsentiert Atatürks Leben und den Krieg. Dies war, glaube ich, der Besuch, über den wir am meisten hätten diskutieren können, da hier die Meinungen ziemlich auseinandergingen. Viele meinten, dass Atatürk zu positiv und zu einseitig dargestellt wurde und dass das Museum kriegsverherrlichend sei. Aber auf jeden Fall hat sich dieser Besuch gelohnt, allein um zu sehen, wie unterschiedlich wir das Ganze wahrgenommen haben." (*Nina*)

„Ernst Reuters Emigrationserfahrungen stellen eine Verbindung her zu den Biografien vieler Migrantenkinder bzw. deren Erfahrungen."

„Den Personenkult um Atatürk fand ich erschreckend. Andererseits war mir vorher nicht bewusst, was Atatürk alles geleistet hat." (*Fatana*)

„Ich war über den Besuch im Mausoleum sehr froh, da ich das Mausoleum schon immer besuchen wollte, aber nie die Gelegenheit dazu hatte. Ich war begeistert, vor Ort vielleicht sogar geblendet von der gigantischen Konstruktion. Ich konnte die Kritik, die einige meiner Mitschüler geäußert hatten, es werde ein Personenkult betrieben, nicht verstehen. Als ich mir im Nachhinein Gedanken gemacht habe, muss ich zugeben, dass sie zumindest partiell Recht haben. Um ehrlich zu sein, glaube ich, dass so ein gigantisches Denkmal auch keineswegs den Vorstellungen von Atatürk entsprechen würde." (*Taner*)

Auch wenn das Lernen in kulturell heterogenen Klassen uns ständig vor neue Herausforderungen stellt, so sind die oben zitierten Äußerungen der Schülerinnen und Schüler ermutigend, zeigen sie doch, dass unterschiedliche Perspektiven Lernfortschritte befördern können und daraus eine gemeinsame Kultur des Umgangs mit Unterschiedlichkeit entstehen kann, des Miteinander- und Voneinander-Lernens.

Schließen möchte ich daher mit dem Motto, das sich die Klasse für ihren Wettbewerbsbeitrag gewählt hatte, einem Zitat von Saint-Exupéry: „Um klar zu sehen, genügt manchmal ein Wechsel der Blickrichtung." ❑

Konfessionelles Profil in einem von Konfessionslosigkeit geprägten Umfeld

Winfried Overbeck

Die Stadt Brandenburg an der Havel, aus der ich komme, ist eine Stadt der Kirchen. Fünf mächtige mittelalterliche Gotteshäuser prägen die historische Innenstadt. Gleichzeitig ist die Entkirchlichung mit nicht einmal mehr 15 Prozent Kirchenmitgliedschaft besonders ausgeprägt. In der Generation der heutigen Schülerinnen und Schüler dürfte der Prozentsatz noch niedriger, vermutlich unter 10 Prozent liegen.

Wie kann man in einem solchen weitgehend konfessionslosen Umfeld glaubhaft konfessionelle Schule machen und gleichzeitig immer breitere Akzeptanz finden?

Seit dem Jahr 2000 besteht hier eine Evangelische Grundschule. Deren Träger war bis Ende Juli 2006 der Evangelische Schulverein Brandenburg an der Havel e.V. Als dessen Vorsitzender habe ich den Aufbau dieser Schule intensiv begleitet. Seit dem 1. August 2006 bin ich selbst hauptberuflich in die Verantwortung für den Aufbau einer evangelischen Schule getreten. Ich bekleide seit dreieinhalb Monaten das Amt des Schulleiters des neu gegründeten Evangelischen Gymnasiums am Dom zu Brandenburg.

Ich will zunächst im Rückblick über die Evangelische Grundschule sprechen, um dann die aktuellen Erfahrungen beim Aufbau des Evangelischen Gymnasiums zu reflektieren.

I. Die Evangelische Grundschule Brandenburg an der Havel

1. Auf einen guten Ort kommt es an

Die Elterninitiative zur Gründung der Evangelischen Grundschule hatte sich 1999 vorgenommen, die geplante Schule in unmittelbarer Nachbarschaft einer der großen Kirchen anzusiedeln. Sie fand im Domstift Brandenburg einen großartigen Partner. Hier gab es von 1705 bis 1944 in den Gebäuden der Domklausur eine Preußische Ritterakademie und damit eine schulische Infrastruktur (Klassenräume, Turnhalle, Aula), die für einen schulischen Neubeginn gut geeignet waren. Nach einer sorgsamen Restaurierung konnten wir im August 2000 den Schulbetrieb in den altehrwürdigen Räumen aufnehmen. Inzwischen werden noch drei weitere Gebäude des Domstifts von der Schule genutzt. Der historische Ort gibt ihr ein besonderes, unverwechselbares Gepräge.

Die Einbeziehung des Domes in das Schulleben verleiht der religiösen Dimension historische Tiefe. Nicht umsonst sprechen die Kinder von der „Domschule", wenn sie nach ihrer Schule gefragt werden.

2. *Auf die pädagogische Konzeption kommt es an*

Das „Evangelische" muss darin Gestalt gewinnen. Der Schultag der Grundschule beginnt in jeder Klasse mit dem Morgenkreis. Hier sprechen einzelne Kinder ein Morgengebet, es wird gemeinsam gesungen. Auch die Frühstückspause beginnt mit einem Tischgebet oder Lied. Jede Woche endet mit einer Wochenschlussfeier im Dom oder im Winterrefektorium des Domklosters. Hier tragen die Kinder selbst formulierte Fürbitten vor und gehen mit einem Segen ins Wochenende. Diese Rituale hat das Kollegium gemeinsam mit den Schülerinnen und Schülern entwickelt.

„Die Einbeziehung des Domes in das Schulleben verleiht der religiösen Dimension historische Tiefe. Nicht umsonst sprechen die Kinder von der ‚Domschule', wenn sie nach ihrer Schule gefragt werden."

Hinzu kommt der reformpädagogische Ansatz. Im ersten Vormittagsblock werden die Hauptfächer Deutsch und Mathematik im Klassenverband unterrichtet. Dabei arbeiten oft zwei Lehrerinnen im Team, um eine qualifizierte Binnendifferenzierung zu ermöglichen. Im zweiten Block lernen die Kinder in festen jahrgangsgemischten Gruppen an fächerübergreifenden Projekten. Am Ende präsentieren sie ihre Ergebnisse in der gemeinsamen Wochenschlussfeier. Das für die Projektarbeit eingeführte Patenprinzip der älteren für die jüngeren Kinder fördert soziales Lernen von klein auf.

Die Ergebnisse können sich sehen lassen. In der Passionszeit etwa arbeiteten die Kinder zum Thema „Jesu Weg zum Kreuz" und gestalteten einen Kreuzweg durch Dom und Kreuzgang, der gemeinsam mit Eltern und Großeltern begangen wurde. An den einzelnen Stationen trugen die Kinder Texte vor, sprachen Gebete, sangen Lieder. Am Ende gab es eine gemeinsame Agapefeier. Solche Höhepunkte im Schulleben bleiben unauslöschlich im Gedächtnis haften.

3. *Auf die Lehrkräfte kommt es an*

Damit evangelische Schule möglich wird, braucht es Lehrerinnen und Lehrer, die das christliche Schulprofil aktiv mitvertreten und von den Kindern auf ihren Glauben hin befragt werden können. Solche Lehrkräfte gibt es keineswegs in Hülle und Fülle, und wir sind umso dankbarer, dass wir jedes Jahr neue junge Lehrkräfte für unsere Schule gewinnen konnten, die sich auf unser Grundverständnis eingelassen haben. Wir haben auch eine römisch-katholische Lehrerin eingestellt, die eine Ausbildung für katholischen Religionsunterricht besitzt. Auf diese Weise zieht in die schulische Arbeit auch ein ökumenischer Geist ein. Die katholischen Kinder haben eine Ansprechpartnerin. Und in den religiösen Projekten können konfessionsübergreifende Aspekte kompetent berücksichtigt werden.

4. *Auf die Eltern kommt es an*

Gerade in einem von Konfessionslosigkeit geprägten Milieu ist es wesentlich, wichtige Bestandteile des Schullebens einer evangelischen Schule auch den Eltern verständlich zu machen und sie diese selbst erleben zu lassen. So wird bei uns jede Elternversammlung mit einer Andacht (im Dom oder Winterrefektorium) eröffnet. Diese wird von Schülereltern bisweilen musikalisch mitgestaltet. Weiterhin wichtig sind auch thematische Elternabende, zum Beispiel zu Fragen der religiösen Entwicklung der Kinder. Wir beobachten einen großen Bedarf an solchen Angeboten. Dieser resultiert aus einer verbreiteten Unsicherheit, wie mit religiösen Fragen und Bedürfnissen der eigenen Kinder umgegangen werden soll. Gegenwärtig läuft in Zusammenarbeit mit der Domgemeinde eine über mehrere Monate angelegte Veranstaltungsreihe speziell für Eltern unserer Grundschule.

5. *Auf die Zusammenarbeit von Schule und Kirchengemeinde kommt es an*

Die christliche Ausprägung des Schullebens muss immer auch auf die Ortsgemeinde verweisen. Unsere Dompfarrerin erteilt in der Grundschule einige Stunden Religionsunterricht. Umgekehrt arbeiten unsere Lehrerinnen ehrenamtlich im Kindergottesdienst der Gemeinde mit. Die Einschulung der Erstklässler feiern wir nicht in einer separaten Feier, sondern im Sonntagsgottesdienst der Domgemeinde. Das Sommerfest feiern Schule und Gemeinde zusammen. So wird Kirche von klein auf erlebbar.

Eine kleine Zwischenbilanz – wer besucht unsere evangelische Grundschule? Wir sind im Jahr 2000 mit einer ersten Klasse und 21 Kindern gestartet. Heute haben wir sechs Jahrgänge mit zurzeit 164 Schülerinnen und Schülern. Die Nachfrage war zwischenzeitlich so stark angewachsen, dass wir zum Schuljahr 2006/07 erstmals zwei erste Klassen eingerichtet haben. Sind wir durchgängig zweizügig, werden im Schuljahr 2011/12 am Dom 300 Kinder die Grundschule besuchen.

„Die Einschulung der Erstklässler feiern wir nicht in einer separaten Feier, sondern im Sonntagsgottesdienst der Domgemeinde. Das Sommerfest feiern Schule und Gemeinde zusammen.“

Keineswegs alle Kinder sind evangelisch. Lag der Prozentsatz anfangs bei etwa 50 Prozent, zuzüglich 10 bis 15 Prozent römisch-katholischer Kinder, ist er bei Zweizügigkeit aktuell unter die 50-Prozent-Marke gesunken, weil es einfach nicht mehr evangelische Kinder gibt. Derzeit besucht ein jüdisches Kind die zweite Klasse. Muslimische Kinder wurden bei uns bisher nicht angemeldet. Dies hat den einfachen Grund, dass die Bevölkerung unserer Stadt nur einen sehr geringen Migrantenanteil aufweist. Es gibt eine kleine jüdische Gemeinde, zu der sehr gute Kontakte bestehen, die wenigen muslimischen Familien dagegen haben bislang noch kein Gemeindeleben entfaltet. Die größte Herausforderung besteht in Brandenburg an der Havel – und darüber hinaus in ganz Ostdeutschland – darin, denjenigen Bevölkerungsschichten Zugänge zu religiöser Bildung zu eröffnen, die in zweiter und dritter Generation konfessionslos sind. Unsere Grundschule erreicht unter diesen sicherlich nur solche Eltern, die eine grundsätzliche Offenheit gegenüber Kirche und Christentum mitbringen. Aber allein der Umstand, dass sich in unserer Stadt eine evangelische Schule mit Erfolg behauptet, verhilft dem Thema Religion im öffentlichen Raum zu neuer Beachtung.

Und die Akzeptanz der Schule gerade auch in der konfessionslosen Elternschaft zeigt, dass wir mit unserem Ansatz eines klaren konfessionellen Profils bei gleichzeitiger Öffnung für Kinder, deren Eltern selbst keine religiöse Erziehung mehr vermitteln können, diese aber für ihre Kinder wünschen, richtig liegen.

II. Evangelisches Gymnasium am Dom zu Brandenburg

Das Evangelische Gymnasium wurde zum laufenden Schuljahr eröffnet. Die Erfahrungen beim Aufbau der Evangelischen Grundschule sind für uns sehr wertvoll, und wir versuchen, vieles von dem, was sich dort bewährt hat, auch im Gymnasium fortzuführen.

Das Vertrauen, das sich die Grundschule in der Elternschaft erworben hat, war eine gute Basis für den geglückten Start des Gymnasiums. Wir konnten auf Anhieb zwei volle Klassen mit jeweils 25 Schülerinnen und Schülern einrichten. Von diesen sind etwa 65 Prozent konfessionell gebunden, 35 Prozent konfessionslos. Der relativ hohe Prozentsatz an Kindern mit einem kirchlichen Elternhaus erklärt sich aus dem Umstand, dass das Einzugsgebiet des Gymnasiums weit über die Stadtgrenzen hinausgeht. Einzelne Kinder wohnen 35 Kilometer entfernt. Deren Eltern suchen das christliche Profil dieser Schule, das sie sonst in ihrer Nähe nicht finden.

„Die Schülerinnen und Schüler schätzen es, verlässlich eine warme Mahlzeit zusammen mit allen einzunehmen. … Tischgemeinschaft als religiöses Urbild menschlicher Gemeinschaft wird hier erfahrbar.“

Was sind die Leitlinien unseres gymnasialen Schulkonzeptes im Blick auf die religiöse Dimension? Wir begreifen konfessionelle Schule sehr stark als einen Ort gemeinsamen Lebens und Lernens. Darum haben wir das Gymnasium als Ganztagsschule konzipiert, genauer: als gebundene und nicht als offene Ganztagsschule. Das heißt: Bei uns nehmen alle Schülerinnen und Schüler am Ganztag teil (zurzeit Montag, Dienstag und Donnerstag von 8.00 bis 16.00 Uhr; Mittwoch bis 13.00 Uhr, Freitag bis 15.00 Uhr). Damit gewinnen wir einen zeitlichen Rahmen, der Raum schafft sowohl für pädagogische Innovationen als auch für das gemeinsame Leben.

Besonders wichtig ist uns in diesem Zusammenhang die Gestaltung des Mittagessens. Dieses ist für alle verpflichtend und wird im Speisesaal zusammen mit allen eingenommen. Wie in der Familie sitzen wir an Tischen, die vom wöchentlich wechselnden Tischdienst zuvor eingedeckt wurden. Beginn und Ende der Mahlzeit werden durch Rituale, Lied oder Tischgebet, gekennzeichnet. Wir haben keine zentrale Ausgabe, wo die Schüler individuell mit Tabletts vorbeigehen, um sich zu bedienen, sondern wir bedienen uns wechselseitig am Tisch aus den dort stehenden Schüsseln und Schalen. Auf diese Weise werden täglich gegenseitige Rücksichtnahme und Zusammengehörigkeitsgefühl eingeübt. Die Rückmeldungen sind ausgesprochen positiv. Die Schülerinnen und Schüler schätzen es, verlässlich eine warme Mahlzeit zusammen mit allen einzunehmen. Es gibt ihnen so etwas wie ein Zuhause. Ein Vater zitierte bei der ersten Elternversammlung seinen Sohn mit den Worten: „Zum ersten Mal weiß ich, wohin ich gehöre." Tischgemeinschaft als religiöses Urbild menschlicher Gemeinschaft wird hier erfahrbar.

Was hier am Beispiel gezeigt wurde, ist uns ein Grundanliegen – die religiöse Dimension des gemeinsamen Lebens an möglichst vielen Stellen der Schulwoche ganz selbstverständlich aufscheinen zu lassen:

- Dazu gehören die Morgenandacht am Montagmorgen und die Wochenschlussfeier am Freitagnachmittag, beide in der Domkirche. Auf diese Weise wird die gemeinsame Arbeit gerahmt von Momenten der Feier. Eigens dafür entwickelte kleine Liturgien sorgen für einen strukturierten Ablauf, in dessen Ausgestaltung nach und nach die Schülerinnen und Schüler mit einbezogen werden.
- Dazu gehören die täglichen kleinen Impulse zu Beginn der ersten Unterrichtsstunde (Lied, Gebet oder Spruch), die alle Lehrkräfte sich individuell überlegen.
- Dazu gehört die Einrichtung eines Andachtsraumes, dessen Ausgestaltung zusammen mit den Schülerinnen und Schülern erfolgt. So wurde in der ersten Woche dieses Schuljahres im Kunstunterricht gemeinsam ein Kreuz gestaltet, das beim Eröffnungsgottesdienst von zwei Schülern gleichsam in einer Prozession feierlich vom Altar des Doms in das Schulhaus getragen wurde. Dort schmückt es nun den Altar des Andachtsraumes. Dieser Raum ist immer offen und für alle, für Schülerinnen und Schüler und deren Eltern, für Lehrkräfte und Mitarbeiter da.
- Dazu gehört die Entwicklung einer Festkultur, stark orientiert am Kirchenjahr. Hier stehen wir noch am Anfang. Als Erstes werden wir in der nächsten Woche gemeinsam mit der Dompfarrerin und den Kindern der Grundschule einen Schulgottesdienst zum Buß- und Bettag feiern.
- Dazu gehört die Einrichtung einer Stelle für eine Schulseelsorgerin bzw. einen Schulseelsorger, die/der die Aufgabe des Ansprechpartners für schulische, religiöse und persönliche Fragen wahrnimmt. Auch dies ist noch ein zukünftiges Vorhaben.
- Dazu gehören diakonische Projekte, die den Blick für die praktische Seite christlicher Existenz öffnen. Diese sind für die 9. Klassen geplant.
- Schon jetzt gehört bei uns im Rahmen des Ganztags die Projektgruppe „Domführerausbildung" dazu, in der Schüler der 7. Klassen ein Schuljahr lang den Dom erkunden, sich mit seiner wechselvollen Geschichte beschäftigen und am Ende ein kleine „Prüfung" absolvieren, mit der sie berechtigt sind, in Zusammenarbeit mit dem Dommuseum Domführungen anzubieten und zu gestalten.

All dies hat unserer neuen Schule bereits in den ersten Monaten ihres Bestehens ein unverwechselbares Gesicht gegeben. Religion bzw. das Religiöse sind hier nicht einem Sonderbereich zugewiesen (zwei Wochenstunden Religionsunterricht), sondern prägen den Alltag des gemeinsamen Schullebens. So wird die Lebensrelevanz dieser Dimension menschlicher Existenz erfahrbar, von klein auf, über die Grundschule bis zum Abitur. ❑

Die Jüdische Oberschule zu Berlin

Barbara Witting

Die Jüdische Oberschule zu Berlin blickt auf eine traditionsreiche und wechselvolle Vergangenheit zurück; so sei es gestattet, zunächst einen kurzen Überblick über ihre geschichtliche Entwicklung zu geben, bevor ich die heutige Schule, ihre Struktur, ihr jüdisches Profil, ihren Auftrag und beispielhaft einige Projekte beschreibe, mit denen wir versuchen, unsere Zielsetzungen zu realisieren.

Die Geschichte der Schule beginnt im Jahr 1778, als auf Anregung des Philosophen, Aufklärers und Schriftstellers Moses Mendelssohn in Berlin die erste jüdische Freischule Deutschlands gegründet wird. Im 18. Jahrhundert werden die Kinder der Jüdischen Gemeinde im Allgemeinen lediglich im Schreiben, im Talmud und der Bibel unterrichtet, nur wenige reiche Familien leisten sich einen Privatlehrer. Moses Mendelssohn setzt sich dafür ein, dass auch die Kinder aus sozial schwachen Familien Unterricht erhalten, und dies nicht nur in Bibel und Talmud, sondern auch in den Fächern Deutsch, Mathematik, Biologie, Physik und Französisch. Schon in den ersten Jahren erhalten 500 Jungen kostenlosen Unterricht; auch nichtjüdischen Schülern steht die Schule offen.

„Von 1942 bis 1945 dient das Schulgebäude den Nazis als Deportationslager für die Berliner Juden. Zu DDR-Zeiten beherbergt das Gebäude eine Berufsschule; nach dem Mauerfall gelangt die Schule zurück in den Besitz der Jüdischen Gemeinde.“

Im Jahr 1860 ermöglicht ein Ministerialerlass die Errichtung des Schulgebäudes in der Großen Hamburger Straße 27 in Berlin-Mitte; hier befindet sich die Jüdische Oberschule noch heute, in unmittelbarer Nähe zur Neuen Synagoge an der Oranienburger Straße und anderen jüdischen Einrichtungen. Von 1931 bis zu ihrer Schließung durch die Nationalsozialisten im Jahre 1942 wird die vormals Jüdische Knabenschule auch von Mädchen besucht. Von 1942 bis 1945 dient das Schulgebäude den Nazis als Deportationslager für die Berliner Juden. Zu DDR-Zeiten beherbergt das Gebäude eine Berufsschule; nach dem Mauerfall gelangt die Schule zurück in den Besitz der Jüdischen Gemeinde. Nachdem zunächst die Grundschule der Jüdischen Gemeinde hier untergebracht ist, beginnt schließlich im Jahr 1993 für damals 27 Schüler der Unterricht an dem neu gegründeten Gymnasium.

Heute ist die Jüdische Oberschule eine staatlich anerkannte Privatschule der Jüdischen Gemeinde zu Berlin mit insgesamt 370 Schülerinnen und Schülern, die nach den Berliner Rahmenplänen unterrichtet werden. 70 Prozent unserer Schüler sind jüdisch, 30 Prozent nichtjüdisch und kommen aus christlichen, einzelne aus muslimischen Familien oder sind ohne Konfession aufgewachsen. 58 Prozent der Schüler stammen aus Familien, die aus den ehemaligen GUS-Staaten eingewandert sind und oft nur wenig Zugang zur jüdischen Religion und ihrer Tradition haben. Die meisten von ihnen kommunizieren in ihren Elternhäusern in ihren Muttersprachen.

In unserem Schulprogramm ist daher verankert, dass die Basis für die Verständigung aller am Schulleben Beteiligten die deutsche Sprache sein muss; Deutsch ist also sowohl Unterrichts- wie auch Begegnungssprache, dies vor allem, um die Sprachkompetenz unserer Schüler zu erweitern, aber auch, um jeder Form von Ausgrenzung vorzubeugen.

„Die Schule ist ein Zeichen für gelebtes Judentum in der Berliner Bildungslandschaft, zugleich aber auch ein Lernort für gemeinsames Leben in der Spannweite von Toleranz, Akzeptanz und Integration.“

Wir tragen selbstverständlich auch den muttersprachlich nichtdeutschen Schülern Rechnung, indem wir beispielsweise Hebräisch und Russisch als Unterrichtsfächer und Russisch auch als Leistungskurs anbieten; alljährlich gestalten wir einen russischen Abend oder bringen ein russisches Theaterstück zur Aufführung; darüber hinaus findet alljährlich auch ein bunter „Kultursplitter“-Abend statt, der mit Theaterszenen, Texten, Gedichten, Tanz und Gesang ein Forum bietet für alle an der Schule vertretenen Kulturen und Sprachen und verdeutlichen soll, dass das Zusammenleben von Schülern unterschiedlicher kultureller und religiöser Herkunft eine Bereicherung der eigenen Lebenswelt darstellt.

Vor diesem Hintergrund ist es unser Anliegen, allen Schülern entsprechend ihrer Lebenssituation den Zugang sowohl zur deutschen Kultur als auch zur jüdischen Religion zu ermöglichen. Zwar stehen die allgemein bildenden Fächer im Zentrum des Lehrplans, die Schule hat ihre Grundlage jedoch in Thora und Tradition, im geistigen Erbe des Judentums, das die Kenntnis der Bibel und ihrer Sprache, der Liturgie, der jüdischen Geschichte, Philosophie und Literatur sowie das Wissen um die Bedeutung des Landes Israel für das jüdische Volk umfasst. Sie gründet also in geistigen Gütern und Orientierungen, die von allen Juden in der Vergangenheit wie auch in der Gegenwart als wichtig und zentral verstanden wurden und werden und somit die Identität und die Einheit des jüdischen Volkes gewährleisten. Daher ist auch die Teilnahme am Unterricht in den judaistischen Fächern, Hebräisch und Jüdische Religionslehre, für alle Schüler bindend, unabhängig von ihrer ethnischen, religiösen oder weltanschaulichen Herkunft und Einstellung.

So ist die Schule ein Zeichen für gelebtes Judentum in der Berliner Bildungslandschaft, zugleich aber auch ein Lernort für gemeinsames Leben in der Spannweite von Toleranz, Akzeptanz und Integration. Dies gilt gleichermaßen für die Unterschiede in Bekenntnis und Herkunft wie für das Leistungsvermögen unserer Schülerschaft, denn die Schule beherbergt heute neben einem so genannten grundständigen gymnasialen Zug ab Klasse 5 für besonders leistungsstarke, zum Teil hoch begabte Grundschüler und neben dem in Berlin üblichen Gymnasium ab Klasse 7 auch eine Realschule, wobei die Schüler der unterschiedlichen Schulformen von einem gemeinsamen Lehrerkollegium unterrichtet werden, das sich ebenfalls aus Lehrern unterschiedlicher religiöser Anschauung und Herkunft zusammensetzt; lediglich ein Drittel der Lehrer gehört dem jüdischen Glauben an.

Die Jüdische Oberschule verfolgt das Ziel, dass Schülerinnen und Schüler unterschiedlicher Kulturen und Religionen die jüdischen Traditionen kennen, erfahren, respektieren und sich mit ihnen auseinandersetzen. Sie sieht ihren Auftrag darin, die jüdische Identität innerhalb einer pluralistischen Schulgemeinschaft zu stärken, jüdische Werte und soziale Fähigkeiten zu vermitteln und die Schüler zu selbstständigen, demokratisch eingestellten Persönlichkeiten zu erziehen. Sie will alle wertvollen Anlagen und Talente der Schüler zur vollen Entfaltung bringen und ihnen ein Höchstmaß an Urteilskraft sowie gründliches Wissen und Können vermitteln. Ziel ist die Herausbildung von Persönlichkeiten, welche fähig und bereit sind, der Ideologie des Nationalsozialismus und allen anderen zur Gewaltherrschaft strebenden politischen Lehren, dem Antisemitismus und Rassismus entschieden entgegenzutreten sowie das staatliche, gesellschaftliche, soziale und jüdische Leben auf der Grundlage der Demokratie, des Friedens, der Freiheit, der Menschenwürde und der Gleichberechtigung der Geschlechter zu gestalten.

Die Absolventen der Jüdischen Oberschule sollen sich der Verantwortung gegenüber der Allgemeinheit und dem jüdischen Volk bewusst sein; ihre Haltung soll bestimmt sein von der Anerkennung der Gleichberechtigung aller Menschen, von der Achtung jeder ehrlichen Überzeugung und von der Anerkennung der Notwendigkeit einer fortschrittlichen Gestaltung der gesellschaftlichen Verhältnisse sowie einer friedlichen Verständigung der Völker.

> ***„Die Anerkennung des jüdischen Volkes und der Existenz Israels und die Achtung der Lebensweise aller innerhalb des Judentums bestehenden Strömungen gehören zur weltanschaulichen Basis und zur Ausrichtung dieser Schule."***

Die Anerkennung des jüdischen Volkes und der Existenz Israels und die Achtung der Lebensweise aller innerhalb des Judentums bestehenden Strömungen gehören zur weltanschaulichen Basis und zur Ausrichtung dieser Schule. Die Ausprägung der religiösen Handlungen sowie Lehre und Auslegung im Religionsunterricht orientieren sich am Status der Jüdischen Gemeinde zu Berlin als Einheitsgemeinde.

So findet an den hohen jüdischen Feiertagen kein Unterricht statt. Im Religionsunterricht und bei rituellen Veranstaltungen tragen die männlichen Teilnehmer die Kippa, beim gemeinsamen Mittagessen werden die jüdischen Speisegesetze eingehalten, es werden die jeweiligen Brachot (Segenssprüche) zu den Mahlzeiten gesprochen; die Schüler, ihre Eltern und Lehrer besuchen in regelmäßigen Abständen gemeinsam den Gottesdienst am Shabbat und verbringen den anschließenden Shabbatabend zusammen, wichtige jüdische Feste werden in der Schule gefeiert.

Auch die Ziele unserer Klassen- und Studienfahrten sowie die Unterrichtsinhalte sind oft mit dem jüdischen Profil unserer Schule verknüpft, für das der Besuch jüdischer Stätten und die Auseinandersetzung mit der Geschichte des jüdischen Volkes in der Zeit der Shoah von großer Bedeutung ist. Die 10. Klassen nehmen beispielsweise an einer Israelreise teil, die nicht nur mit einem Aufenthalt in einem Kibbuz und einem Sprachkurs verbunden ist, sondern auch ein Treffen mit einer Schülergruppe unserer israelischen Partnerschule beinhaltet, der Leo Baeck High School in Haifa; unsere 11. Klassen wiederum nehmen alljährlich an der Gedenkstättenfahrt „March of the Living" nach Polen teil, wo sie mit jungen Juden aus der ganzen Welt den Weg von Auschwitz nach Birkenau gehen.

„Viele unserer Schüler stammen aus Familien, die persönlich von den Verbrechen des Nationalsozialismus betroffen und geprägt sind, von der Trauer um die Opfer, die das jüdische Volk bis heute bestimmt."

Viele unserer Schüler stammen aus Familien, die persönlich von den Verbrechen des Nationalsozialismus betroffen und geprägt sind, von der Trauer um die Opfer, die das jüdische Volk bis heute bestimmt. Die Schule sieht sich hier in einer Brückenfunktion zwischen Vergangenheit, Gegenwart und Zukunft und will mit der Kultur des Gedenkens und Erinnerns dem Vergessen und Verdrängen entgegenwirken.

Aber auch der christlich-jüdische und der deutsch-israelische Dialog sind uns ein besonderes Anliegen. So gibt es neben anderen interreligiösen Projekten ein gemeinsames Programm der Jüdischen Oberschule mit dem Evangelischen Gymnasium zum Grauen Kloster und dem Katholischen Canisius-Kolleg, die wiederum jährlich gemeinsam an einer Begegnung mit einer israelischen Schülergruppe der Hadera High School teilnehmen.

Die Einzigartigkeit der Jüdischen Oberschule in Deutschland bedingt ein großes öffentliches Interesse an unserer Einrichtung. Dieses artikuliert sich in Besuchen zahlreicher Schulklassen, Gruppen von politischen Organisationen und Vertretern der Kirchen in unserer Schule oder in der Teilnahme unserer Schüler an Workshops, Diskussionsveranstaltungen zu interkulturellen Themen oder bei musikalischen Auftritten und Veranstaltungen, beispielsweise alljährlich auf Einladung des Berliner Senats zur Reichspogromnacht am 9. November oder auf Einladung des Abgeordnetenhauses am 27. Januar, dem Gedenktag für die Opfer des Nationalsozialismus. So hat eine Schülergruppe in diesem Jahr zum 9. November ein Theaterstück zur Aufführung gebracht, das in eindrucksvoller Weise an den Holocaust erinnert und mahnt, alles zu tun, um Diskriminierung, Rassismus und Antisemitismus in unserer Gesellschaft keine Chance zu geben. Dasselbe Ziel verfolgt auch eine Ausstellung unserer Schule zum Thema „Gesicht zeigen", die im Willy-Brandt-Haus gezeigt wurde, sich zurzeit in den Räumlichkeiten der Jüdischen Gemeinde befindet und im Januar im Polizeipräsidium und im Abgeordnetenhaus zu sehen sein wird. Durch solche und ähnliche Aktivitäten versuchen wir, unseren Beitrag zur interkulturellen Verständigung zu leisten.

Wichtig ist uns jedoch auch, dass nicht nur Interessierte etwas über uns erfahren, sondern unsere Schüler auch andere Religionen kennen lernen. Wie stark das Interesse unserer Schüler an der eigenen wie an anderen Religionen ist, zeigte sich erst jüngst wieder, als eine Gruppe von christlichen, jüdischen und muslimischen Schülern unserer 10. Klassen an einem interkulturellen Wettbewerb teilnahm und den ersten Platz belegen konnte.

Als sehr erfolgreich haben sich auch unsere Projekttage zu den Weltreligionen erwiesen, wobei Referate von Vertretern der verschiedenen Glaubensrichtungen sowie Besuche in einer Kirche, einer Moschee und einem buddhistischen Tempel die Gemeinsamkeiten wie die Unterschiede in den Vorstellungen von Gottesverehrung verdeutlichten.

Auch wenn das äußere Erscheinungsbild unserer Schule, gesichert durch einen hohen Zaun und Polizeipräsenz, in der Öffentlichkeit bedauerlicherweise den Eindruck von Isolierung und Abschottung vermittelt, ist – wie meinen Ausführungen hoffentlich zu entnehmen war – eher das Gegenteil unser Anliegen. Wir würden lieber noch offener sein, zumal dies auch dem Standort unserer Schule in der Großen Hamburger Straße, die schon seit der Jahrhundertwende als „Toleranzstraße“ bezeichnet wird, viel mehr entspräche. Auf dieser nur 300 Meter langen Straße lebten immer schon Menschen verschiedener Kulturen und Religionen friedlich zusammen. In dieser Tradition leben wir und erziehen wir unsere Schüler. ❑

Schule und Religion in Deutschland und Europa im Vergleich

Religion in Staat und Gesellschaft – Deutschland

Birgit Väth

1 Das Verhältnis von Religion und Staat

1.1 Regelungen des Grundgesetzes

Das Verhältnis von Staat und Religion in der Bundesrepublik Deutschland ist im Grundgesetz geregelt.[1] Jede Bürgerin und jeder Bürger hat das Recht auf freie Religionsausübung, aber auch das Recht, sich zu keiner Religion zu bekennen (Art. 4 GG). Beschränkt wird die Religionsfreiheit nur durch die Grundrechte anderer sowie elementare Grundwerte der Verfassung.

Der Staat ist zur religiösen Neutralität und zur Gleichbehandlung aller Religionsgemeinschaften verpflichtet und darf mit keiner eine institutionelle Verbindung eingehen (Art. 137 Abs. 1 WRV). Eine Kooperation ist jedoch zulässig und in vielen gesellschaftlichen Bereichen fest verankert (z. B. Religionsunterricht an staatlichen Schulen, Beteiligung der Religionsgemeinschaften an Ethikkommissionen, Rundfunkräten etc.). Viele Aspekte des Staatskirchenrechts sind zudem in Verträgen der Religionsgemeinschaften mit Bund und Ländern geregelt.[2] Somit haben die Religionsgemeinschaften Einfluss auf Politik und Gesellschaft. Außerdem engagieren sich vor allem die christlichen Kirchen im sozialen und karitativen Bereich und leisten damit einen wichtigen Beitrag zum gesellschaftlichen Leben.

1.2 Kooperation von Staat und Religionsgemeinschaften

Diese Zusammenarbeit ist historisch gewachsen. Aufgrund der besonderen historischen Verantwortung, die Deutschland nach dem Holocaust trägt, werden das jüdische Leben sowie die christlich-jüdische Zusammenarbeit in Deutschland vom Bund besonders gefördert. Grundlage ist der Vertrag zwischen der Bundesrepublik Deutschland und dem Zentralrat der Juden vom 27. Januar 2003.[3]

---

[1] Art. 4, 7, 140 und die in ihn eingeschlossenen Artikel 137, 138, 139 der Weimarer Reichsverfassung (WRV) sowie Art. 141 GG.

[2] Eine umfassende Übersicht bietet das Bundesministerium des Inneren unter http://www.bmi.bund.de/cln_028/nn_121560/Internet/Content/Themen/Kirchen_und_Religionsgemeinschaften/Einzelseiten/Vertraege_mit_der_katholischen_Kirche.html

[3] Im Wortlaut unter: http://www.jurisweb.de/jurisweb/j2_web_home/database_home/bundesnormen/aiz/BJNR159800003.html

Da etwa 3,5 Millionen Muslime in Deutschland leben, versucht die Bundesregierung, mit ihnen ebenfalls eine entsprechende Kooperation zu etablieren. Dies wird jedoch dadurch erschwert, dass nur rund 15 Prozent der Muslime in Gemeinden und Verbänden organisiert sind und der Staat keinen Ansprechpartner findet, der zumindest ihre Mehrheit vertreten könnte. Einen neuen Ansatz zur Verbesserung der Zusammenarbeit zwischen Staat und Muslimen stellt die auf drei Jahre angelegte Islamkonferenz dar, die Bundesinnenminister Wolfgang Schäuble 2006 initiiert hat.

Wenn sich Gläubige zu einer Religionsgemeinschaft zusammenschließen wollen, brauchen sie hierzu keine staatliche Genehmigung. Die meisten haben entweder die Rechtsform des eingetragenen Vereins gewählt oder sind Körperschaften des öffentlichen Rechts.[4] Diesen Status können nur die Länder verleihen.[5]

Die Zusammenarbeit von Staat und Religionsgemeinschaften umfasst auch die Kirchensteuer. Diese können nur Religionsgemeinschaften erheben, die Körperschaften öffentlichen Rechts sind.

„Christentum und Judentum sind seit Jahrhunderten in Deutschland verwurzelt und spielen eine wichtige gesellschaftliche und politische Rolle.“

1.3 Vielfalt der Religionen in Deutschland

Über 50 Prozent der Deutschen gehören der Katholischen Kirche (26,2 Mio.) oder den evangelischen Landeskirchen (25,8 Mio.) an. Die nächstgrößeren Gruppen bilden die Konfessionslosen (23 Mio.) und Muslime (3,2 Mio.). Daneben finden sich Juden (0,11 Mio.), Angehörige von Freikirchen und Sondergemeinschaften (1,5 Mio.), orthodoxe und orientalische Christen (1,2 Mio.), Hindus (0,11 Mio.), Buddhisten (0,2 Mio.) und Vertreter so genannter „neuer Religionen“ bzw. Sekten und Esoterik-Gemeinschaften (1,0 Mio.), wobei die Zahl der Mitglieder nicht unbedingt die gesellschaftliche Bedeutung der Religionsgemeinschaften widerspiegelt.

Christentum und Judentum sind seit Jahrhunderten in Deutschland verwurzelt und spielen eine wichtige gesellschaftliche und politische Rolle.

Nationalsozialismus und Holocaust bildeten die größte Zäsur in der Geschichte der Juden in Deutschland. 1933 hatten die jüdischen Gemeinden in Deutschland noch rund 560 000 Mitglieder. Bei der Gründung des Zentralrats der Juden in Deutschland 1950 waren es noch 15 000. Vor allem durch Zuwanderung aus den ehemaligen Sowjetrepubliken ist ihre Zahl inzwischen auf rund 150 000 angestiegen. Synagogen-Neubauten, z. B. in Dresden und München, bezeugen die Lebendigkeit der jüdischen Gemeinden.

Der Islam gewann in Deutschland durch die Zuwanderung von Arbeitsmigranten ab den 1960er Jahren an Bedeutung. Da die Deutschen lange davon ausgingen, dass die so genannten Gastarbeiter bald wieder in ihre Herkunftsländer zurückkehren würden, wurde die Integration der Muslime lange nicht

[4] Diese bietet verschiedene Vorzüge, darunter die Möglichkeit, Kirchensteuern zu erheben, sowie die Befreiung von verschiedenen Steuern und Gebühren.

[5] Art. 140 GG in Verbindung mit Art. 137 Abs. 5 WRV.

als notwendig erachtet. Erst in den 1980er Jahren erwachte das Bewusstsein, dass die Migranten bleiben und die Muslime zur drittgrößten Glaubensgemeinschaft in Deutschland werden würden. Trotzdem wird der Islam von der Mehrheit der Bevölkerung nach wie vor als fremd empfunden. Seit den Anschlägen auf das World Trade Center am 11. September 2001 und dem anschließenden Kampf gegen islamistischen Terrorismus hat sich die Angst vor „dem Islam" in der Bevölkerung verstärkt – allerdings auch die politischen Bemühungen um seine Anerkennung. Da die Muslime bis heute nicht über eine den christlichen Kirchen oder Juden entsprechende Organisationsform verfügen, ist ihre gesellschaftliche und politische Repräsentanz schwächer. Die muslimischen Verbände sind jedoch bestrebt, dies zu ändern.

„Der Islam gewann in Deutschland durch die Zuwanderung von Arbeitsmigranten ab den 1960er Jahren an Bedeutung."

Bemerkenswert ist die starke Zunahme der Konfessionslosen. Betrug ihr Anteil an der Bevölkerung der BRD 1970 lediglich fünf Prozent, so ist er bis heute auf etwa 23 Prozent gestiegen. Dazu trägt nicht zuletzt die Wiedervereinigung bei, da die Zahl der Konfessionslosen in der DDR wesentlich höher lag als im Westen. Bis heute besteht ein großer Unterschied zwischen Ost- und Westdeutschland: Während im Westen viele Menschen noch konfessionell gebunden sind, aber Abstand zur Kirche wahren, haben sich die Ostdeutschen zum Großteil vom Glauben verabschiedet. Unter den Migranten hingegen spielt die Religion noch eine wichtige Rolle, vor allem für Muslime und orthodoxe Christen.[6]

2 Soziale und kulturelle Profile der verschiedenen Schulformen

2.1 Die soziale Herkunft bestimmt den Bildungsweg

Spätestens die PISA-Studie 2000 brachte zutage, dass in Deutschland ein enger Zusammenhang zwischen sozialen, kulturellen und ökonomischen Ressourcen der Familie und dem Bildungserfolg der Kinder besteht.[7] Bereits nach der 4. Klasse Grundschule, in einigen Ländern nach der 6. Klasse, werden die Kinder auf Gymnasium, Haupt- und Realschule verteilt und damit ihr Bildungsweg für ihr gesamtes Leben relativ festgelegt, denn durchlässig ist das deutsche Schulsystem vor allem nach unten.

2.2 Sorgenkind Hauptschule

Rund 30 Prozent eines Jahrganges besuchen die Hauptschule. Der Anteil an Schülerinnen und Schülern mit Migrationshintergrund, aus schwierigen fami-

[6] Hurrelmann, Klaus u. a. (Hg.): Jugend 2006. 15. Shell Jugendstudie. Eine pragmatische Generation unter Druck. Frankfurt a. M. 2006.

[7] 70 Prozent der bei PISA und 75 Prozent der bei IGLU getesteten Schüler mit Migrationshintergrund waren in Deutschland geboren. Vgl. Schwippart, Knut: Ergebnisse der IGLU-Studie mit Blick auf die Befunde von Pisa. In: Förderung von Migrantinnen und Migranten in der Sekundarstufe I. Dokumentation einer Fachtagung am 3. Dezember 2003. Berlin und Bonn 2004.

liären Verhältnissen und aus sozial schwachen Schichten ist extrem hoch. Soziale Defizite und problematische familiäre Hintergründe werden kaum durch positive Vorbilder unter den Mitschülerinnen und Mitschülern ausgeglichen. Sprachdefizite bleiben erhalten, da Migranten untereinander in ihren Muttersprachen sprechen. Das Klima ist meist geprägt von Resignation und mangelndem Selbstwertgefühl, aber auch von Aggression bis hin zur offenen Gewalt. Aus diesen Gründen ist das Profil der Hauptschule derzeit in einem Wandel begriffen. Sie kann ihre ursprüngliche Intention nicht mehr erfüllen, den größten Teil eines Jahrganges auf eine praktische Berufsausbildung vorzubereiten. Vielmehr muss die Hauptschule heute angesichts ihrer sehr inhomogenen und sozial belasteten Schülerschaft stark integrativ wirken und vor allem ihren Erziehungsauftrag wahrnehmen. Lehrerinnen und Lehrer müssen auf die Arbeit mit multikulturell, mehrsprachig und multireligiös geprägten Klassen in ihrer Ausbildung und durch Fortbildungen intensiv vorbereitet werden.[8]

2.3 *Mittlerer Bildungsabschluss bevorzugt*

Mit 52 Prozent eines Jahrgangs ist der mittlere Bildungsabschluss zum wichtigsten Schulabschluss überhaupt geworden. Er wird in den westlichen Bundesländern meistens an Realschulen, in den östlichen an Schulen mit mehreren Bildungsgängen erworben. Ziel der Realschule ist es, auf das Berufsleben vor allem als Angestellte vorzubereiten, wozu einzelne Bundesländer auf bestimmte Berufsfelder ausgerichtete Zweige anbieten (z. B. Bayern). In den meisten neuen Ländern blieb dagegen die Idee der Einheitsschule mit mehreren Abschlussmöglichkeiten erhalten, wodurch die immer häufiger kritisierte frühe Segregation entfällt und sich die Jugendlichen erst relativ spät für einen Abschluss entscheiden müssen.

Das Gymnasium, das auf ein Studium vorbereiten soll, besuchen knapp 30 Prozent der Schülerinnen und Schüler. Im Vordergrund stehen die Wissensvermittlung und die Erlangung der allgemeinen Hochschulreife. Hier finden sich vor allem Kinder aus mittleren und gehobenen sozialen und Bildungsschichten.

2.4 *Schülerinnen und Schüler mit Migrationshintergrund*

2003/04 waren offiziell 9,3 Prozent der Schüler Ausländer. 80 Prozent von ihnen besuchten die allgemein bildenden Schulen, 20 Prozent berufsbildende Schulen. Da Spätaussiedler, Eingebürgerte und Kinder aus binationalen Familien nicht mitgezählt sind, kann davon ausgegangen werden, dass tatsächlich rund ein Drittel der Schülerinnen und Schüler einen Migrationshintergrund hat. Diese konzentrieren sich hauptsächlich auf einige westliche Bundesländer.[9]

---

[8] Vorschläge hierzu finden sich unter anderem in: Hartung, Regine/Brügel, Dragica: Umgang mit kultureller und sozialer Heterogenität als Schwerpunkt der Hamburger Lehrerbildung. In: Förderung von Migrantinnen und Migranten in der Sekundarstufe I. Dokumentation einer Fachtagung am 3. Dezember 2003. Berlin und Bonn 2004.

[9] Der Anteil von Schülerinnen und Schülern mit Migrationshintergrund liegt in Bremen bei 40,7 Prozent, in Hamburg bei 38,5 Prozent, in Hessen und Nordrhein-Westfalen bei 32 Prozent, in Baden-Württemberg bei 29 Prozent, in Rheinland-Pfalz bei 25 Prozent und in Bayern bei 22 Prozent. Vgl. 6. Bericht der Bundesbeauftragten für Migration, Flüchtlinge und Integration über die Lage der Ausländerinnen und Ausländer in Deutschland. Berlin 2005.

Überproportional viele ausländische Schülerinnen und Schüler besuchen eine Schule, die keinen weiterführenden Abschluss ermöglicht (2002/03 besuchten 43,8 Prozent eine Hauptschule; zum Vergleich: Nur 18,6 Prozent der deutschen Schülerinnen und Schüler besuchten eine Hauptschule). An Gymnasien sind Migrantenkinder stark unterrepräsentiert (13,9 Prozent, im Gegensatz zu 32,3 Prozent der deutschen Schüler). Auch an Realschulen ist der Unterschied noch auffällig (18,9 Prozent zu 24,5 Prozent). Nur in den Gesamtschulen ist das Verhältnis umgekehrt (12,8 Prozent der Migrantenkinder, 8,4 Prozent der deutschen Schüler).[10] Schülerinnen und Schüler mit Migrationshintergrund verlassen die Schule zwei Mal häufiger ohne Abschluss als ihre deutschen Klassenkameraden (19,7 Prozent der Jungen, 12,9 Prozent der Mädchen)[11]. Diese offensichtliche Verliererrolle in der deutschen Gesellschaft führt vor allem bei muslimischen Jungen zu einem Rückzug in die Religion. Die Erfahrung von Diskriminierung und Ablehnung wird durch Überlegenheitsansprüche des Islam kompensiert.[12]

3 Stellung des Fachs Religion in der Schule

3.1 Religionsunterricht ist ordentliches Lehrfach

Der Religionsunterricht ist das einzige Schulfach, das im Grundgesetz der Bundesrepublik ausdrücklich erwähnt wird. In Art. 7 Abs. 3 heißt es:

„Der Religionsunterricht ist in allen öffentlichen Schulen mit Ausnahme der bekenntnisfreien Schulen ordentliches Lehrfach. Unbeschadet des staatlichen Aufsichtsrechtes wird der Religionsunterricht in Übereinstimmung mit den Grundsätzen der Religionsgemeinschaften erteilt. Kein Lehrer darf gegen seinen Willen verpflichtet werden, Religionsunterricht zu erteilen."

Dieser Artikel gilt für alle Bundesländer außer Berlin und Bremen, die durch die so genannte „Bremer Klausel" (Art. 141 GG) davon ausgenommen sind (siehe dazu Abschnitt 3.2).

Der Religionsunterricht als konfessioneller Bekenntnisunterricht ist somit fester Bestandteil des Curriculums an öffentlichen Schulen. Da der Staat jedoch zur religiösen Neutralität verpflichtet ist und keine religiösen Inhalte festlegen kann und darf, ist er bei der Gestaltung der Lehrpläne auf die Kooperation der jeweiligen Religionsgemeinschaften angewiesen.

Religionslehrerinnen und -lehrer müssen sowohl dem staatlichen Anspruch einer fundierten Ausbildung sowie den Voraussetzungen des Staatsdienstes als auch den Anforderungen ihrer Religionsgemeinschaft entsprechen. Mit wenigen Ausnahmen (z. B. Hamburg) gehören sie der entsprechenden Religionsgemeinschaft an.

[10] Vgl. 6. Bericht der Bundesbeauftragten für Migration, Flüchtlinge und Integration (wie Fußnote 9), S. 51.

[11] Konsortium Bildungsberichterstattung: Bildung in Deutschland. Ein indikatorengestützter Bericht mit einer Analyse zu Bildung und Migration. Bielefeld 2006.

[12] Vgl. Heitmeyer, Wilhelm: Für türkische Jugendliche in Deutschland spielt der Islam eine wichtige Rolle. In: *Die Zeit*, Nr. 35/1996.

Die Teilnahme am Religionsunterricht ist für Angehörige der jeweiligen Religionsgemeinschaft Pflicht, jedoch haben Eltern bzw. Schüler über 14 Jahre das Recht, ihr Kind/sich abzumelden. In fast allen Bundesländern muss dann ersatzweise das Fach Ethik/Philosophie besucht werden. Auch die Teilnahme am Religionsunterricht einer anderen Konfession ist in der Regel möglich, wenn die Religionsgemeinschaft keine Einwände hat.

3.2 Sonderfälle

Für Bremen und Berlin gilt nicht Art. 7 Abs. 3 GG, sondern die „Bremer Klausel", Art. 141 GG. In Bremen wird kein Religionsunterricht erteilt, sondern „bekenntnismäßig nicht gebundener Unterricht in Biblischer Geschichte auf allgemein christlicher Grundlage".[13] Dabei handelt es sich zwar nicht um konfessionellen, aber um christlich geprägten Unterricht auf evangelischer Grundlage.[14] In Berlin liegt der Religionsunterricht in der alleinigen Verantwortung der Religions- und Weltanschauungsgemeinschaften und unterliegt nicht der staatlichen Schulaufsicht.

„Bis heute gibt es keine islamische Religionsgemeinschaft, die dem Staat als Ansprechpartner gegenübertreten könnte. Von muslimischer Seite wird der Politik allerdings immer wieder eine Hinhaltetaktik vorgeworfen."

Einen eigenen Weg geht Hamburg mit seinem konfessions- und religionsübergreifenden „Religionsunterricht für alle", der jedoch von der evangelischen Kirche alleine verantwortet wird. Andere Religionsgemeinschaften sind indirekt über den „Gesprächskreis interreligiöser Religionsunterricht in Hamburg" beteiligt. In diesem ist die katholische Kirche nicht vertreten. Katholische Schüler besuchen bevorzugt konfessionelle Privatschulen.

Heftig umstritten ist das Fach „Lebensgestaltung, Ethik, Religionskunde" (LER), das in Brandenburg angeboten wird und nicht Art. 7 Abs. 3 GG entspricht. Das Land nimmt für sich Art. 141 GG in Anspruch. Trotz heftigen Widerstands der Kirchen sowie eines Rechtsstreits bis zum Bundesverfassungsgericht wurde das Fach landesweit eingeführt.

3.3 Religionsunterricht in einer pluralen Gesellschaft

Zur Zeit der Entstehung des Grundgesetzes gab es an den öffentlichen Schulen ausschließlich evangelischen und katholischen Religionsunterricht. Der Zuzug von Migranten in der zweiten Hälfte des 20. Jahrhunderts führte zur religiösen Pluralisierung der Gesellschaft und machte somit die Einrichtung von Religionsunterricht für andere Konfessionen und Religionen notwendig. Derzeit wird in den westlichen Bundesländern katholischer, evangelischer, altkatholischer, griechisch-orthodoxer, syrisch-orthodoxer, russisch-orthodoxer, serbisch-orthodoxer, neuapostolischer, jüdischer und alevitischer Religionsunterricht als

[13] Art. 32 Abs. 1 der Bremer Verfassung.

[14] Zu den damit verbundenen juristischen Problemen vgl. Langenfeld, Christine: Integration und kulturelle Identität zugewanderter Minderheiten. Tübingen 2001, S. 191.

ordentliches Lehrfach angeboten, in den neuen Ländern aufgrund des geringen Bedarfs evangelischer, katholischer und jüdischer (Thüringen). In der Regel wird Religionsunterricht erst eingerichtet, wenn eine Mindestzahl teilnehmender Schüler vorhanden ist. Die meisten Kinder besuchen nach wie vor den evangelischen oder katholischen Religionsunterricht.

„Religionsunterricht für Minderheiten hat die wichtige Aufgabe, die Schülerinnen und Schüler darin zu stärken, ihre religiöse Identität angesichts fremder Zuschreibungen selbst zu bestimmen."

Islamischer Religionsunterricht wird seit Jahrzehnten gefordert und soll auch eingerichtet werden.[15] Doch obwohl sich Muslime und Politiker darin einig sind, kommt seine Etablierung nur sehr langsam voran. Grund ist die Struktur des Islam, der keine für alle Gläubigen verbindliche Autorität kennt. Somit gibt es bis heute keine islamische Religionsgemeinschaft, die dem Staat als Ansprechpartner gegenübertreten könnte. Von muslimischer Seite wird der Politik allerdings immer wieder eine Hinhaltetaktik vorgeworfen.

In den meisten westlichen Bundesländern laufen derzeit Schulversuche unterschiedlicher Größe, die alle nicht Art. 7 Abs. 3 GG entsprechen, jedoch einen ordentlichen islamischen Religionsunterricht auf den Weg bringen sollen.[16] An der Universität Münster werden bereits Lehrerinnen und Lehrer für den islamischen Religionsunterricht ausgebildet.[17] Zudem sind die Muslime bemüht, sich auf Landes- und Bundesebene entsprechend zu organisieren.

3.4 Herausforderungen für den Religionsunterricht

Die deutsche Gesellschaft wird nicht nur religiös immer pluraler, sondern auch immer säkularer. Seit den 1970er Jahren ist die Zahl der Kirchenfernen und Konfessionslosen sprunghaft angestiegen (derzeit ca. 23 Prozent). In den östlichen Bundesländern ist die Mehrheit sogar seit Generationen konfessionslos. Dies stellt den Religionsunterricht vor neue Herausforderungen, denn für viele Kinder ist er der einzige Ort der Begegnung mit dem Glauben. Sie haben keinen Kontakt zu ihrer Gemeinde und erleben auch zu Hause kaum praktizierten Glauben. Deshalb kann der Religionsunterricht immer weniger auf religiöse Erfahrungen der Schüler zurückgreifen. In der Gesellschaft wird Glaube als private und subjektive Angelegenheit betrachtet, was den Kindern und Jugendlichen die Suche nach religiösen Grunderfahrungen zusätzlich erschwert.

Da die meisten Kinder und Jugendlichen in den tradierten Glaubensgrundsätzen der Kirchen nicht mehr verwurzelt sind, haben sich auch ihre Gottesvorstellungen gewandelt: Sie sind häufig nicht mehr personal (z. B. Gott als „Ener-

[15] Beschluss und Bericht der Kultusministerkonferenz von 1984.

[16] Vgl. hierzu Kiefer, Michael: Staatlicher Islamunterricht in Deutschland. Unterrichtsmodelle der Länder – Der aktuelle Sachstand im Schuljahr 2004/05. In: Reichmuth, Stefan/Bodenstein, Mark/Kiefer, Michael/Väth, Birgit (Hg.): Staatlicher Islamunterricht in Deutschland. Berlin 2006.

[17] An der Universität Osnabrück soll ein entsprechendes Studium ab dem Wintersemester 2007/08 möglich sein.

giefeld") und auch immer öfter monistisch (Gott ist gleichzeitig gut und böse). Selbst die Gottessohnschaft Jesu wird in Zweifel gezogen und es kommt zu einer „tabulosen Kombination verschiedenster Traditionen".[18]

Der Religionsunterricht muss sich dem stellen und sowohl Grundwissen und Sprache der Religion vermitteln, als auch das Denken und Argumentieren in religiösen, weltanschaulichen und ethischen Fragen schulen.[19] Dabei geht es nicht mehr um die Vermittlung eines tradierten Wissenskanons, sondern um die Ausbildung der Fähigkeit, dem eigenen Leben eigenverantwortlich eine Daseinsorientierung zu geben.

Religionsunterricht für Minderheiten hat zudem die wichtige Aufgabe, die Schülerinnen und Schüler darin zu stärken, ihre religiöse Identität angesichts fremder Zuschreibungen selbst zu bestimmen. Bereichernd wirkt dabei die Kooperation mit anderen Konfessionen und Religionen. Der interreligiösen Erziehung kommt angesichts der multikulturellen Zusammensetzung der Schülerschaft immer größere Bedeutung zu.[20] Denn in der Auseinandersetzung mit anderen Glaubensüberzeugungen werden die eigenen klarer konturiert und Vorurteile gegenüber Andersgläubigen abgebaut.

4 Religion als Ursache gesellschaftlicher Kontroversen

Religion erregt die Gemüter vor allem dann, wenn sie im Alltag deutlich sichtbar wird. Dabei verlaufen die Fronten sowohl zwischen Gläubigen und Nichtgläubigen sowie zwischen den Angehörigen verschiedener Religionen als auch innerhalb einer Religion. Dies zeigten einige Präzedenzfälle, die in Deutschland in den vergangenen Jahren heftige und emotional geführte Debatten provozierten.

4.1 Das Kruzifix-Urteil

Großes mediales Interesse rief das so genannte „Kruzifix-Urteil" des Bundesverfassungsgerichts 1995 hervor. Anthroposophisch orientierte Eltern hatten die Entfernung der Kreuze aus den Klassenzimmern ihrer Kinder verlangt. Das Anbringen von Kreuzen oder Kruzifixen in allen Volksschulklassen war bis dahin in Bayern jedoch Vorschrift.[21] Nach mehrjährigem Rechtsstreit stellte das Bundesverfassungsgericht schließlich fest: „§ 13 1 3 BayVSO ist mit Art. 4.1 GG unvereinbar und nichtig".[22] Seitdem müssen Kruzifixe und Kreuze aus Klassenzimmern entfernt werden, wenn sich Schüler oder Lehrkräfte dadurch in ihren religiösen Empfindungen gestört fühlen. 25 000 Kruzifix-Befürworter

[18] Barz, Heiner: Zum Stellenwert von Religion für junge Menschen heute: Beispiel Deutschland. Vortrag bei der 11. Konferenz des Trialogs der Kulturen der Herbert-Quandt-Stiftung vom 13. bis 14.11.2006 in Berlin. Abgedruckt im vorliegenden Band auf den Seiten 26–28.

[19] Sekretariat der Deutschen Bischofskonferenz: Der Religionsunterricht vor neuen Herausforderungen. Bonn 2005.

[20] Praktische Beispiele für interreligiöse Erziehung finden sich in: Haußmann, Werner/Lähnemann, Johannes (Hg.): Dein Glaube – mein Glaube. Interreligiöses Lernen in Schule und Gemeinde. Göttingen 2005.

[21] § 13 1 3 der Bayerischen Volksschulordnung (BayVSO).

[22] Vgl. BVerfG, Az: 1 BvR 1087/91. Zugriff unter: http://www.bmi.bund.de/cln_028/Internet/Content/Common/Anlagen/Themen/Kirchen-_und_Religionsgemeinschaften/DatenundFakten/BVerfG_Beschlussl_Kruzifix,templateId=raw,property=publicationFile.pdf/BVerfG_Beschlussl_Kruzifix.pdf

demonstrierten daraufhin in München und vor allem konservative Politiker kritisierten die Rechtsprechung heftig.

Das Urteil verweist auf die Pflicht des Staates zu religiöser Neutralität. Es verdeutlicht, dass aktive und passive Religionsfreiheit bisweilen schwer vereinbar sind, jedoch gleichwertig nebeneinanderstehen und nicht einfach Mehrheit gegen Minderheit aufgewogen werden kann. Dabei waren sich auch die Richter nicht einig: Drei von ihnen vertraten die Meinung, dass ein Kruzifix im Klassenzimmer nicht Art. 4 Abs. 1 GG widerspreche. Der Fall zeigt, wie emotionsgeladen die Reaktionen ausfallen, wenn es um die Rolle der Religion im Alltag geht. Es zeigte sich auch, dass das Kruzifix im öffentlichen Raum für viele nicht nur ein Bekenntnis zum Christentum ist, sondern auch ein traditionelles Symbol.

Rückblickend erwies sich der Medienrummel allerdings als Sturm im Wasserglas: In den zehn Jahren nach dem Urteil musste das Kreuz in ganz Bayern auf Antrag nur aus zehn Klassenräumen entfernt werden.[23]

4.2 Der Kopftuchstreit

Ähnlich hitzig verlaufen die Diskussionen im so genannten „Kopftuchstreit“. Eine muslimische Lehramtskandidatin aus Baden-Württemberg bestand darauf, während des Unterrichts ein Kopftuch tragen zu dürfen. Das Oberschulamt Stuttgart verweigerte ihr deshalb die Übernahme in den Schuldienst. Nach einem Rechtsstreit durch alle Instanzen entschied das Bundesverfassungsgericht am 24. 9. 2003, die Landesgesetze Baden-Württembergs böten keine ausreichende Grundlage, der Lehrerin die Übernahme in den Schuldienst zu verweigern.[24] Das Gericht forderte die Landesregierung auf, eine Gesetzesgrundlage zu schaffen, auf der der Fall entschieden werden könne.

„Auch Musliminnen und Muslime lehnen das Kopftuch in der Schule ab und betonen, dass die Kopfbedeckung keine koranisch belegbare religiöse Pflicht sei.“

Die Begründung weist auf die zunehmende religiöse Pluralisierung der deutschen Gesellschaft hin und fordert die Volksvertreter ausdrücklich auf, diese zu berücksichtigen. Acht Bundesländer haben seitdem Gesetze erlassen, die das Kopftuch im Schuldienst verbieten.[25] Gleichzeitig versuchten viele Politiker, unter Berufung auf die christlichen Traditionen als Grundlage der deutschen Verfassung, in ihren Gesetzentwürfen deutlich sichtbare Zeichen christlichen und jüdischen Glaubens bei Lehrern zuzulassen. Doch auch hier setzten Gerichte die Verpflichtung des Staates zur Gleichbehandlung aller Religionen durch.[26]

---

[23] Vgl. Bayerischer Rundfunk: Das Kreuz mit dem Kreuz. In: Bayernmagazin vom 10.08.2005. Zugriff unter: http://www.br-online.de/bayern-heute/artikel/0508/11-kruzifix/index.xml

[24] Vgl. BverfG, Az: 2 BvR 1436/02. Zugriff unter: http://www.bmi.bund.de/cln_028/Internet/Content/Common/Anlagen/Themen/Kirchen-_und_Religionsgemeinschaften/DatenundFakten/BVerfG_Urteil_Kopftuch,templateId=raw,property=publicationFile.pdf/BVerfG_Urteil_Kopftuch.pdf

[25] Die meisten neuen Länder sahen aufgrund des geringen Anteils an Muslimen keinen Handlungsbedarf.

[26] Eine Lehrerin darf in Baden-Württemberg mit Kopftuch unterrichten. Das Verwaltungsgericht Stuttgart erklärte das Verbot für nichtig, da in Baden-Württemberg an einer staatlichen Schule Ordensfrauen in ihrer Tracht allgemein bildende Fächer unterrichten dürfen und ein Verbot des Kopftuchs somit dem Gleichheitsgrundsatz widerspreche (07.07.06 Az. 18 K 3562/05).

In diesem Fall standen – ähnlich wie beim Kruzifix-Urteil – das Neutralitätsgebot des Staates, die aktive Religionsfreiheit der Lehramtskandidatin sowie die passive Religionsfreiheit der Schülerinnen und Schüler im Widerstreit. Die Debatten, die der Fall auslöste, gingen jedoch viel weiter. Das Kopftuch wurde zum politischen Symbol[27] und Kennzeichen des islamischen Fundamentalismus deklariert, das Frauen diskriminiere. Kopftuch tragende Musliminnen sahen sich zu Unrecht als Islamistinnen diffamiert. Muslimische Verbände kritisierten das Kopftuchverbot als Missachtung des Grundrechts auf Religionsfreiheit.

Es lässt sich jedoch keine Blockbildung der Muslime gegen die (christlich) säkularen Deutschen ausmachen. Vielmehr finden sich auf beiden Seiten die unterschiedlichsten Positionen, und auch Musliminnen und Muslime lehnen das Kopftuch in der Schule ab und betonen, dass die Kopfbedeckung keine koranisch belegbare religiöse Pflicht sei.

„Die drei genannten Fälle zeigen, wie eine im Umbruch befindliche Gesellschaft um die Rolle der Religionen ringt.“

4.3 Antisemitismusvorwürfe

Auch die jüdische Gemeinde in Deutschland ist nicht frei von Kontroversen. Grund ist meist der Vorwurf des Antisemitismus, den Mitglieder des Zentralrats der Juden gegen Politiker und Personen des öffentlichen Lebens aussprechen, z. B. gegen Entwicklungshilfeministerin Heidemarie Wieczorek-Zeul. Diese hatte Israel für den Einsatz von Streubomben im Kampf gegen die Hisbollah im Südlibanon kritisiert, ohne gleichzeitig die Völkerrechtsverstöße der Hisbollah anzuprangern. Daraufhin bezichtigten Vorstandsmitglieder des Zentralrats die Ministerin des Antisemitismus. Vizepräsident Salomon Korn präzisierte den Vorwurf nach heftigen Protesten – auch aus den eigenen Reihen – als „antiisraelischen Reflex“.[28] Trotzdem wurde dem Zentralrat vorgeworfen, mit der „Antisemitismus-Keule“ jegliche Kritik an der Politik Israels zu unterdrücken und sich zum Sprachrohr der israelischen Regierung zu degradieren, was dem Ansehen der Juden in Deutschland großen Schaden zufüge und Antisemitismus provoziere.[29]

4.4 Positionsbestimmung der Religionen in der Gesellschaft

Die drei genannten Fälle zeigen, wie eine im Umbruch befindliche Gesellschaft um die Rolle der Religionen ringt. Die Heftigkeit der Reaktionen erklärt sich u. a. mit der Unsicherheit der (post)christlichen Gesellschaft: Zum einen wird Deutschland religiös immer vielfältiger, zum anderen zeigen viele Christen eine große Glaubensunsicherheit und fühlen sich vor allem von den oft so ge-

---

[27] Von der damaligen Baden-Württembergischen Kultusministerin Annette Schavan.

[28] Zurheide, Jürgen: Korn: Wieczorek-Zeul hat versagt. Interview mit Salomon Korn im Deutschlandfunk am 02.09.2006. Zugriff unter: http://www.dradio.de/dlf/sendungen/interview_dlf/538364/

[29] Unter anderen Evelyn Hecht-Galinski, Tochter des ehemaligen Zentralratspräsidenten und Mitglied der Organisation Europäische Juden für einen gerechten Frieden, vgl. Meurer, Friedbert: „Sprachrohr der israelischen Regierung“. Interview mit Evelyn Hecht-Galinski im Deutschlandfunk am 01.09.2006. Zugriff unter: http://www.dradio.de/dlf/sendungen/interview_dlf/537976/

wiss auftretenden (Vorzeige-)Muslimen bedroht. Dies führt dann zum Beharren auf Deutschlands Identität als Teil des christlichen Abendlands.

Die genannten Diskurse verdeutlichen zudem, dass das Grundgesetz die für alle verbindliche Norm ist, die den Respekt auch vor Minderheitenrechten gewährleistet und so den sozialen Frieden sichert. Sowohl im Streit ums Kruzifix als auch im Streit ums Kopftuch setzten die Gerichte klare Grenzen und wiesen darauf hin, dass sich die Mehrheit nicht über die Grundrechte Einzelner hinwegsetzen kann. Zugleich wird deutlich, dass die Gleichwertigkeit der Religionen und Weltanschauungen in der Theorie weithin akzeptiert, in ihren praktischen Auswirkungen jedoch mitunter schwer zu ertragen ist. Vorurteile brechen immer wieder auf.

Die Heftigkeit der Reaktionen belegt schließlich, wie wichtig der Dialog der Religionen für den sozialen Frieden und die aktive Gestaltung und Werteorientierung der Gesellschaft ist.

5 Interreligiöse Begegnung

Religiös motivierte Konflikte und Kriege zeigen, wie unausweichlich der interreligiöse Dialog für den Erhalt des Friedens ist. Er umfasst sowohl den theologischen Diskurs als auch die tägliche Auseinandersetzung mit dem gelebten Glauben des anderen im Alltag.

Der christlich-jüdische Dialog kann dabei auf das gemeinsame Erbe des Alten Testaments zurückgreifen, wird jedoch durch die Schuld, die Deutschland mit dem Holocaust auf sich geladen hat, belastet. Gleichzeitig ist diese Schuld ein wichtiger Antrieb für den Dialog zwischen Juden und Christen, der sich bereits 1948/49 in Deutschland etabliert hat und von der Bundesregierung gefördert wird.[30]

> ***„Interreligiöser Dialog ist nicht die Suche nach einem Kompromiss, sondern das Bemühen, die Wahrheit des anderen zu verstehen.“***

Der christlich-islamische Dialog hat nach den Anschlägen auf das World Trade Center und die dadurch im Westen ausgelöste Angst vor dem Islam an Bedeutung und Dynamik gewonnen. Grußworte christlicher Repräsentanten zu den großen muslimischen Festtagen[31] sowie die offizielle Anerkennung des Islam als gleichberechtigter Gesprächspartner sind nichts Außergewöhnliches mehr. Die Deutsche Bischofskonferenz unterhält die christlich-islamische Begegnungs- und Dokumentationsstelle (CIBEDO). Gleichzeitig pflegen unzählige lokale und regionale Gesprächskreise und Initiativen den interreligiösen Dialog. (Jüdisch-christliche Initiativen sind aufgrund der wesentlich geringeren Zahl jüdischer Gemeinden seltener.[32])

[30] Der Bundespräsident ist Schirmherr des Deutschen Koordinierungsrats, dem Dachverband der christlich-jüdischen Gesellschaften.

[31] Bischof Wolfgang Huber, EKD-Vorsitzender (http://www.ekd.de/presse/pm199_2006_rv_ende_ramadan.html) und Karl Kardinal Lehmann (http://cibedo.kath.de/cms/aktuelles.html).

[32] Der Deutsche Koordinierungsrat ist der Dachverband für über 80 christlich-jüdische Gesellschaften mit ca. 20000 „Mitgliedern, Freunden und Förderern“ (http://www.deutscher-koordinierungsrat.de/).

5.1. Unterschiedliche Überzeugungen anerkennen

Dabei geht es zunächst darum, den Glauben des anderen kennen zu lernen, zu verstehen und zu akzeptieren. Unterschiede müssen klar benannt und toleriert werden. Denn interreligiöser Dialog ist nicht die Suche nach einem Kompromiss, sondern das Bemühen, die Wahrheit des anderen zu verstehen und dadurch auch die eigene Überzeugung klarer bestimmen zu können. Dies fordert alle Beteiligten immer wieder heraus und führt so manchen an seine Grenzen.

Wichtige Impulse gab der katholische Theologe Hans Küng mit seinem „Projekt Weltethos". Er stellte die Grundsätze auf:

- Kein Frieden unter den Nationen ohne Frieden unter den Religionen.
- Kein Frieden unter den Religionen ohne Dialog zwischen den Religionen.
- Kein Dialog zwischen den Religionen ohne Grundlagenforschung in den Religionen.[33]

Die von ihm verfasste Deklaration wurde beim Parlament der Weltreligionen 1993 diskutiert und von vielen Delegierten unterzeichnet. Die Arbeit am „Projekt Weltethos" wird von der gleichnamigen Stiftung fortgesetzt.

Kritiker wenden ein, dass der interreligiöse Dialog vor allem von Christen als Vertretern der Mehrheitsreligion ausgehe, ihre Dialogpartner aber aus der Minderheitenposition sprächen. Dieses Ungleichgewicht wird dadurch verstärkt, dass die muslimischen Vertreter meist über einen geringeren Bildungsstand verfügen und noch Sprachschwierigkeiten hinzukommen. Eine theologisch gebildete muslimische Elite ist in Deutschland kaum vorhanden.

Zudem wird gewarnt, dass christliche „Gutmenschen" sich auf einen vermeintlichen Dialog mit Muslimen einließen, Letztere jedoch keinerlei Interesse an einer ernsthaften Auseinandersetzung mit den Glaubensüberzeugungen anderer hätten und nur zum Schein darauf eingingen. Auf Deutsch äußerten sie sich dialogbereit, auf Arabisch oder Türkisch ließen sie jedoch keine Zweifel an ihren Überlegenheitsansprüchen.[34]

Diese Kritikpunkte sind zwar zu bedenken, dürfen jedoch den interreligiösen Dialog nicht beeinträchtigen. Denn nur wenn sowohl die Anhänger verschiedener Religionen als auch Nichtgläubige einander respektieren, kann die Gesellschaft in Frieden leben. Dies bedeutet einerseits, dass die Mehrheitsgesellschaft Minderheitenreligionen anerkennt, aber auch, dass Angehörige von Minderheitenreligionen Andersgläubige und Nichtgläubige respektieren und ihre erlebte oder empfundene Ausgrenzung nicht durch Überlegenheitsansprüche zu kompensieren suchen. Es darf auch nicht zu einer Konkurrenz der Minderheitenreligionen kommen.

Schließlich entzieht die Vertrautheit mit dem anderen Vorurteilen den Boden. Damit ist ein wichtiger Schritt zur Eindämmung von Antisemitismus und Antiislamismus getan. ❑

---

[33] Küng, Hans: Projekt Weltethos. München/Zürich [8]2003, S. 171.

[34] Vor dieser Form des vermeintlichen Dialogs warnt z. B. der Göttinger Politikwissenschaftler Bassam Tibi immer wieder in seinen Publikationen und Interviews, vgl. z. B. Tibi, Bassam: Der Islam und Deutschland – Muslime in Deutschland. Stuttgart/München 2000, S. 69 ff.

Religions- und Weltanschauungsunterricht in Belgien

Hendrik Pinxten

1. Religionen und Weltanschauungen

Die jüngere Geschichte der Religionswissenschaft zeigt, dass ihr Begriff selbst umso problematischer wird, je mehr sich alle Bereiche der Welt miteinander verzahnen. Als Anthropologe kann ich feststellen, dass zurzeit rund 4000 lebende Kulturen (und ihre Religionen) bekannt und dokumentiert sind. Darunter spielen die drei Buchreligionen[1] im europäischen Kontext eine dominante Rolle, doch rücken derzeit einige andere Glaubensrichtungen mehr und mehr in den Vordergrund. Nicht vergessen werden sollten auch diejenigen Weltanschauungen, die sich zwar nicht auf eine Gottesgestalt oder eine transzendente Idee stützen, den Menschen aber gleichwohl als Quellen für Werte und Verhaltensnormen dienen. Diese Tatsache wird im belgischen Schulsystem anerkannt und in den Entscheidungen des Gesetzgebers berücksichtigt.

Daher bietet sich dem Betrachter in Belgien ein äußerst vielfältiges religiös-weltanschauliches Panorama dar: Neben den überkommenen „westlichen" Weltanschauungen und Religionen gewinnen Glaubensrichtungen aus anderen Teilen der Welt auch hier immer mehr an Bedeutung.

2. Zur Situation der Religionen in Belgien

In Belgien werden derzeit sieben Religionen und Weltanschauungen offiziell anerkannt und finanziert. Im Jahr 1802 – eine Generation vor der Unabhängigkeit Belgiens – wurden der Katholizismus und der Protestantismus amtlich anerkannt und gesetzlich geschützt. Da der erste belgische König, Leopold I., Anglikaner war, wurde bald auch der Anglikanismus unter den Schutz des Staates gestellt. Das Judentum und die orthodoxe Kirche schlossen sich an. Seit 1974 ist der Islam anerkannt (er wird jedoch erst seit 2002 finanziell unterstützt), 1993 folgten die Weltanschauungsorganisationen (die jährliche Subventionen erhalten). Somit sind in Belgien vier christliche Konfessionen, das

[1] Der Indologe und Religionswissenschaftler Friedrich Max Müller bestimmte 1870 in einer Vorlesung an der Royal Institution in London acht Religionen als „Buchreligionen" (im Gegensatz zu den „Naturreligionen" schriftloser Völker): drei semitische (Judentum, Christentum, Islam), drei „arische" (Hinduismus, Buddhismus, Zoroastrismus) und zwei chinesische (Konfuzianismus, Daoismus). Im Allgemeinen werden heute auch der Sikhismus und Baha'i zu den Buchreligionen gerechnet.

Judentum, der Islam (als einheitliche Religion) sowie nicht konfessionsgebundene Weltanschauungen anerkannt. Die Buddhistische Union Belgien und ein Bund hinduistischer Glaubensrichtungen haben Anträge auf staatliche Anerkennung gestellt.[2]

Die jüngste European Values Study[3] von 1999/2000 ergab, dass sich 63 Prozent der 10 Millionen Belgier als Kirchenmitglieder betrachten, wobei sich etwas über die Hälfte von ihnen als Katholiken bezeichnet. Fünf Prozent rechnen sich einer derzeit nicht anerkannten Religion (Buddhismus, Sikkismus etc.) zu. Ungefähr die Hälfte der 350 000 Muslime praktiziert ihren Glauben.

Die gesetzliche Anerkennung, um die sich bestimmte Glaubensgemeinschaften im Lauf der Jahre immer wieder bemüht haben, bringt einige Vorteile mit sich:

- Eine rechtlich anerkannte Weltanschauung oder Religion wird durch die Verfassung des Staates, das heißt durch das Gesetz über Religionsfreiheit, geschützt;
- die Gehälter der Pfarrer, der religiösen Oberhäupter oder moralischen Ratgeber der Religions- oder Weltanschauungsorganisation werden, genau wie ihre Pensionen, vom Staat finanziert;
- die Kosten für die Temporalia, also die „weltlichen Güter“ (Unterkünfte usw.), welche man für die aktive Organisation benötigt, werden vom Staat getragen;
- in öffentlichen Schulen (aller Ebenen) müssen sämtliche anerkannten Religionen und Weltanschauungen jedem interessierten Schüler als Fach angeboten werden, wofür der Staat ebenfalls die Kosten übernimmt;
- Rundfunk- und Fernsehsendezeiten werden Organisationen der anerkannten Religionen und Weltanschauungen kostenlos zur Verfügung gestellt.

Die Anerkennung hat also bedeutende Folgen für die Religions- oder Weltanschauungsgemeinschaften. Sie werden nicht nur verfassungsrechtlich geschützt, sondern erhalten auch eine beträchtliche finanzielle Unterstützung. Zudem wird ihnen die Möglichkeit der Verbreitung ihrer Botschaft in den Massenmedien eingeräumt und sie dürfen, was am wichtigsten ist, innerhalb des Schulsystems Unterricht über ihre Religion oder Weltanschauung abhalten.

In der Praxis sind Religionen und Weltanschauungen auf vielfältige Weise organisiert, was zum Teil mit spezifischen Forderungen des Gesetzgebers zusammenhängt:

– Die Bischöfe und der Kardinal sind die offiziellen Oberhäupter der katholischen Kirche. In dieser Eigenschaft sind sie auch für den Unterricht in ihrer Religion und für das Lehrpersonal verantwortlich, wiewohl diese Aufgabe an

[2] De Pooter, Patrick: De rechtspositie van erkende erediensten en levensbeschouwingen in Staat en maatschappij. Brüssel 2003.

[3] Halman, Loek: The European Values Study: A Third Wave. Source book of the 1999/2000 European Values Study Surveys. Tilburg 2001. Zugriff unter: http://spitswww.uvt.nl/web/fsw/evs/documents/Publications/Sourcebook/EVS_SourceBook.pdf

ein ihnen unterstehendes separates Gremium (die Interdiözesendienste) delegiert ist. Die katholischen Universitäten Leuven (für Flandern) und Louvain-la-Neuve (für französischsprachige Belgier) bieten Diplome für Oberschullehrer an. An zahlreichen Hochschulen werden Lehrer für den katholischen Religionsunterricht auf den unteren Schulebenen ausgebildet.

– Die Protestanten sind seit der Verabschiedung des Gesetzes von 1802 verpflichtet, mit einer einzigen Stimme zu sprechen, und zwar mit der des Kirchenrats, der sie dem Staat gegenüber offiziell vertritt. Obwohl sich die internen Spannungen in letzter Zeit verstärkt haben – was auch Außenstehenden nicht verborgen bleiben konnte –, bleibt die Einheit der Protestanten weiterhin gewahrt. An den Schulen unterrichten ausschließlich protestantische Lehrer, die an der Fakultät für protestantische Religionswissenschaft in Brüssel (einer unabhängigen Hochschulinstitution) ausgebildet werden.

– Die Anglikaner bilden eine kleine Gemeinde mit rund 10 800 Mitgliedern, für die gewöhnlich britische Pfarrer und Lehrer tätig sind.

– Die griechisch- und die russisch-orthodoxe Kirche haben zusammen etwa 70 000 Anhänger. Eine in Gent ansässige Gruppe bietet die Hauptdienstleistungen an. Gläubige, die an pädagogischen Hochschulen oder Universitäten ein Diplom erworben haben, können die orthodoxe Religion – vornehmlich griechischen Ursprungs – unterrichten. Ukrainisch-orthodoxe Kirchen existieren zwar in Belgien, werden jedoch offiziell nicht anerkannt.

– Der Islam, anerkannt im Sinne einer einzigen einheitlichen Religion, wird gegenüber der belgischen Regierung vom Exekutivrat der Muslime in Belgien (L'Exécutif des musulmans de Belgique, EMB) vertreten. Dieser wurde 1998 auf Betreiben der belgischen Regierung gegründet, die sich einen gemeinsamen Ansprechpartner für alle muslimischen Glaubensrichtungen wünschte. Die saudiarabische Botschaft sicherte sich in den Verhandlungen eine privilegierte Position, obwohl es kaum Saudis in Belgien gibt und Menschen türkischer und maghrebinischer Herkunft die größten Gruppen der Gläubigen stellen. Dies hat zu heftigen Konflikten innerhalb des Exekutivrates (ein religiöses Oberhaupt wurde sogar in der Großen Moschee ermordet) und zu Wahlboykotten durch die eine oder andere der größeren Gemeinden geführt. Der Exekutivrat wird alle vier Jahre gewählt, doch werden die Kandidaten durch die belgische Geheimpolizei überprüft, eine Maßnahme, der keine andere Glaubensgemeinschaft in Belgien ausgesetzt ist. Obwohl der Islam bereits 1974 anerkannt wurde, erhalten die Muslime erst seit 2002 staatliche finanzielle Unterstützung. Die Imame und die muslimischen Lehrer werden meist nicht in Belgien ausgebildet, seit zwei Jahren gibt es jedoch an einer pädagogischen Hochschule die Möglichkeit, „belgische" Lehrer im Fach Islamischer Religionsunterricht auszubilden. An einer Universität arbeitet man gegenwärtig an einem entsprechenden Projekt zur Ausbildung von Oberschullehrern.

„Während man* vier *christliche Konfessionen anerkannt hat (mit der Anglikanischen Kirche als kleinster Gruppe), wird der Islam in die Zwangsjacke* einer *Glaubensgemeinschaft gesteckt."

– Das Judentum wird durch das Israelitische Konsistorium Belgiens repräsentiert, das die Gemeinden vertritt und Schullehrer beruft.

– Mit nichtkonfessionellen Weltanschauungen sind in der Praxis freidenkende Humanisten gemeint, die durch den Zentralen Laizistischen Rat repräsentiert werden. Unter seiner Ägide dienen eine flämisch- und eine französischsprachige Organisation für ihren jeweiligen Landesteil als Exekutive. Sie ernennen Lehrer für den Unterricht in nichtkonfessioneller Ethik.

> ***„Die Schüler wissen nichts von Glaubensinhalten anderer Konfessionen, sie werden lediglich in ihrer eigenen Weltanschauung oder Religion unterrichtet."***

Dieser kurze Überblick zeigt, dass die Anerkennung und die finanzielle Unterstützung von Glaubensgemeinschaften weder einheitlich gehandhabt wird noch in allen Fällen gerecht ist. Obwohl nach dem Gesetz für alle die gleichen Anerkennungskriterien gelten, fällt deren Anwendung sehr unterschiedlich aus (mit einem spezifischen Muster für den Islam). So müssen zum Beispiel Katholiken und Protestanten sowie deren Repräsentanten ihre Religionszugehörigkeit nicht aufwändig mit Dokumenten nachweisen, es genügt die einfache Angabe, einer der beiden Kirchen anzugehören. Muslimische Bürger und deren Vertreter dagegen werden von den Sicherheitsdiensten überprüft. Die humanistisch-laizistischen Verbände unterliegen – obwohl sie als nichtkonfessionelle Weltanschauungen anerkannt sind und alljährlich eine Erklärung zu ihrer Mitgliederzahl abgeben (die gewöhnlich von Regierungsvertretern heruntergespielt wird) – den Gesetzen über „Organisationen von öffentlichem Interesse", da keine „Kirche" für sie sprechen kann. Und so weiter.

Die Anerkennungspraxis ist noch auf andere Weise ungleich und unfair: Während man *vier* christliche Konfessionen anerkannt hat (mit der Anglikanischen Kirche als kleinster Gruppe), wird der Islam in die Zwangsjacke *einer* Glaubensgemeinschaft gesteckt, die zudem finanziell von saudiarabischen Lobbys dominiert wird, welche die Entsendung von „Missionaren" aus den Mutterländern bezahlen. Die Tatsache, dass sich der Islam in den verschiedenen Ländern ganz unterschiedlich entwickelt hat und – wenn man einmal von seiner rein geografischen Verbreitung absieht – auch innerhalb einzelner Staaten heterogene Strömungen und Glaubensrichtungen kennt, wird in diesem System vollkommen ignoriert, was in regelmäßigen Abständen zu Ausbrüchen von Unmut führt.

In öffentlichen Schulen müssen sich die Kinder jeweils zu Jahresbeginn für einen von sieben Religions- oder Weltanschauungskursen entscheiden, die auf allen Stufen des Lehrplans jeweils zwei Stunden pro Woche umfassen. Die Schüler werden in „Klassen ihres eigenen Kultes" eingeteilt, und zwar nach dem Prinzip der „passiven Toleranz". Das bedeutet, dass innerhalb dieses Systems jeder die anderen Glaubensgemeinschaften duldet, doch für die Unterrichtsdauer von ihnen isoliert ist. Die Schüler wissen also nichts von Glaubensinhalten anderer Konfessionen, sie werden lediglich in ihrer eigenen Weltanschauung oder Religion unterrichtet. Faktisch treffen die Eltern die Wahl, indem sie ein entsprechendes Formular unterzeichnen, und sobald ein Kind einem der anerkannten Kulte zugeteilt worden ist, muss das entsprechende Lehrpersonal bereitgestellt werden. In diesem Zusammenhang ist es bereits zu mehreren Gerichtsprozessen gekommen, da Eltern, die Mitglieder einer nichtanerkannten Sekte waren, sich weigerten, ihre Kinder am Religionsunterricht einer der anerkannten Glaubensgemeinschaften teilnehmen zu lassen. Nach langen Verfahren wurde ihnen das Recht gewährt, ihre Kinder von derartigen Kursen befreien zu lassen. Im Lauf der Jahre haben sich mehrere hundert Schüler für diesen Weg entschieden; sie beschäftigen sich während des Religionsunterrichts mit anderen Themen.

„Als Anthropologe … schätze ich, dass innerhalb des nächsten Jahrzehnts wenigstens zehn, möglicherweise aber bis zu fünfzig andere religiöse Glaubensrichtungen im heutigen Belgien rechtmäßig um Anerkennung nachsuchen könnten.“

An Privatschulen ist der Kultus der Gründerorganisation allerdings obligatorisch. In Belgien sind dies überwiegend katholische Schulen (in Flandern bis zu 75 Prozent), die fast vollständig vom Staat finanziert werden. An ihnen wird ausschließlich katholischer Religionsunterricht erteilt. Jüdische Privatschulen unterliegen einem Mischsystem: Einige haben ausschließlich privaten Charakter (ohne staatliche Finanzierung und Kontrolle) und sind durch ein strikt orthodoxes Judentum geprägt, während andere vom Staat unterstützt werden und eine liberalere Ausrichtung erkennen lassen. Zurzeit existiert erst eine muslimische Privatschule, weitere sind jedoch in Planung. Diese Möglichkeit ist durch die verfassungsmäßig garantierte Freiheit der Schulausbildung gegeben.

3. Probleme des belgischen Systems

Die Anerkennung von Religionsgemeinschaften und der damit verbundene Unterricht im Glauben der eigenen Wahl sind deshalb von großer Bedeutung, weil damit das Menschenrecht der Religions- oder Weltanschauungsfreiheit garantiert wird. Aufgrund der historischen Entwicklung und der konkreten Umsetzung der entsprechenden Gesetze besteht in Belgien in dieser Hinsicht jedoch eine große Diskrepanz zwischen Anspruch und Wirklichkeit, die sich etwa in der bereits angesprochenen Ungleichbehandlung der unterschiedlichen Glaubensgemeinschaften zeigt.

Derzeit kündigt sich meines Erachtens ein neuer Trend an, der dieses System innerhalb von Jahrzehnten kollabieren lassen dürfte, wenn es nicht konsequent neu durchdacht wird. Im Verein mit einer Gruppe von Wissenschaftlern und Laien haben wir, die Humanistisch-Freisinnige Vereinigung (HVV), eine entsprechende Erklärung zu diesem Thema erarbeitet, die wir dem Zentralen Laizistischen Rat Belgiens und den Parlamentsabgeordneten vorgelegt haben.[4]

[4] Humanistisch-Vrijzinnige Vereniging: Levensbeschouwing kan voor meerwaarde zorgen. 2006. Zugriff unter: www.h-vv.be

Die Buddhistische Union Belgien (BUB) ersuchte im Jahr 2006 um rechtliche Anerkennung, das Verfahren dauert noch an. Sie möchte als „nichtkonfessioneller Kultus“ anerkannt werden, was im Rahmen ihrer Tradition korrekt wäre. Dadurch ergibt sich jedoch eine Schwierigkeit für das jetzige Kategorien-System des Staates, denn bisher werden nur die humanistisch-laizistischen Gruppierungen als nichtkonfessionell anerkannt. Deren Dachorganisation Centre d'Action Laïque (CAL) bietet allen Schülern das Fach „nichtkonfessionelle Ethik“ an. Wird der Buddhismus als „nichtkonfessioneller Kultus“ zugelassen, wird er entweder eine separate „Säule“ hinsichtlich Lehrpersonal und Lehrplan bilden oder in das bestehende System integriert werden, was zum ersten Mal für einen Kultus nichtwestlicher Herkunft der Fall wäre. Auch eine hinduistische Vereinigung strebt nach offizieller Anerkennung. Als Anthropologe, der sich mit den kulturellen und religiösen Unterschieden der Gesellschaften Europas beschäftigt[5], schätze ich, dass innerhalb des nächsten Jahrzehnts wenigstens zehn, möglicherweise aber bis zu fünfzig andere religiöse Glaubensrichtungen im heutigen Belgien rechtmäßig um Anerkennung nachsuchen könnten. Die verschiedenen Flüchtlings- und Einwanderergruppen, die sich im Lauf der Jahre in Belgien niedergelassen haben, spiegeln diese Vielfalt der Kulte wider, und es ist nur eine Frage der Zeit, bis sie sich um Anerkennung bemühen. Manche Kulte werden sich im nationalen Rahmen ausbreiten, andere werden lediglich auf regionaler Ebene eine Rolle spielen, doch im Prinzip kommen nach den gesetzlich vorgegebenen Kriterien etliche von ihnen für die Anerkennung in Frage: zum Beispiel die Sikhs, die ukrainisch-orthodoxe Kirche, die Heiligen der Letzten Tage, die Aleviten, die Baha'i und einige andere. Der Versuch des Staates, mit Hilfe eines parlamentarischen „Sektenausschusses“ zwischen „Sekten“ und „Kulten“ zu unterscheiden, ist völlig fehlgeschlagen. Nachdem der Ausschuss seinen Bericht mit einem Verzeichnis von über hundert Sekten veröffentlicht hatte, protestierten sowohl der Kardinal der katholischen Kirche – weil Opus Dei auf der Liste stand – als auch einige andere „Opfer“ dieser Klassifizierung. Damit überließ man die Aufgabe, Sekten und „seriöse“ Kulte zu definieren, den Sicherheitsdiensten des Staates. So viel zur wissenschaftlichen Sorgfalt.[6]

„Wenn nur zehn der möglichen Kandidaten rechtlich anerkannt werden, dürfte das System zusammenbrechen. Es wäre kaum möglich ... für das gesamte Personal und die Temporalien aufzukommen.“

Wenn nur zehn der möglichen Kandidaten rechtlich anerkannt werden, dürfte das System zusammenbrechen. Es wäre kaum möglich, wie im Fall der bisher anerkannten Glaubensgemeinschaften für das gesamte Personal und die Temporalien aufzukommen, wodurch sich die Ungleichbehandlung verschärfen würde. Nicht weniger schwierig wäre es, die Ausbildung des Lehrpersonals

---

[5] Vgl. Pinxten, Rik: Goddelijke fantasie. Antwerpen 2000. Pinxten, Rik: Making Sense in the City. Symposium, 2006 (Näheres unter http://cici.ugent.be/nl/symposium).

[6] Vgl. Pinxten, Rik: Sekte, religie en godsdienst. Een antropologische invalshoek. In: *Ethiek & Maatschappij* 5/2002, S. 31–42.

für jeden einzelnen Kultus zu garantieren, wenn sämtliche Lehrer, wie die der katholischen Konfession oder von Laienkursen, Fachhochschulen oder Universitäten besuchen sollen (die BUB hat 2006 die Initiative ergriffen und eine Hochschule für das Studium des Buddhismus gegründet, womit sie die erbetene Anerkennung vorweggenommen hat). Und schließlich wird es den Grundschulen und höheren Schulen so gut wie unmöglich sein, ihren Verpflichtungen nachzukommen, denn nach dem Gesetz muss der entsprechende Religionsunterricht auch dann angeboten werden, wenn nur ein Schüler unter Tausenden Unterricht in einem der anerkannten Kulte fordert. Bestünde die Wahl zwischen fünfzehn oder mehr Möglichkeiten, wären die Schulen einer extremen Belastung ausgesetzt, nämlich der kaum lösbaren Aufgabe, für den Unterricht sämtlicher neu anerkannten Glaubensrichtungen Stundenpläne zu erstellen sowie Räume und Arbeitsmöglichkeiten bereitzuhalten.

„Nach dem Gesetz muss der entsprechende Religionsunterricht auch dann angeboten werden, wenn nur ein Schüler unter Tausenden Unterricht in einem der anerkannten Kulte fordert.“

Mit unserer Initiative für die Zukunft[7] zielen wir auf zwei Lösungswege ab: Als Erstes schlagen wir vor, die Anerkennung religiöser und weltanschaulicher Gemeinschaften auf faire und einheitliche Weise zu organisieren. Zum Beispiel könnte man in regelmäßigen Abständen (etwa während der Parlamentswahlen, bei denen die Anonymität garantiert ist) ein Plebiszit durchführen, in dem die Menschen angeben können, welcher Glaubensrichtung sie sich zugehörig fühlen. Finanzierung und Anerkennung könnten auf einer fairen und neutralen Basis abgewickelt werden, sobald die Ergebnisse einer solchen Volksabstimmung vorlägen. Zweitens plädieren wir für eine aktiv pluralistische Schule, die sich von den heutigen konfessionellen Fesseln befreit. In einer solchen Schule würden sich Lehrer und Schüler einem aktiven Pluralismus widmen, das heißt, sich darum bemühen, Wissen über die verschiedenen Weltanschauungen und Religionen zu erwerben und sich mit ihnen im interkulturellen Dialog auseinanderzusetzen. Wir glauben, dass sich die Bürger nur auf dieser Grundlage hinreichend auf die neuen Lebensbedingungen werden einstellen können, mit denen sie in einer zunehmend multikulturellen Gesellschaft konfrontiert sein werden.[8] Als Organisation, welche die Rehumanisierung der Gesellschaft unter dem Druck der Globalisierung und den Bedingungen der postindustriellen Not in den Städten anstrebt, entscheiden wir uns für die offene Diskussion und die Entwicklung von Kompetenzen, die die Bürger zur gegenseitigen Verständigung befähigen. ❑

---

[7] Humanistisch-Vrijzinnige Vereniging: Levensbeschouwing kan voor meerwaarde zorgen. 2006. Zugriff unter: www.h-vv.be

[8] Humanistisch-Vrijzinnige Vereniging: De pluralistische school. 2005. Zugriff unter: www.h-vv.be

Das Laizitätsprinzip auf dem Prüfstand

Zum Verhältnis von Schule und Religion in Frankreich

Stefan Rech

Ein mit Salz schwer beladener Esel wird den immer gleichen Weg zum nächsten Marktplatz getrieben. Unterwegs durchschreitet er mit seinem Begleiter einen Fluss. Im Wasser angekommen, verliert der Esel für einen kurzen Moment sein Gleichgewicht und taucht unter. Danach verspürt er dadurch, dass sich ein Teil des Ladegutes aufgelöst hat, merkliche Erleichterung. Für den nächsten Markttag bewahrt sich der Esel seine gewonnene Erkenntnis und lässt sich mit Absicht ins Wasser plumpsen. Die Last wiegt dieses Mal jedoch doppelt und dreifach so schwer – er hatte Schwämme geladen.

(Äsop, Der mit Salz beladene Esel)

Das Verhältnis von Schule und Religion in Frankreich ist in starkem Maße davon abhängig, wie sich das Land in seinem Selbstverständnis als Staats-Nation zur Einwanderung, zu seinen Migranten oder Minderheiten stellt. Die Einstiegsparabel wurde deshalb gewählt, weil sie Parallelen aufweist zu dem reflexartigen Reaktionsmuster Frankreichs auf Fragen der Religion einerseits und dem zunehmenden Bewusstsein andererseits, dass neue Wege gefunden werden müssen, wie mit der faktischen Vielfalt der Lebenswirklichkeit im öffentlichen Raum – darunter auch religiöse Ausdrucksformen im Schulleben – umgegangen werden kann. Mit anderen Worten: Das strikte Festhalten am Laizitätsprinzip, also der Trennung von Religion und Staat, kann unter veränderten Voraussetzungen zur Last oder gar zu einem Teil des Problems werden.

Im Folgenden sollen zunächst die Herausforderungen, die sich der französischen Nation angesichts der Einwanderung stellen, vor dem Hintergrund ihres tradierten und im kollektiven Bewusstsein tief verankerten Selbstverständnisses aufgezeigt werden. Sodann wird zu skizzieren sein, wie sich der Islam als zweite Religion in Frankreich etabliert hat und welche Fragen dies hinsichtlich des Laizitätsprinzips aufwirft. Ein dritter Teil beschreibt das Verhältnis von Religion und Schule in Frankreich anhand zweier Empfehlungen für die Regierung, welche den aktuellen bildungspolitischen Trend kennzeichnen.

I. Frankreich – republikanischer Schmelztiegel unter Druck?

Frankreich war lange Zeit der „verborgene Schmelztiegel“ Europas. Kein Land hatte zu einem solch frühen Zeitpunkt und in diesem Ausmaß ausländische Arbeitskräfte angeworben oder angezogen.[1] Dass 2007 in Paris das „Museum der Immigration“ in dem symbolträchtigen Palais de Porte Dorée eröffnet wird, ist in mehrfachem Sinn bedeutsam. Damit erhält die Einwanderung mit ihren unterschiedlichen Phasen, Facetten und Einflüssen einen offiziellen Platz als integraler Bestandteil der französischen Geschichte. Das Museum möchte nicht nur präservierende Erinnerung betreiben, sondern auch ein Ort des lebendigen Austauschs und der selbstkritischen Auseinandersetzung zu Fragen der Repräsentation des Anderen in der Gesellschaft, von Differenz und nationalem Selbstverständnis sein.[2] Vor dem Hintergrund aktueller Krisen und Debatten, vor allem aber auch der langen Tradition einer assimilatorischen Inkorporationslogik à la française sind das Faktum der Museumseröffnung und die selbstreflexive Herangehensweise beachtlich.

Um besser nachvollziehen zu können, vor welchem Erfahrungshorizont gegenwärtig das Verhältnis zwischen Religion und Schule verhandelt wird, sei ein kurzer Ausflug in den republikanischen Gründungsmythos erlaubt. Erst von hier erschließt sich das logische Diskursfeld, das den Boden bereitet für die Grenzziehung zwischen Person und politischer Öffentlichkeit, Religion und Staat, über die heute neu nachgedacht wird.

„Die Französische Revolution ... ist Ursprungsmythos für das neuzeitliche Projekt Nationenwerdung. Neuer Souverän sind jetzt alle freien und gleichen Bürger.“

Die Französische Revolution, getragen von den menschenrechtlichen Leitprinzipien (Freiheit, Gleichheit, Brüderlichkeit) ist Ursprungsmythos für das neuzeitliche Projekt Nationenwerdung. Neuer Souverän sind jetzt alle freien und gleichen Bürger, die sich über ihren gemeinsamen Willen (volontée generale) als unteilbare Nation erkennen und anerkennen. Die freigesetzten Einzelnen haben sich über diesen Schöpfungsprozess neu gebunden – ihr unweigerlicher Referenzpunkt ist die Nation. Dies erklärt die Vehemenz und den (zum Teil heroischen) Selbstbegründungszwang in den alten und neuen Debatten um den anderen, den Fremden, den Immigranten und natürlich auch die Muslime. Nach Ernest Renan braucht es für eine Nation nicht nur ein „alltägliches Plebiszit“, sondern auch eine „Seele“ und ein „Vergessen“.[3] Der Preis für den Eintritt in und die Teilhabe an dem regelgeleiteten Uni-

[1] Innerhalb Europas ist Frankreich das Land mit der größten Einwanderung im Sinne von Arbeitskräftetransfer in der neueren Geschichte. Gérard Noiriel hat diesem Umstand erstmalig aus dem Blickwinkel des Historikers Aufmerksamkeit geschenkt und schätzt den Anteil der Einwanderer an der Gesamtbevölkerung im Zeitraum von 1880 bis 1988 auf 40 Prozent. Vgl. Noiriel, Gérard: Le creuset français. Histoire de l'immigration (XIXe–XXe siècle). Paris 1988.

[2] Vgl. La Cité nationale de l'histoire de l'immigration: http://www.histoire-immigration.fr./index.php?lg=fr&nav=280&flash=0 am 29.10.2006.

[3] Renan, Ernest: Qu'est-ce qu'une nation? Conférence faite en Sorbonne le 11 mars 1882. In: Renan, Ernest: Œuvres complètes, Bd. 1. Paris 1947, S. 903–914.

versum vernünftiger Herrschaft aller ist, dass jegliche Bezugnahme auf kollektive Zugehörigkeit (Ethnie, Gruppe, Religion) jenseits des Individuums an seiner Pforte abgelegt werden muss. Die Agenturen, welche diese Leitprinzipien umsetzten und sozusagen in die Fläche brachten, sind neben der zentralistischen Verwaltung vor allem das Militär und die Schule.[4] Das gleiche assimilatorische Prinzip, das aus durchaus emanzipatorischem Anspruch (in den Kolonien als „mission civilisatrice" ausgegeben) die Bauern in den abgelegenen Regionen zu republikanischen Staatsbürgern zusammenschmolz, wurde auf die angeworbenen Arbeitskräfte angewandt, die aus den ehemaligen Kolonien (z. B. Algerien), den europäischen Anrainerländern oder anderswo herkamen.[5] Um dem geforderten Verfassungspatriotismus gerecht zu werden, erfolgte eine Art Gegenimpfung: Beim Betreten der öffentlichen Agora waren jegliche Herkunftsbezüge abzulegen. Die gelebte Wirklichkeit sah bisweilen völlig anders aus[6], was aber die Wirkungsmacht dieser grundlegenden Wahrnehmungsstruktur nicht schmälert.

„Um dem geforderten Verfassungspatriotismus gerecht zu werden, erfolgte eine Art Gegenimpfung: Beim Betreten der öffentlichen Agora waren jegliche Herkunftsbezüge abzulegen."

Der Verschmelzungsvorgang zu Neubürgern führt zur Trennung zwischen weltlicher und religiöser Sphäre, in seiner konsequenten Form und Rigidität eine Besonderheit der französischen Nation.

Die Zeit von der Französischen Revolution bis zum Beginn des 20. Jahrhunderts ist geprägt durch erbitterte Kämpfe zwischen der katholischen Kirche Frankreichs („la fille aînée de l'église", der ältesten Tochter der Kirche) und der staatlichen Autorität um Eigentum, Macht und Einfluss. „Zwei Frankreichs" standen sich gegenüber, geschieden in ein konservativ-kirchentreues und ein republikanisch-verfassungstreues Lager.

Der Erziehungsminister Jules Ferry erlässt 1882 ein Schulgesetz, das den Abschied der religiösen Erziehung von der öffentlichen Schule begründet. Damit hält der Laizismus Einzug ins Schulwesen, in dem er seinen zentralen Ort hat. 1905 wird die Trennung von Staat und Kirche zum allgemeinen Grundsatz, nach dem der Staat keine Konfession anerkennen oder subventionieren darf, zugleich aber die Freiheit aller Konfessionen gewährleisten muss. Der Laizismus erhält in der Nachkriegszeit Verfassungsrang. Im Verfassungstext von 1958 heißt es: „Frankreich ist eine unteilbare, laizistische, demokratische und soziale Republik".

Was ist es, was heute diese kurz skizzierte, mehr ideell-abstrakte, Vereinheitlichungslogik brüchig werden lässt? Woran kann das Schwinden der Bindungs-

[4] Vgl. Weber, Eugene: Peasants into Frenchmen. The Modernization of rural France. Stanford 1976.

[5] Noiriel 1988 (wie Fußnote 1).

[6] So war Algerien von 1830 bis zur Unabhängigkeit 1962 ein französisches Departement. Die Algerier waren zwar französische „Sujets", also Untertanen – die in der Schule kein Arabisch oder arabische Geschichte lernen durften –, aber noch lange keine mit dem Wahlrecht ausgestattete Citoyens. Sie bekamen den Status von Muslimen zugewiesen, innerhalb dessen sie ihre Angelegenheiten im Privat- und Erbrecht regelten. Vgl. Ruf, Werner: Die meisten Muslime in Frankreich finden Chirac und Jospin gut. In: *Frankfurter Rundschau* vom 03.04.2002.

und Strahlkraft der französischen Nation erkannt werden? Zum einen sind es Faktoren, wie sie auch aus anderen postindustriellen Nationalstaaten im „globalen Dorf" bekannt sind: strukturelle Arbeitslosigkeit, Fragmentierung der traditionellen gesellschaftlichen Institutionen wie Gewerkschaften, Abkopplung der politischen Klasse von der zivilen Gesellschaft, Verlust der nationalen Steuerungsmacht durch Globalisierung, Anstieg der rechtspopulistischen Kräfte, Krise der Bildungsinstitutionen, Brüchigkeit gemeinsamer Werte etc.

Es gibt aber auch Beispiele und Krisenerscheinungen, die der spezifischen Situation und Verfasstheit der französischen Gesellschaft geschuldet sind:

- Die aktuell wieder aufbrechenden Jugendunruhen in den Vorstädten weisen auf eine Dauerkrise hin. Seit über 20 Jahren artikulieren periodisch immer wieder neue Generationen (in der Mehrzahl Nachkommen der während der „Trente Glorieuses" gerufenen Arbeitsmigranten) von in die republikanischen Werte enkulturierten Jugendlichen ihre Empörung über ein Land, in dem sie sich diskriminiert und nicht gewollt fühlen und in dem sie keinen Zugang zum Arbeitsleben finden. Sozial ausgeschlossen, nutzen diese Jugendlichen das einzige soziale Kapital, über das sie verfügen – die Gemeinsamkeit des Ausgeschlossenseins, ethnische, religiöse und lokale Bezüge –, dazu, Anerkennung und Respekt seitens der Gesellschaft einzuklagen.
- Die Debatte um das Gesetz zur positiven Rolle der Franzosen in den Kolonien, speziell in Nordafrika, die parallel zu der Verarbeitung der Vorstadtunruhen 2005 verlief, entfachte heftige Kritik seitens einiger namhafter Historiker, lieferte den Jugendlichen eine Vorlage, sich in einer postkolonialen Pose der ethnischen Unterklasse zu präsentieren, und veranlasste Staatspräsident Chirac dazu, die Sklaverei im Namen Frankreichs und der Menscherechte zu verurteilen, die Aufarbeitung kritischer Aspekte der Kolonialgeschichte dabei aber elegant zu umgehen.[7]
- Die Kopftuchaffäre: Nachdem 1989 zwei muslimischen Mädchen mit Kopftuch der Zugang zur Schule verweigert wurde, entspann sich eine Debatte zwischen den Verteidigern des republikanischen Universalismus und den Kritikern eines gleichmacherischen Staates, der das Recht auf Anerkennung zugunsten einer Zwangsassimilation verwehre. Interessant daran war, dass in diesem Streit die traditionellen Rechts-links-Schemata nicht griffen. Mit dem Gesetz von 2004, das das Kopftuchtragen in der öffentlichen Schule verbietet, ist zwar der Konfliktanlass durch ein Machtwort seitens des Staates verschwunden, die ideologischen Glaubenskerne bestehen indes weiter.

Es geht also um die dringenden Fragen,

- wie die eklatante Lücke zwischen abstrakten Leitprinzipien (Gleichheitspostulat) und den auf Ungleichheit basierenden Ausgrenzungsmechanismen zu schließen ist;

[7] Vgl. Ritzenhofen, Medard: Schattenbeschwörung und Schönfärberei. Koloniales Erbe und historische Wahrheiten. In: *Dokumente. Zeitschrift für den deutsch-französischen Dialog*, Heft 2/2006, S. 54–59. Zugriff unter: www.france-mail-forum.de/fmf42/neuf/Ritzenhofen.pdf

- wie das heroisch-verzweifelte Festhalten an nationaler Selbsterhöhung durch eine offene, selbstkritische Bilanzierung – verbunden mit einem Blick in die Zukunft – ersetzt werden kann;
- wie anstelle eines rituellen Schlagabtauschs zwischen universalistischen und partikularistischen Diskursen ein fruchtbarer, an konkreten Herausforderungen des täglichen Zusammenlebens orientierter Dialog treten kann.

Die zaghaften Ansätze, das Verhältnis von Religion und Staat neu zu justieren, könnten zumindest an einigen Stellen einen Weg aus den skizzierten französischen Dilemmata weisen. Ausgesprochen oder unausgesprochen werden in dieser Debatte meist zwei „Glaubensbekenntnisse" von ihren jeweiligen Anhängern ins Feld geführt: Laizismus und Islam lauten die Kampfbegriffe, der beliebteste Austragungsort des Gefechts ist die Schule.

II. Laizismus und Islam – un couple infernal?

Über Laizismus in Frankreich zu sprechen gleicht dem Versuch, die „Gemütlichkeit" der Deutschen oder den „Fado" in Portugal erklären zu wollen. Dieses in harter Auseinandersetzung mit der katholischen Kirche errungene „heilige Prinzip" gehört zum festen Identitätskern der französischen Republik. Von „laicos" (griechisch für „Volk") abgeleitet, steht der Begriff bewusst in Opposition zu „clerc", dem „Klerus" oder auch dem „Gebildeten", „Wissenden". Es ist wichtig, zwischen Säkularisierung und Laizität zu unterscheiden. Beschreibt Erstere einen Prozess des Bedeutungsverlustes von Glaube und Religion im Alltagsvollzug, so bezieht sich Letztere auf die Trennung zwischen weltlicher und religiöser Lebenssphäre. Sie gründet auf drei wesentlichen Prinzipien:

- der Gewissensfreiheit,
- der Gleichheit von geistlichen und religiösen Ausrichtungen vor dem Gesetz,
- der Neutralität der politischen Gewalt.

Der Staat emanzipiert sich von der Religion, indem er sie in klare juristische Schranken verweist und dabei seine eigene Grenze und neutrale Rolle definiert. Für die öffentliche Schule (l'école public) – jene republikanische Sozialisierungsinstanz schlechthin – heißt dies: Die geistliche Schulaufsicht (zusammen mit allen materiellen und geistigen Artefakten und Symbolen, die mit Religion in Verbindung gebracht werden können) wird aufgehoben. Im Curriculum wird die „instruction morale et religieuse" durch die „instruction morale et civique" ersetzt. Das öffentliche Schul- und Bildungswesen liegt in der Verantwortung des Staates. Die Gleichheit aller persönlichen und religiösen Weltanschauungen wird gewahrt, indem Lehrende und Lernende dazu angehalten sind, ihre Überzeugungen und Positionen nicht (schul)öffentlich zu machen. Indem Religion als Pflichtfach getilgt wird, schützt der Staat die innerschulischen Akteure vor jedweder Form des Proselytismus. So weit die konzeptionell-juristische Gestalt staatlicher Selbstverständigung.

Gleichwohl gibt es Erscheinungen und (Ausnahme-)Regelungen, die eine Verbindung zwischen Staat und religiös-konfessionellen Institutionen und eine gewisse Bevorzugung der Letzteren erkennen lassen.

Das Gesetz von 1905 hatte zur Folge, dass Privatschulen (écoles libres) in religiöser Trägerschaft entstanden (bis heute zu 95 Prozent katholisch). Dieses seit den fünfziger Jahren staatlich geförderte Privatschulsystem bildet mit etwa zwei Millionen Schülern[8] und 120 000 Lehrkräften eine großflächige Enklave in der laizistischen Landschaft.[9] Des Weiteren sind die seelsorgerischen Aktivitäten an Schulen zu erwähnen und die historisch bedingte Ausnahme in der Region Elsass und dem Departement Moselle, wo nach wie vor Religion als Regelunterricht in der öffentlichen Schule angeboten wird.

„Indem Religion als Pflichtfach getilgt wird, schützt der Staat die innerschulischen Akteure vor jedweder Form des Proselytismus.“

Auch wenn es um die staatliche Förderung der Privatschulen immer wieder öffentliche Auseinandersetzungen gegeben hat, so bestätigten diese Ausnahmen eher die laizistische Regel. Zwei Entwicklungen, die in den 80er Jahren einsetzen, geben jedoch Anlass, den Laizismus auf den Prüfstand zu stellen. Zum einen die Feststellung, dass in der Gesellschaft ein dramatischer Wissensverlust hinsichtlich der Religion zu verzeichnen ist. Zum anderen die immer mehr ins öffentliche Bewusstsein rückende Tatsache, dass der Islam zur zweitgrößten Religion in Frankreich geworden ist.

Wie stellt sich das vielgestaltige Bild des Islam und der Muslime in Frankreich heute dar?

Die erste Ölkrise in den 70er Jahren und die damit einhergehenden ökonomischen Umbauprozesse markieren in Frankreich (wie in allen Ländern, die Arbeitskräfte angeworben hatten) einen Wechsel in der Immigrationspolitik. Trotz der politisch programmatischen Parole, Einwanderung zu stoppen („zero migration“), holen viele Migranten ihre Familien nach Frankreich. Die Zeit nach den „Trente Glorieuses“ ist eine Phase, in der das französische Integrationsmodell aus dem Tritt gerät. Von vielen als abstrakte Leerformel erlebt, passt das Modell nicht mehr zur sozialen Wirklichkeit. Die Unterschichtung, ein Prozess, bei dem die nachrückenden Einwanderer niedrig bezahlte Arbeitsplätze besetzen und den länger Ansässigen den sozialen Aufstieg ermöglichen, ist zum Stillstand gekommen. Der Diskurs hat sich verschoben. Es geht weniger darum, wie eine Eingliederung über Arbeit zu bewerkstelligen ist, als vielmehr darum, wer „dazugehört“ und wer nicht. Während eine stärker werdende Neue Rechte zur „Rettung der letzten europäischen Stammes-

[8] Etwa 16 Prozent bezogen auf alle französischen Schüler, darunter etwa 30 000 jüdische Schüler und einige wenige islamische Schüler. Vgl. Roy, Olivier: La Laïcité face à l'islam. Paris 2005.

[9] Vgl. Bories-Sawala, Helga: Islam plus laïcité: die Quadratur des Kreises? In: France-Mail-Forum: Dossier Laïcité und Islam in Frankreich. www.france-mail-forum.de/dos/dos3/dos3hbs2.htm am 31.07.2006.

bewohner“ aufruft, demonstrieren junge Beurs[10] in Paris für das „Recht auf Differenz“.

Durch die Lockerung des Vereinsrechts zu Beginn der Amtszeit von François Mitterrand (1981) entfaltet sich das organisierte Leben von Migranten. Dadurch erhält die Praxis des Zusammenlebens auf lokaler Ebene zum ersten Mal in ihrer sozialen, ethnisch-nationalen und religiösen Vielfalt eine juristische Form und offizielle Ausdrucksmöglichkeiten. Auch die religiöse Landschaft islamischer Gruppierungen formiert sich mit der Verstetigung der Einwanderung bestimmter Migrantengruppen. Mit der wachsenden affirmativen Sichtbarkeit ihrer Religion im öffentlichen Raum bekunden die Muslime zugleich ihre Ankunft in der Gesellschaft ihrer Wahl. In einer der ersten empirischen Studien zum Islam in Frankreich spricht der Islamwissenschaftler Gilles Kepel von über 1000 Moscheen und Gebetsorten und etwa 600 islamischen Organisationen.[11] Nicht die Zahl an sich, sondern die Geschwindigkeit, mit der islamische Gebetsstätten entstehen bzw. wahrgenommen werden, ist erstaunlich: Werden Mitte der 70er Jahre noch 150 Gebetssäle gezählt, so kommt das Innenministerium Anfang 2000 auf 1555 Moscheen und Gebetsorte. Die umfassendste Bestandsaufnahme aller Gebetsstätten für Muslime im Internet zählt aktuell 2147.[12]

„Mit der wachsenden affirmativen Sichtbarkeit ihrer Religion im öffentlichen Raum bekunden die Muslime zugleich ihre Ankunft in der Gesellschaft ihrer Wahl.“

Die Angaben über die Anzahl von Muslimen in Frankreich schwanken zwischen 3,5 und 5 Millionen.[13] Die Geschichte der Muslime in Frankreich ist stark mit der kolonialen Vergangenheit verwoben. Emblematisch dafür mag die 1926 gegründete „Mosquée de Paris“ stehen[14], die noch heute eine Schlüsselrolle in der Kooperation zwischen Staat und muslimischen Gemeinden innehat. Die Ambivalenz von kolonialer Unterdrückung, Befreiungskampf, Autonomiebestrebungen und Repatriierung spiegelt sich besonders bei den algerischstämmigen Einwanderern und Arbeitsmigranten wider. So muss bei den rund 725 000 algerischen Immigranten zwischen „Harkis“ – Algerier, die während des Unabhängigkeitskrieges die Seite des Kolonialherren gewählt hatten und deshalb in Frankreich Zuflucht suchten – und den nach dem Zweiten Weltkrieg neu angeworbenen Arbeitsmigranten unterschieden werden. Die relativ hohe Zahl marokkanischer (560 000) und tunesischer (226 000) Einwanderer unterstreicht, wie sehr der Islam in Frankreich traditionell mit dem Maghreb verbunden ist. Nicht zu unterschätzen ist allerdings, dass die Einwanderungsstatistik zunehmend türki-

[10] „Beurs“ ist die aus dem „Verlan“ (abgeleitet von „à l'envers“, d. h. „verkehrt“), der Jugendsprache der Vorstadtsiedlungen, entnommene Bezeichnung für in Frankreich geborene Jugendliche arabischer Herkunft.

[11] Vgl. Kepel, Gilles: Les banlieues de l'islam. Naissance d'une religion en France. Paris 1987.

[12] La nouvelle carte des lieux de culte. In: *La Croix* vom 25.10.2006.

[13] Das Innenministerium gibt 2000 eine Schätzung zwischen vier und fünf Millionen. Michèle Tribalat, Statistikerin im Institut Nationale d'Etudes Démographiques (INED), nennt 2003 die Zahl von 3,7 Millionen Muslimen. Vgl. *L'Express* vom 04.12.2003.

[14] Sie wurde auch als Geste des kolonialen Frankreich gegenüber seinen muslimischen Untertanen und als Anerkennung und Gedenken an die vielen gefallenen muslimischen Soldaten im Ersten Weltkrieg errichtet.

sche Immigranten und afrikanische Einwanderer aus Ländern südlich der Sahara zu verzeichnen hat.[15] Da konsequenterweise die Religionszugehörigkeit nicht erfasst wird und in Frankreich geborene Kinder von Migranten in der Regel die französische Staatsangehörigkeit besitzen (*ius soli* oder Territorialprinzip), beruhen die Zahlen weitgehend auf Schätzungen.[16]

Die tatsächliche Hinwendung dieser heterogenen Bevölkerungsgruppen zum Islam als lebens- und handlungsleitender Religion ist naturgemäß eine wenig fassbare Größe, die sehr vom Blickwinkel des Betrachters, der tatsächlichen Lebenslage von Muslimen und den medial inszenierten Diskursen der Innen- und Außenpolitik abhängen. Generell kann von einer Individualisierung und Pluralisierung des Islam in Frankreich ausgegangen werden, dessen Erscheinungsformen nicht unberührt bleiben von der Säkularisierung, der sich aber dennoch stetig etabliert und um Anerkennung bemüht.[17] Veranlasst durch den Bürgerkrieg in Algerien, beobachtete und kontrollierte der französische Staat schon zu einem relativ frühen Zeitpunkt extremistische Zusammenschlüsse von Muslimen im eigenen Land. Vereinzelt gab es auch unter den jungen, meist deklassierten und ausgeschlossenen Muslimen Fälle radikaler Islamisierung.[18] Farhad Khosrokhavar unterscheidet zwischen dem „transplantierten" (meist unsichtbaren) Islam der ersten Generation und unterschiedlichen Formen des religiösen Selbstverständnisses bei jüngeren Muslimen. Er spricht von einem „individuellen Islam", der die Einzelnen bei ihrem Integrationsprojekt befördert, einem „kommunitaristischen Islam", der in seinen verschiedenen Spielarten versucht, über die Binnenintegration der eigenen Gläubigen in die Gesellschaft einzuwirken, und einem „radikalen Islam", der sich als identitätsstabilisierender Gegenentwurf zu Rassismus und Verwestlichung präsentiert.[19]

Welche größeren Organisationen repräsentieren die Muslime in Frankreich?

Neben der mit dem algerischen Staat verbundenen Pariser Moschee, deren Rektor Dalil Boubakeur für einen liberalen, laizismuskonformen Islam steht, gibt es die 1983 gegründete „Union des organisations islamiques de France" (UOIF), der eine Affinität zu den syrischen und ägyptischen Muslimbruder-

[15] Weitere Zahlen des Innenministeriums von 2000 bezogen auf die geografische Herkunft der Einwanderer: Türkei 180 000; Schwarzafrika 170 000; Syrien 6500; Libanon 15 000; Ägypten 4500; Iran, Pakistan und Indien 200 000. Seit 1982 werden statistisch „immigrés" erfasst, d. h. im Ausland geborene Menschen nichtfranzösischer Staatsangehörigkeit.

[16] Etwas großzügiger wird die Anzahl von Muslimen in Frankreich in der soziologischen Fachliteratur angegeben: etwa 1 Million Muslime algerischer Herkunft, 800 000 Marokkaner, 500 000 Tunesier, 500 000 Türken sowie etwa 500 000 Muslime aus Westafrika, La Réunion und den Komoren. Vgl. Leveau, Rémy: Der Islam in Frankreich: Wandel und Kontinuitäten. In: Escudier, Alexandre (Hg.): Der Islam in Europa. Der Umgang mit dem Islam in Deutschland und Frankreich. Göttingen 2003, S. 12–25; Ruf 2002 (wie Fußnote 6).

[17] In einer Umfrage von *Le Monde* im September 2001 bezeichnen sich 36 Prozent der Muslime als „gläubig und praktizierend". In einer 1998 durchgeführten Umfrage des *Nouvel Observateur* distanzieren sich 70 Prozent der Befragten von fundamentalistischen Positionen, 87 Prozent denken, dass der Islam kompatibel mit den republikanischen Gesetzen sei. Vgl. www.france5.fr/ripostes/D00069/30/97714.cfm am 11.11.2006.

[18] Vgl. Kelkal, Khaled: Ich habe einfach meinen Platz nicht gefunden. In: *Frankfurter Rundschau* vom 12.10.1995.

[19] Khosrokhavar, Farhad: Formen muslimischer Religiosität in Frankreich. In: Escudier, Alexandre (Hg.): Der Islam in Europa. Der Umgang mit dem Islam in Deutschland und Frankreich. Göttingen 2003, S. 88–106.

schaften nachgesagt wird. Aus ihr sind Organisationen wie die „Jeunes Musulmans de France“ (JMF) oder die „Union de la Jeunesse Musulmane“ (UJM) hervorgegangen, deren geistige Inspirationsquelle das Gedankengut von Tariq Ramadan ist. Die „Fédération nationale des Musulmans de France“ (FNMF) ist ein Sammelbecken von Muslimen unterschiedlichster nationaler Herkunft (Marokko, Türkei), aber auch von französischen Konvertiten. Im französischen Zweig der türkischen Milli Görüş sind in der „Tendance nationale union islamique de France“ vor allem Türken aus dem Nordosten Frankreichs versammelt. Auch die „Féderation d'Associations Islamiques d'Afrique, des Comores et des Antilles“ (FAICA) ist ein Zusammenschluss von Muslimen aus den entsprechenden Herkunftsländern. Nicht zu vergessen sind neben diesen föderativ strukturierten Verbänden islamische Strömungen, die mystische Elemente enthalten und eher als in Netzwerken organisierte Bewegungen zu bezeichnen sind: darunter ordensähnliche Zusammenschlüsse wie die „Muridiya“ (die viele senegalesische Anhänger hat) oder die in einigen Banlieues aktiven „Foi et Pratique“, der französische Zweig der Tabligh-Bewegung (eine pietistische und unpolitische Bewegung, die Ende des 19. Jahrhunderts in Nordindien von Muhammad Ilyas gegründet wurde).[20]

„Nicht wenige Muslime hegen den weniger offenkundigen, aber ebenso nahe liegenden Verdacht, die forcierte Einrichtung einer muslimischen Vertretung sei der Versuch des Staates, Kontrolle über sie auszuüben.“

Seitens des französischen Staates hat es in den vergangenen Jahrzehnten immer wieder Versuche gegeben, die verschiedenen islamischen Organisationen an einem Tisch zu versammeln, um einen verbindlichen Ansprechpartner für Fragen des Kultus, der islamischen Gräberfelder, der Berücksichtigung von Speiseregeln in öffentlichen Institutionen etc. zu haben. Kurz nach dem Regierungswechsel führte Nicolas Sarkozy eine entsprechende Initiative von Chévenement weiter und erreichte, dass sich 2003 der „Conseil Français du Culte Musulman“ (CFCM) gründete: ein repräsentativ gewähltes Gremium mit Vertretern aus vielen der überregionalen und lokalen islamischen Organisationen. Damit schuf sich der Staat einen offiziellen Ansprechpartner. Dass es hier um weit mehr als um Fragen des Kultus geht, konnte das in sich sehr heterogene und konfliktträchtige Gremium bei außenpolitisch heiklen Ereignissen spüren, wie der Entführung von französischen Journalisten im Nahen Osten, oder beim umstrittenen Kopftuchthema.

Mit Recht vermisste die katholische Kirche das Laizitätsprinzip, wenn hier durch staatliche Unterstützung eine Glaubengemeinschaft geschaffen wurde. Eine Kritik, die angesichts der Institutionalisierung der französischen Muslime nahe liegt und die zeigt, dass die Laizität keine einmalig fixierte Größe ist, sondern sich konsensual stets neu bewähren muss. Nicht wenige Muslime hegen den weniger offenkundigen, aber ebenso nahe liegenden Verdacht, die forcierte Einrichtung einer muslimischen Vertretung sei der Versuch des Staates, Kon-

[20] Vgl. Ende, Werner/Steinbach, Udo: Der Islam in der Gegenwart. München 2005, S. 573–577.

trolle über sie auszuüben. Ist der neu gegründete Rat wirklich repräsentativ? Welche Rolle und welchen Einfluss haben die Herkunftsländer, direkt oder vermittelt? Ist der Rat arbeitsfähig? Die Zukunft wird es zeigen.

Zusammenfassend lässt sich sagen: Entscheidend für die sich verändernden Koordinaten der Selbst- und Fremdwahrnehmung von Muslimen in der französischen Öffentlichkeit ist die zunehmende Sichtbarkeit und Selbstbehauptung, die sich ausdifferenzierende Organisationslandschaft der Muslime auf der einen und die wachsende Unsicherheit und die Bedrohung durch reale oder imaginierte Islamisierungstendenzen bestimmter Bevölkerungsgruppen auf der anderen Seite. Hinzu kommt die beinahe obsessive Schizophrenie, mit der das affirmative Zurschautragen religiöser Zeichen diskutiert wird. Das Thema Islam versus republikanische Ideale scheint eine Art „allergischer Anziehungskraft“ auszuüben.

III. Religion und Schule – ein ungleiches Paar?

Wenn es um Religion geht, wird zwar meist – und bisweilen ausschließlich – vom Islam gesprochen, die religiöse Landschaft insgesamt hat sich jedoch verändert (in Frankreich wie in den meisten von Migration geprägten Ländern). Ein neuerer Bericht[21], der die Regulierung und die Finanzierung religiöser Kultstätten beleuchtet, präsentiert folgendes Panorama: Der Anteil der Katholiken ist (von 80 Prozent in den 70er Jahren) auf 65 Prozent gesunken. Ein Viertel aller Befragten, darunter vor allem die Jüngeren, bezeichnet sich als „agnostisch“. Der Protestantismus weist mit zwei Prozent (1,2 Millionen) steigende Tendenz auf und wächst insbesondere durch evangelikale Bewegungen, zu denen etwa 30 Prozent der Protestanten gehören. Dem orthodoxen Christentum mit seinen vielfältigen eigenständigen (akephalen) Kirchen sind etwa 750 000 Gläubige zuzuordnen. In Frankreich versammelt sich die größte jüdische Gemeinde Europas mit etwa 600 000 Angehörigen, viele davon sephardische Juden, die in den 60er Jahren aus den Maghrebstaaten nach Frankreich kamen. Der Buddhismus ist weit davon entfernt, „Nischenreligion“ zu sein. Etwa 300 000 Anhänger dieses Glaubens aus verschiedenen asiatischen Ländern werden aufgeführt, dazu kommt eine geschätzte Zahl von 100 000 Konvertierten. Nicht zu vergessen sind die christlichen Sondergruppen wie etwa die Zeugen Jehovas.

Inwiefern berührt der faktische religiöse Pluralismus die Institution Schule? Anhand von zwei Beispielen soll dies verdeutlicht werden.

Das Kopftuchverbot – Bestätigung des neuen/alten Laizitätsprinzips?

Das Kopftuchverbot gilt seit Herbst 2004 für Schülerinnen an öffentlichen Schulen. Es ist auf andere offen zur Schau getragene politische und religiöse Symbole, wie etwa die jüdische Kippa, den Turban der Sikhs oder das christli-

---

[21] Commission de réflexion juridiques sur les relations des cultes avec les pouvoirs publiques: Rapport vom 20. September 2006. Zugriff unter: http://www.laicite-laligue.org/laligue/laicite-laligue/rubriques/ligue_et_laicite/actualite/lettre12.htm

che Kreuz, übertragbar. Der Gesetzgeber beendet mit dieser Regelung einen lang andauernden Konflikt an französischen Schulen und versucht dadurch deren Rechtsraum klar zu definieren. Das Gesetz ist Ausfluss der Arbeit der so genannten „Stasi Kommission“[22], des „Sonderausschusses zur Anwendung des Prinzips der Laizität in der Französischen Republik“. Gemessen an den ambitionierten Zielen, die der Name des Ausschusses vermuten lässt, und dem betriebenen Aufwand ist die Ausbeute überraschend gering. Etwa 20 Fachleute aus den verschiedensten Lebensbereichen und Disziplinen (Juristen, Pädagogen, politische Würdenträger, Schulleiter etc.) bildeten den Kern der Kommission, die über 100 Anhörungen mit Vertretern der Zivilgesellschaft durchführte, darunter auch mit Schülern. Der Kommissionsbericht ist darum bemüht, die Laizität neu zu begründen und zu bekräftigen. Darin heißt es sinngemäß, das Laizitätsprinzip sei eben nicht eine einfache Trennmauer der Neutralität, sondern ein Wertegarant, der die positiven Seiten der Differenz und gelebten Vielfalt durchaus anerkenne und respektiere. Andererseits komme der Staat seiner Fürsorge- und Schutzpflicht nach, die jungen Menschen innerhalb der öffentlichen Schule vor Verwerfungen und „Identitätskämpfen“ zu bewahren und die Chancengleichheit zwischen den Geschlechtern zu garantieren. Bruno Latour bringt die doppelbödige Botschaft des Gesetzes an die Kopftuchträgerinnen mit folgenden Worten auf den Punkt: „Ihr habt die Wahl: Entweder ihr werdet wahrgenommen, indem ihr euch verschleiert, dann schließen wir euch aber von der Schule aus; oder ihr nehmt das Kopftuch ab und werdet wieder unsichtbar, damit wir euch wieder ausschließen können und es nicht einmal merken, weil wir euch ja gar nicht wahrnehmen.“[23]

„Die Schule ist kein Ort, wo über das Verhältnis von Religion und Politik und den Stellenwert der Meinungsfreiheit reflektiert und Demokratie diskursiv gelebt wird.“

Indem die staatliche Autorität ihre Schutzfunktion in Form der negativen Religionsfreiheit – der „religionsfreien“ Schule – bekräftigt, betont sie gleichzeitig ihre Verleugnungspraxis hinsichtlich realer Ungleichheiten. Jenseits der Frage von sichtbarer Differenz stehen die Minderheiten vor dem Problem institutioneller Diskriminierung und räumlicher Segregation. Viele Angehörige von Minderheiten betrachten dieses Verbot als doppelte Entwürdigung. Der individuellen Freiheit des religiösen Ausdrucks beraubt, werden sie zusätzlich „genötigt“, in einer Art Bringschuld sich einseitig an die Gepflogenheiten der Mehrheit anzupassen. Die Möglichkeit, auf Gerechtigkeitslücken in der Öffentlichkeit aufmerksam zu machen, ist mit dieser Unsichtbarmachung zumindest reduziert. Die Schule ist kein Ort, wo über das Verhältnis von Religion und Politik und den Stellenwert der Meinungsfreiheit reflektiert und Demokratie diskursiv gelebt wird.[24]

---

[22] Die nach ihrem Leiter, Bernard Stasi, benannte Kommission tagte in der zweiten Jahreshälfte 2003 und bereitete den argumentativen Boden für das im Frühjahr 2004 erlassene Gesetz.

[23] Latour, Bruno: Baskenmütze und Baguette. In: *Frankfurter Rundschau* vom 05.02.2004.

[24] Vgl. Balibar, Etienne: Dissonanzen in der Laizität. In: *Mittelweg 36*, 13. Jhg., Heft 2, April/Mai 2004.

Nothilfemaßnahmen gegen religiösen Analphabetismus

Ein französischer Schüler fragt: „Was ist Fasten?" Der Lehrer antwortet: „Das ist der Ramadan der Christen". In dieser weitläufig kolportierten Anekdote wird die Ambivalenz deutlich, mit der die säkularisierte Mehrheitsbevölkerung ihre religiöse Unkenntnis über den Umweg des vermeintlich Anderen zu kompensieren sucht.

„Religiöse Tatsachen sollen als Querschnittsthema in die vorhandenen Lehrpläne eingebaut werden. Geschichte … und Literatur sind Fächer, die sich durch Anschlussfähigkeit in dieser Hinsicht auszeichnen."

Seit den 1980er Jahren wird ein dramatischer Wissensrückgang hinsichtlich der Religion(en) in der Gesellschaft beobachtet. Im Zusammenhang mit schulischer Bildung spricht man geradezu von einer „religiösen Amnesie" oder „religiösem Analphabetismus".

Der bekannte Schriftsteller und Philosoph Régis Debray hat im Auftrag des Erziehungsministeriums einen Bericht verfasst, in dem er laizistisch begründet, warum Religion in die öffentliche Schule gehöre, und aufzeigt, wie deren Einbeziehung aussehen könne.[25] In diametralem Gegensatz zur Verbannung religiöser Zeichen aus der Schule empfiehlt der Bericht einen „Unterricht religiöser Tatsachen" („l'enseignement des faits religieux"), der die Anerkennung und Vermittlung spirituell-religiöser Bezugsgrößen in die Schulmauern zurückholen soll. Debray liefert vier Argumente, die für diesen Schritt sprechen. Ein solcher Unterricht könne dazu beitragen,

- die Religion als Wurzel des eigenen kulturellen Erbes (wieder) zu erkennen und damit einen Schlüssel zur Selbstverortung und zu einem besseren Selbstverständnis in Händen zu haben;
- ein kritisches Reflexionsvermögen gegenüber Glaubenssystemen zu entwickeln, um gegenüber „Fundamentalismen" jeglicher Art wachsam zu sein;
- gegenwärtige weltpolitische Ereignisse in ihren Zusammenhängen besser verstehen und einordnen zu können (denn der Laizismus ist im Weltmaßstab gesehen eher eine Ausnahme als die Regel);
- die Toleranzerziehung, das Fremdverstehen und den Dialog zu fördern.

Debray präzisiert seinen Ansatz gegenüber Befürchtungen, die in dieser Maßnahme eine Art „trojanisches Pferd" sehen, das den Weg zur Einführung des Katechismus in der öffentlichen Schule bereite. Unterweisung in „religiösen Tatsachen" sei nicht gleichzusetzen mit religiöser Unterweisung – die wissenschaftlich-objektive Distanz zum Gegenstand sei immer zu wahren. Er propagiert eine „intelligente" Laizität (im Gegensatz zu einer „inkompetenten", die Religion ignorierenden Laizität), welche religiöse Phänomene in ihrer gesellschaftlichen Relevanz verstehen möchte.

[25] Vgl. Debray, Régis: Rapport à Monsieur le Ministre de l'Éducation nationale: „L'enseignement du fait religieux dans l'école laïque". Paris 2002.

In seinen Empfehlungen schlägt Debray einen pragmatischen Weg vor, der kein „Zusatzfach" Religion vorsieht. Religiöse Tatsachen sollen als Querschnittsthema in die vorhandenen Lehrpläne eingebaut werden. Geschichte, Philosophie, Geografie und Literatur sind Fächer, die sich durch Anschlussfähigkeit in dieser Hinsicht auszeichnen. So sollen Monumente, Kunstwerke und literarische Erzeugnisse von ihrem „religiösen Grund" her verständlich gemacht werden. Die Schüler würden befähigt, die Symbolwelt geronnener Kultur mit religiös inspirierten Augen zu entziffern und sich so ihre eigene Vergangenheit wieder anzueignen.

Debray schlägt folgende Maßnahmen vor:

- Evaluierung bisheriger Versuche, religiöse Phänomene in den Französisch- und den Geschichtsunterricht zu integrieren;
- Erweiterung bereits vorhandener einzelner Unterrichtsbausteine zu religiösen Phänomenen im Sprach- und Kunstunterricht und deren Vernetzung;
- Entwicklung eines Moduls „Philosophie der Laizität und Geschichte der Religionen" als obligatorischer Bestandteil der Lehramtsstudiengänge;
- Entwicklung entsprechender Angebote für die berufsbegleitende Fort- und Weiterbildung von Lehrkräften;
- Gründung eines „Europäischen Instituts der Religionswissenschaft", das die Erforschung der religiösen Landschaft in Frankreich vorantreiben und angemessene Unterrichtsmaterialien entwickeln kann;
- Schulung von Schulleitern und Schulverwaltungsbeamten zum Thema Laizität und Religion;
- Einbeziehung der voranstehenden Überlegungen in eine Reform der Lehrerausbildung.

Kommentar und Ausblick

Es fällt auf, dass die Empfehlungen sich inhaltlich überwiegend an der „materiellen Kultur der Vergangenheit" orientieren. Religion läuft so Gefahr, in einen historischen „Käfig" gesperrt zu werden, der wenig mit der gelebten Realität der Schüler zu tun hat, und hat hier wohl mehr die kompensatorische Funktion, den verlorenen Zugang zur eigenen französischen Kulturgeschichte neu zu ermöglichen. Eine weniger an veralteten Bildungsidealen festhaltende, multiperspektivische Herangehensweise an das Thema könnte die unterschiedlichen Herkunftsbezüge der Schülerinnen und Schüler als Potenzial im Unterricht nutzen. So könnte Schule dazu beitragen, einen Raum für die wechselseitige Anerkennung der Verschiedenheit auf Augenhöhe zu eröffnen. Eine Verkoppelung mit durchaus positiven Ansätzen der „éducation civique", mit starken Anteilen von Menschenrechtserziehung und Antidiskriminierungsarbeit, wäre denkbar.[26]

[26] Vgl. Hormel, Ulrike/Scherr, Albert: Bildung für die Einwanderungsgesellschaft. Wiesbaden 2004, S. 102–122.

Die Integration religionsrelevanter Themen in den Regelunterricht wird stark davon abhängen, ob die genannten Vorschläge auch verpflichtend, d. h. nachhaltig in die Lehrerausbildung einbezogen werden. Gegenwärtig ist dies leider nicht der Fall. Ein Brückenschlag zwischen der durchaus fortgeschrittenen wissenschaftlichen Forschung auf diesem Gebiet und den Institutionen der Lehrerbildung, wie er hier angestrebt wird, ist dringend vonnöten.[27] Es ist davon auszugehen, dass die durch das laizistische Prinzip geprägten Lehrkräfte von heute nicht über Nacht zu versierten Religionslehrern „mutieren" werden. Dazu braucht es Ausbildung und Zeit.

Für die Zukunft bleibt zu hoffen, dass auch gegenwarts- und erfahrungsorientierte Ansätze entwickelt werden, die das Wissen und die Potenziale der Schüler als didaktisch-pädagogisches Konzept einbeziehen und umsetzen helfen. ❑

[27] Vgl. dazu die Schriften der Religionssoziologen Jean-Paul Willaime und Mireille Estivalèzes. Letztere hat beispielsweise eine Bestandsaufnahme bisheriger Bemühungen vorgelegt: Estivalèzes, Mireille: Enseignement et religion. La place du fait religieux dans l'enseignement supérieur et secondaire français. Paris 2003.

Religionsunterricht in Grossbritannien

Marius Felderhof

1. Einleitung

Unter den Intellektuellen in Großbritannien herrscht die Annahme vor, dass die fortschreitende Säkularisierung der Gesellschaft unvermeidlich und im Wesentlichen ein natürlicher Prozess sei. Religiöse Institutionen und ihr erzieherischer Einfluss seien dem Untergang geweiht. Die Menschen könnten den Sinn religiöser Praktiken und Konzepte nicht mehr nachvollziehen oder hielten sie nicht mehr für notwendig. Häufig wird vorausgesetzt, dass die Säkularisierung durch das Wachstum wissenschaftlicher Erkenntnisse vorangetrieben werde, denn das wissenschaftliche Verständnis fordere die religiösen Anschauungen heraus oder lasse sie überflüssig werden. Wenn sich diese Auffassung mit der Philosophie einer liberalen Erziehung verbindet, hat dies sowohl in Europa als auch anderswo einen überaus zerstörerischen Effekt auf die religiösen Institutionen und ihre Unterrichtsangebote. Das Wachstum der Wissenschaft untergräbt den Wahrheitsanspruch der *Inhalte* religiöser Unterweisung, und das Interesse an der Autonomie des Einzelnen im Rahmen einer liberalen Erziehungsphilosophie beeinträchtigt die *Autorität* religiöser Institutionen bei dem Versuch, ihre Sichtweise in die Lehre einzubringen. Im Grunde wird die Religion durch die Autonomie des Individuums privatisiert, sodass jeder berechtigt ist zu glauben, was er will.

Genau genommen könnte sich auf der Grundlage dieser liberalen Erziehungsideologie sogar das Ausbildungsrecht des Staates als problematisch erweisen. Staatliche Institutionen haben, genau wie religiöse, das Potenzial, die Autonomie des Individuums zu verletzen. Gleichwohl werden die Dienste des Staates aus zwei wichtigen Gründen in Anspruch genommen. Erstens gelten nur die finanziellen Mittel der Behörden als hinreichend, um *sämtlichen* Individuen den Zugang zum Privileg der Bildung zu ermöglichen, und zweitens meint man, dass nur die Institutionen des säkularisierten Staates einen *gerechten* Zugang[1] zum Bildungssystem gewährleisten können.

---

[1] Aus rein empirischer Sicht scheint dies allerdings nicht unbedingt Gleichbehandlung zu erfordern. Die Interessen des Staates gewinnen häufig die Oberhand, sodass es zu einer erheblichen Diskriminierung kommt, etwa zwischen Begabten und weniger Begabten oder zwischen wirtschaftlich Produktiven und weniger Produktiven.

In diesem Traum der Intellektuellen bildet die zunehmende religiöse Inbrunst des Islam auch innerhalb der Grenzen Europas (und ein damit verknüpfter radikaler Extremismus am Rande der islamischen Gemeinschaft) eine peinliche Abweichung, was das Wachstum der Säkularisierung betrifft. Im Allgemeinen jedoch betrachten die Intellektuellen das Phänomen des religiösen Enthusiasmus nicht als ernsthafte Herausforderung an ihre Überzeugung, dass die Säkularisierung nicht aufzuhalten sei. So wird die islamische religiöse Inbrunst, wie andere ähnliche Erscheinungen, als zeitweilige „Importware“ von Einwanderern aus „weniger fortgeschrittenen“ Gesellschaften abgetan. Die anhaltende Popularität von Moscheen (oder Gurdwaras und Hindutempeln) sowie deren Besuch durch Angehörige der zweiten und dritten Einwanderergeneration ist eine unpassende Tatsache, doch schreibt man diese Beharrlichkeit dem Druck zu, den der fortgesetzte Zustrom von Migranten und eine in den Herkunftsländern ausgebildete religiöse Führerschaft ausüben, die mit aufgeklärter Säkularität weniger vertraut seien. Im Rahmen der Theorie der Säkularisierung wird die hartnäckige gesellschaftliche Bekundung des religiösen Glaubens auch als Antwort auf kulturelle Entwurzelung und andere gesellschaftliche Faktoren interpretiert. Denn die mit höheren Arbeitslosenzahlen einhergehende Benachteiligung sowie die Fälle von rassischer Diskriminierung haben zu sozialer Ausgrenzung geführt, wie nicht zuletzt der verbreitete Ruf nach Integration belegt. In diesem Kontext soll die Religionsgemeinschaft für dringend benötigte Sicherheit und soziale Solidarität sorgen.

> ***„Warum bekennt sich die große Mehrheit der Menschen trotz Säkularisierung immer noch ohne Umschweife zu einer religiösen Identität, wie etwa der letzte britische Zensus zeigt?“***

Diese Erklärung des anhaltenden Interesses an der Religion enthält offenbar genug Wahrheit, um das Vertrauen in die grundlegende These der Säkularisierung zu stützen. Politische Strategien, welche darauf abzielen, die Integration insbesondere von Muslimen zu erleichtern, indem man Imame in Europa ausbildet oder die Einwanderung nach Maßgabe der wirtschaftlichen Bedürfnisse des Landes einschränkt (also nur Menschen mit Aussichten auf einen Arbeitsplatz einlässt), können mühelos als Vorschläge interpretiert werden, die sich aus der hegemonialen Säkularität der europäischen Gesellschaft ergeben und sie fördern sollen.

Allerdings gibt es einige für die triumphalistische Säkularisierungsthese peinliche Fakten, die gründlicher ins Auge gefasst werden müssen. Zum Beispiel: Warum spielen religiöse Kennzeichnungen immer noch eine derart bedeutende Rolle für die Berichterstattung und für die Interpretation von bestimmten Ereignissen in den Medien? Warum bekennt sich die große Mehrheit der Menschen trotz Säkularisierung immer noch ohne Umschweife zu einer religiösen Identität, wie etwa der letzte britische Zensus zeigt (siehe Tabelle 1)? Welcher politische Druck veranlasste die britische Regierung, trotz der Opposition einer lautstarken Minorität in der Presse, die Eröffnung weiterer „glaubensgestützter“ Schulen vorzuschlagen? Oder – eine damit verwandte Frage – was bewegt die Regierung, (zumeist religiös geprägte) Freiwilligenorganisationen aufzufordern, die Bereitstellung von Sozialdiensten zu unterstützen? Warum erweist sich die Aussicht, an einer britischen Schule als Lehrkraft Religionsunterricht zu erteilen, als derart attraktiv[2] und warum erfreut sich die Wahl dieses Faches bei Schülern und deren Eltern zunehmender Beliebtheit? Angesichts all dieser Fakten kann man nicht umhin, die These einer unvermeidlichen, fortschreitenden Säkularisierung im Westen in Frage zu stellen.

2. Die Beziehung zwischen Religion und Staat

Strebt der britische Staat die Säkularisierung ernsthaft an? In England hat es nie eine strikte Trennung zwischen Kirche und Staat, wie sie etwa verfassungsmäßig in den USA existiert, gegeben.[3] Rein rechtlich hat sich an der Verbindung von Kirche und Staat wenig geändert. Die Königin als Staatsoberhaupt ist gleichzeitig Oberhaupt der Anglikanischen Kirche (Church of England) sowie stolze „Verteidigerin des Glaubens" – allerdings hat der Prinz von Wales angekündigt, dass er nach seiner Thronbesteigung den Titel „Verteidiger der Religionen" tragen möchte.[4] Der Premierminister ernennt indirekt (durch die Königin) die Bischöfe der Church of England; der Monarch wird durch den Erzbischof von Canterbury gekrönt. Die Church of England wird immer noch durch eine Anzahl von Bischöfen im Oberhaus repräsentiert, was sich jedoch durch die Bemühungen der Regierung um eine Verfassungsreform ändern könnte; gegenwärtig sitzen auch Angehörige anderer Konfessionen und Religionen aufgrund ihrer religiösen Rolle im Oberhaus, zum Beispiel der ehemalige Oberrabbiner Jakobovitch. Als Staatskirche hat sich die Church of England viele ihrer rechtlichen Privilegien bewahrt; allerdings haben Nonkonformisten, Katholiken und Juden im Lauf der Jahrhunderte allmählich einen gleichberechtigten Zugang zu Institutionen wie den Universitäten Oxford und Cambridge[5] und, in jüngerer Vergangenheit, zu den Pfarrerposten in den Streitkräften sowie in Gefängnissen und Krankenhäusern erhalten, während innerhalb des staatlich geförderten Bildungssystems einige islamische und Sikh-Privatschulen gegründet worden sind.

„In England hat es nie eine strikte Trennung zwischen Kirche und Staat, wie sie etwa verfassungsmäßig in den USA existiert, gegeben."

In Schottland und Wales haben wir es mit einer anderen Vorgeschichte zu tun. Traditionsgemäß verweigert die dominante schottische Kirche mit ihrer presbyterianischen (reformierten) Ekklesiologie der Krone jegliche Kontrolle

[2] Siehe die Hauptergebnisse des Jahresberichts 2004/05 der Schulinspektionsbehörde Ofsted (Office for Standards in Education), unter: http://live.ofsted.gov.uk/publications/annualreport0405/4.2.14.html. Die Zahl der Bewerbungen um Lehrerausbildungsstellen für den Religionsunterricht an weiterführenden Schulen erhöhte sich um 22,73 Prozent, während die Gesamtzahl der Bewerber um Lehrerausbildungsplätze um 4,63 Prozent zurückging. Siehe Graduate Teacher Training Registry, unter: http://www.gttr.ac.uk/stats06/apps210806.html.

[3] Die Situation in Schottland und Wales unterliegt anderen Gesetzen.

[4] Es ist schwer vorstellbar, wie dieser traditionelle Titel, den der Papst zuerst Heinrich VIII. verlieh, geändert werden könnte.

[5] Frauen bildeten eine weitere Minderheit, die erst 1948 den Status der Gleichberechtigung erhielt.

über ihre Angelegenheiten; bestenfalls ist diese durch einen Beobachter im höchsten Leitungsgremium, der Generalversammlung, *vertreten.* Andererseits genießt die Church of Scotland in ihrem Einzugsbereich innerhalb des schottischen Rechtssystems nicht die gleichen Privilegien, wie sie der Anglikanischen Kirche in England zuteil wurden. In Wales ist die Situation wiederum eine andere, denn die Church of Wales, obwohl ihrer Kirchenverfassung nach anglikanisch, wurde 1928 vom Staat abgetrennt. Der starke Nonkonformismus in Wales verhinderte einen maßgeblichen kirchlichen Einfluss, wie er der Anglikanischen Kirche in England zufiel.

Konstitutionell gesehen ist England also kein säkularer Staat, was erklären mag, weshalb die Regierung noch 1988 im *Education Reform Act*[6] (Bildungsreformgesetz) und in späteren Gesetzen[7] die Bestimmungen des *Education Act* (Bildungsgesetz) von 1944 aufrechterhielt, nach denen erstens allen in der Schule angemeldeten Kindern Religionsunterricht angeboten werden muss und zweitens an jedem Schultag ein gemeinsamer Gottesdienst stattzufinden hat. Das entscheidende Wort hierbei ist „angeboten“, denn Eltern können ihre Kinder vom Religionsunterricht (und dem Gottesdienst) befreien lassen, und Lehrer dürfen das Unterrichten in diesem Fach (oder die Teilnahme am Gottesdienst) ohne für sie negative Folgen (etwa im Hinblick auf ihr Gehalt oder ihre Beförderungsaussichten) ablehnen. Hinsichtlich des Religionsunterrichts besitzen Eltern und Lehrer eine Freiheit, die ihnen im Lehrplan sonst nicht gewährt wird. Die Aufgabe, Schülern Religionsunterricht und einen täglichen Gottesdienst anzubieten, hat im Wesentlichen der Schuldirektor zu erfüllen.

„Die Idee der schulischen religiösen Erziehung, wie sie sich in der Auflage, Gottesdienste und irgendeine Form religiöser Unterweisung anzubieten, manifestiert, hat historische Ursachen.“

Die Idee der schulischen religiösen Erziehung, wie sie sich in der Auflage, Gottesdienste und irgendeine Form religiöser Unterweisung anzubieten, manifestiert, hat historische Ursachen. Der Staat hat sich der Kindererziehung nämlich recht spät zugewandt, bis 1870 wurde der Großteil der Schulausbildung in England von den Kirchen durchgeführt und kontrolliert. Der Staat schaltete sich ein, um die Qualität der Erziehung zu erhöhen und den allgemeinen Zugang sicherzustellen, weshalb er eine Übereinkunft mit den Kirchen traf, in der die jeweiligen Pflichten und die Finanzierung detailiert festgelegt wurden. 1944, gegen Ende des Zweiten Weltkriegs, konnte man die ideologische Basis der Erziehung nicht dem Zufall überlassen, und so verankerte man die religiösen Belange in der Gesetzgebung. Im Jahr 1952 wurde Eltern in Artikel 2 des Zusatzprotokolls der Europäischen Menschenrechtskonvention das Recht eingeräumt, die Erziehung ihrer Kinder „entsprechend ihren eigenen religiösen und weltanschaulichen Überzeugungen sicherzustellen“. Die britische Regierung glaubte, ihre 1944 mit den Kirchen

[6] Vgl. Education Reform Act 1988, unter: http://www.opsi.gov.uk/acts/acts1988/Ukpga_19880040_en_1.htm

[7] Vgl. z. B. den Education Act 1996 (unter: http://www.opsi.gov.uk/acts/acts1996/1996056.htm) und den School Standards and Framework Act 1998 (unter: http://www.opsi.gov.uk/acts/acts1998/19980031.htm).

getroffene Erziehungsabsprache stehe mit dieser Konvention – im Rahmen des Möglichen – im Einklang.[8]

Die bisherigen praktischen Ergebnisse des Religionsunterrichts und der gesellschaftliche Wandel infolge der fortschreitenden Säkularisierung und des durch Einwanderung zunehmenden Pluralismus führten zu einem entschlossenen Versuch einschlägiger Spezialisten[9], den Religionsunterricht in England und Wales neu zu definieren. Letztlich arbeitete man in Birmingham in Form des Agreed Syllabus (Vereinbarter Lehrplan) von 1975[10] ein „multireligiöses" Unterrichtsprogramm aus. Es sollte hervorgehoben werden, dass das Erziehungsgesetz von 1944 die Zustimmung zum Lehrplan des Religionsunterrichts[11] durch vier Parteien vorsah, und zwar in jeder lokalen Schulbehörde (Local Education Authority: LEA): 1. durch Vertreter der Kommunalverwaltung; 2. durch Vertreter des Lehrkörpers; 3. durch Vertreter der Church of England; 4. durch Vertreter der Freikirchen, darunter der katholischen Kirche. Die letztgenannte Gruppe sollte in der Praxis und später auch nach dem Gesetz Repräsentanten nichtchristlicher Religionen[12] einschließen.

„Der Staat hat sich der Kindererziehung recht spät zugewandt, bis 1870 wurde der Großteil der Schulausbildung in England von den Kirchen durchgeführt und kontrolliert."

Warum gab Birmingham mit seinem Agreed Syllabus den Ton an? Abgesehen von der zunehmenden sozialen Vielfalt in der Stadt trugen drei Faktoren zur Entstehung eines multireligiösen Lehrplans und zu seiner Akzeptanz in einem größeren Rahmen bei. Erstens gab es in Birmingham eine ausgeprägte nonkonfirmistische Tradition. Zweitens machte sich die wachsende Bedeutung der Religionswissenschaft als Studienfach – im Gegensatz zur überkommenen Theologie – bemerkbar. Professor Ninian Smart, der vor seinem Wechsel nach Lancaster an der Universität von Birmingham gelehrt hatte, spielte hierbei eine wesentliche Rolle, indem er den Einfluss der Religionswissenschaft mit ihrem Interesse an der Phänomenologie der Religion auch unter den Lehrplanentwicklern geltend machte; außerdem nahm er selbst lebhaften Anteil am Religionsunterricht.[13] Drittens erwiesen sich die Bemühungen von Professor John Hick als wirkungsvoll, der den Pluralismus innerhalb der Religionsphilosophie befürwortete und zentrale christliche Lehren angriff, zumal solche (Christolo-

---

[8] Die britische Regierung akzeptierte diesen Artikel „nur insoweit, als er mit der Bereitstellung eines wirkungsvollen Unterrichts und einer wirkungsvollen Ausbildung sowie mit der Vermeidung von übertriebenen öffentlichen Ausgaben vereinbar ist" (Council of Europe: Collected Edition of the 'Travaux Preparatoires' of the European Convention on Human Rights. Bd. VIII, Dordrecht 1985, S. 220).

[9] Zu den Schlüsselfiguren gehörten Professor John Hull und Peter Lefroy Owen. Die Voraussetzungen wurden bis 1971 durch die Veröffentlichung von Working Paper 36 geschaffen. Zu John Hulls Beitrag vgl. Bates, Dennis/ Durka, Gloria/Schweitzer, Friedrich (Hg.): Education, Religion and Society. Abingdon 2006.

[10] City of Birmingham Education Committee: Agreed Syllabus of Religious Education. Birmingham 1975.

[11] Dies bezieht sich nur auf staatliche Schulen (County Schools, Community Schools) und Privatschulen mit voller staatlicher Finanzierung; zu den Privatschulen mit staatlicher Teilfinanzierung siehe Abschnitt 4.

[12] In der Praxis gehörten zunächst auch Humanisten zu Gruppe 4, doch später schloss man sie als Repräsentanten aus, da der Humanismus dem Gesetz nach keine Religion ist.

[13] Zu dieser Phase der Geschichte des Religionsunterrichts und Ninian Smarts Rolle vgl. Thompson, Penny: Whatever Happened to Religious Education. Cambridge 2003.

gie und Inkarnationslehre[14]), die Hindernisse auf dem Weg zu einer in größerem Maße universalistischen Religionsbetrachtung innerhalb der christlichen Überlieferung darstellten. Professor Hick, der ebenfalls an der Universität von Birmingham lehrte, hatte eine wichtige Funktion bei der Entwicklung des Agreed Syllabus von 1975.[15]

Das Erziehungsreformgesetz der konservativen Regierung unter Margaret Thatcher von 1988 war Teil der Reformplanung und ein Versuch, den Charakter der Erziehung im Allgemeinen und – in zweiter Linie – das Wesen der religiösen Erziehung zu bestimmen.[16] Durch das Gesetz wurde ein nationaler Lehrplan eingeführt und zum ersten Mal etwas vorgeschrieben, das man im Gesetz von 1944 nur unterstellt hatte: Das lokal vereinbarte Programm für den Religionsunterricht habe „vorwiegend christlicher Art" zu sein, wobei die Existenz anderer wichtiger Religionen im Land berücksichtigt werden solle; auch der gemeinsame Gottesdienst in der Schule müsse gänzlich oder hauptsächlich christlich geprägt sein. Die Gefahr, die dies für die vom Lehrpersonal seit den siebziger Jahren weithin akzeptierten Form des multireligiösen Religionsunterrichts darstellte, war nicht zu verkennen. In Birmingham veröffentlichte Professor John Hull, ein nachdrücklicher Befürworter des säkularisierten, multireligiösen Religionsunterrichts, eilig eine Broschüre mit dem Titel *The Act Unpacked*[17], in der er die Gesetzeswendung „unter Berücksichtigung der Existenz anderer wichtiger Religionen" aufgriff und behauptete, das Gesetz schreibe einen multireligiösen Religionsunterricht zwingend vor, womit er die eindeutigen Ziele derer untergrub, die es formuliert hatten.[18]

„Das lokal vereinbarte Programm für den Religionsunterricht habe ‚vorwiegend christlicher Art' zu sein, wobei die Existenz anderer wichtiger Religionen im Land berücksichtigt werden solle."

Hulls Interpretation des Gesetzes wurde in Großbritannien weithin unterstützt. Zentralisierende Kräfte auf dem Gebiet des Religionsunterrichts[19] (die von der konservativen Regierung beauftragt worden waren, Widerstand gegen den multireligiösen Unterricht zu leisten) schlossen sich Hulls Meinung uneingeschränkt an. Die Hauptbedrohung für den Konsens zwischen Theoretikern und Lehrern, dass ein multireligiöser Lehrplan wünschenswert sei, ging nun von der Freiheit aus, die örtliche Gremien bei der Festlegung ihres eigenen Unter-

[14] Vgl. z. B. Hick, John: God Has Many Names. London 1980 und Hick, John (Hg.): The Myth of God Incarnate. London 1977.

[15] Er war Vorsitzender der koordinierenden Arbeitsgruppe auf der Agreed Syllabus Conference.

[16] Es handelte sich dabei um eine direkte Reaktion auf den Einfluss von Professor John Hull auf den Religionsunterricht und auf den dort herrschenden „Mischmasch" – eine Beschreibung, auf die Professor Hull reagierte.

[17] Hull, John: The Act Unpacked. Birmingham 1989.

[18] Vgl. Thompson 2003 (wie Fußnote 13).

[19] Das heißt das bei der Lehrplanbehörde QCA (Qualifications and Curriculum Authority) für den Religionsunterricht zuständige Team. Dem Gesetz zufolge mussten lokale Beiräte für den Religionsunterricht (Standing Advisory Councils on Religious Education: SACRE) Jahresberichte an die QCA schicken. Dort wurde dann eine für den Religionsunterricht zuständige Gruppe zusammengestellt, welche später dafür sorgte, dass die Behörde für Lehrpläne und Leistungsbeurteilung (School Curriculum and Assessment Authority: SCAA) Modelllehrprogramme lieferte und den verwaltungsrechtlichen nationalen Lehrplan entwickelte; die Mitglieder schienen von der Erwünschtheit eines multireligiösen Programms völlig überzeugt zu sein.

richtsplans hatten. Die Bedrohung war durchaus real, denn spätere Erziehungsgesetze machten es zur Auflage, diese Lehrpläne alle fünf Jahre überprüfen zu lassen, wodurch Spielraum für neue Anweisungen geschaffen wurde. Unter dem Vorwand, die Mittel für den Religionsunterricht erhöhen zu wollen, erstellte die Lehrplanbehörde (Qualifications and Curriculum Authority) – ursprünglich gegründet, um den nationalen Lehrplan, der auch alle anderen in der Schule gelehrten Fächer umfasste, festzulegen und zu steuern – im Jahr 2004 einen „inoffiziellen nationalen Rahmen für den Religionsunterricht".[20] Dort heißt es, im Religionsunterricht solle „das Christentum in jedem Schlüsselstadium der Erziehung behandelt werden". Das Gleiche gelte für die „anderen in Großbritannien repräsentierten Hauptreligionen (Buddhismus, Hinduismus, Islam, Judentum und Sikhismus). Es ist wichtig, dass die Schüler am Ende von Key Stage 3 [mit vierzehn Jahren] die fünf Hauptreligionen hinreichend gründlich kennen gelernt haben." Daneben müssten alle Schüler Gelegenheit erhalten, sich mit „anderen religiösen Traditionen zu befassen, etwa Baha'i, Jainismus, Zoroastrismus und säkularen Philosophien wie dem Humanismus".[21]

Die Wirklichkeitsfremdheit[22] der Verfasser eines Dokuments, das mit stillschweigender Zustimmung der Kirchen und anderer religiöser Organisationen entstand, ist nicht zu verkennen. Der multireligiöse Religionsunterricht wurde festgeschrieben, ohne dass man die konkreten Auswirkungen auf die Schüler gründlich abgeschätzt oder untersucht hätte, ob das ausdrückliche Ziel, die Kinder zu aufgeschlossenen, toleranten Bürgern zu erziehen, dadurch wirklich erreicht werden könne.

3. Relevante Daten zur soziokulturellen Situation im Vereinigten Königreich

Man könnte annehmen, die Bemühungen um einen multireligiösen Lehrplan für den Religionsunterricht verdankten sich dem Eindruck, es gebe einen großen Zustrom von Einwanderern, die anderen Glaubensrichtungen angehören und deshalb entsprechend betreut werden müssten. Doch dies trifft nicht zu. Die Zahlen zeigen, dass die Angehörigen anderer Religionsgemeinschaften immer noch relativ kleine Minderheiten bilden, verglichen mit denen, die sich zu einer der christlichen Kirchen bekennen (siehe Tabelle 1). Die tatsächliche Mo-

[20] Qualifications and Curriculum Authority: Religious Education. The Non-Statutory National Framework. London 2004.

[21] Qualifications and Curriculum Authority 2004 (wie Fußnote 20), S. 12.

[22] Diese Wirklichkeitsfremdheit rührt von dem Unvermögen her, vier Sachverhalte zu erkennen: 1. die begrenzte Zeit, die Religionslehrern im Rahmen des Lehrplans zur Verfügung steht; 2. die begrenzten Kenntnisse der Lehrer und ihr mangelndes Verständnis der unterschiedlichen religiösen Kulturen, was ihnen nicht ermöglicht, einen konstruktiven Unterricht zu erteilen; 3. das begrenzte Interesse von Schülern an der Aneignung religiöskultureller Phänomene ohne jeglichen persönlichen Bezug (siehe den Ofsted-Jahresbericht 2004/05 [wie Fußnote 2], in dem die Verlagerung auf in höherem Maße „existenzielle" Themen, fort von phänomenologischen Beschreibungen, als Grund für das zunehmende Interesse am Religionsunterricht im Hinblick auf die britische Schulabschlussprüfung [General Certificate of Secondary Education: GCSE] identifiziert wird); 4. das begrenzte Interesse der Gesellschaft daran, dass *alle* Schüler Kenntnisse über religiöse Phänomene erwerben, dass *alle* Bürger diese Kompetenz besitzen. Hier wird ein größeres Interesse an der objektiven Beschäftigung mit Religionen vorausgesetzt, als es in der Gesamtgesellschaft vorliegen dürfte. Die wirkliche Triebkraft für einen solchen Unterricht ist der Wunsch, die soziale Integration und Harmonie zu verbessern.

tivation dafür, den multireligiösen Religionsunterricht festzuschreiben, ist intellektueller Art. Die Hauptelemente der Argumentation sind die unparteiische Behandlung aller durch den Staat, die Gleichheit vor dem Gesetz sowie ein unvoreingenommener Standpunkt der intellektuellen Untersuchung. Das instinktive Bedürfnis nach sozialer Integration untermauert diese Haltung. Mutmaßungen darüber, wie eine solche Integration zu erreichen sei, können zu eklatanten Versuchen des Social Engineering führen: Zum Beispiel behaupten manche Befürworter des multireligiösen Religionsunterrichts, gerade die monokulturellen Land- und Stadtgebiete seien auf einen multireligiösen Lehrplan angewiesen. Die Erziehung als Transmissionsriemen der Heimatkultur spielt, wenn überhaupt, eine untergeordnete Rolle.

Religionszugehörigkeit	Personen	Prozent
Christen	37 338 486	71,75 %
Buddhisten	144 453	0,28 %
Hindus	552 421	1,06 %
Juden	259 927	0,50 %
Muslime	1 546 626	2,97 %
Sikhs	329 358	0,63 %
Andere Religionen	150 720	0,29 %
Keine Religion	7 709 267	14,80 %
Religion nicht angegeben	4 010 658	7,71 %
Insgesamt	**52 041 916**	**100,00 %**

Tabelle 1: Religionszugehörigkeit in England und Wales 2001[23]

4. Religion in der Schule

Die Anerkennung religiösen Lebens innerhalb der Schule und der Einfluss der Religionsgemeinschaften auf die Unterrichtsgestaltung kann vielfältige Formen annehmen: Sie können sich manifestierten 1. in der Gründung/dem Träger der Schule und deren Verwaltungsprinzipien; 2. in der personellen Besetzung; 3. im offiziellen und inoffiziellen Lehrplan; 4. in der Steuerung der Aufnahme von Schülern. Die Unterschiede hinsichtlich dieser vier Punkte ergeben sich vorwiegend aus dem jeweiligen Schultyp. In groben Zügen lässt sich die Schulausbildung in der britischen Gesellschaft zwei Sektoren zuordnen: 1. dem *unabhängigen* Sektor (7 Prozent sämtlicher Schüler), in dem die Ausbildungskosten durch Treuhandfonds und in Form von Gebühren durch die Eltern getragen

[23] Mein Dank für die Zusammenstellung des Zahlenmaterials in diesem Beitrag geht an meine Studentin Julie Coombs. – Die hier angegebenen Zahlen dürften sich in den letzten Jahren durch zwei Faktoren relativ stark verändert haben: 1. Die erheblichen Bevölkerungsströme, die durch Asylbewerber und die Osterweiterung der EU verursacht werden, spiegeln sich in den Zahlen noch nicht wider. Inoffiziellen Schätzungen zufolge sind bis zu 600 000 Menschen allein aus Polen seit dessen EU-Beitritt ins Vereinigte Königreich eingewandert. 2. Die einheimische Bevölkerung ist älter und hat im Allgemeinen weniger Kinder als die Migranten.

werden, und 2. dem *staatlich geförderten* Sektor, in dem die Unterrichtskosten durch die lokale Schulbehörde mit Hilfe von Gemeindesteuern und erheblichen Subventionen der Zentralregierung bestritten werden.

Unabhängige Schulen werden im Einklang mit ihren Treuhandverträgen verwaltet, stellen ihr eigenes Personal ein, bestimmen ihren Lehrplan selbst und entscheiden, welche Schüler aufgenommen werden. In der Praxis übernehmen jedoch viele den staatlichen Lehrplan und lassen nur den Inhalt des Religionsunterrichts durch ihre Treuhandverträge festlegen. Von Zeit zu Zeit übt die Regierung Druck aus, indem sie droht, die Steuervorteile aufzuheben, welche die Treuhandgesellschaften durch ihren Status der Gemeinnützigkeit genießen. Zudem sind die unabhängigen Schulen den Zwängen des Marktes ausgesetzt, das heißt, sie werden an ihrem erzieherischen und sozialen „Erfolg"[24] gemessen. In vielen Fällen bleibt der traditionelle Religionsunterricht auf Wunsch der Eltern oder aufgrund der Treuhandverträge erhalten.

„Die Anerkennung religiösen Lebens innerhalb der Schule und der Einfluss der Religionsgemeinschaften auf die Unterrichtsgestaltung kann vielfältige Formen annehmen."

Der staatlich geförderte Sektor kann wiederum in zwei Gruppen unterteilt werden: 1. traditionelle staatliche Schulen (County Schools oder Community Schools) und 2. Privatschulen (Voluntary Schools). Bei Letzteren sind wiederum zwei Hauptgruppen zu unterscheiden: 1. Privatschulen mit voller staatlicher Finanzierung (Voluntary-Controlled Schools) und 2. Privatschulen mit staatlicher Teilfinanzierung (Voluntary-Aided Schools). Die Art der Finanzierung bestimmt den Grad der Beaufsichtigung durch die staatliche Schulbehörde. Der Schulbeirat einer Voluntary-Controlled School, die in der Regel vollständig von der örtlichen Schulbehörde finanziert wird, steht viel stärker unter staatlicher Kontrolle, als dies bei einer Voluntary-Aided School der Fall ist. So wirken sich die Unterschiede in der Finanzierung direkt auf den Charakter des Religionsunterrichts und des gemeinsamen Gottesdienstes in den Schulen aus. In den staatlichen County oder Community Schools muss der Religionsunterricht dem oben genannten Agreed Syllabus entsprechen. Der Religionsunterricht und der gemeinsame Gottesdienst in Privatschulen mit staatlicher Teilfinanzierung stehen im Einklang mit dem jeweiligen Treuhandvertrag, sodass diese Schulen häufig sehr spezifische konfessionelle oder religiöse Eigenarten aufweisen. In Privatschulen mit voller staatlicher Finanzierung wird der Religionsunterricht normalerweise den Forderungen des Agreed Syllabus angeglichen, doch können sich die Eltern einen Rückgriff auf den ursprünglichen Treuhandvertrag ausbitten.

Um die etwaigen gesellschaftlichen Veränderungen in den letzten Jahrzehnten aufzuzeigen, sollen im Folgenden die Verteilungen der angesprochenen

[24] Eine immer wiederkehrende Klage lautet, dass eine unverhältnismäßig hohe Zahl der Absolventen unabhängiger Schulen begehrte Studienplätze in Oxford und Cambridge erhalte. Das ist allerdings darauf zurückzuführen, dass sie die Kandidaten aus staatlich geförderten Schulen in den A-Level-Prüfungen (die mit dem Abitur vergleichbar sind) übertreffen.

Staatlich geförderte Schulen	Anzahl	Prozent	Primarsektor	Sekundarsektor
Insgesamt	24 914	100 %	100 %	100 %
Staatliche Schulen	16 903	67,8 %	65,1 %	80,0 %
Privatschulen	8 011	32,0 %	34,8 %	19,9 %
staatlich voll finanziert	3 305	13,2 %	15,1 %	4,8 %
staatlich teilfinanziert	4 606	18,4 %	19,7 %	13,0 %

Tabelle 2 Staatlich geförderte Schulen in England nach Schultypen 1983[25]

Staatlich geförderte Schulen	Anzahl	Prozent	Primarsektor	Sekundarsektor
Insgesamt	21 027	100 %	100 %	100 %
Staatliche Schulen	13 154	62,6 %	62,1 %	64,8 %
Privatschulen	7 873	37,5 %	37,9 %	35,2 %
staatlich voll finanziert	2 681	12,8 %	14,5 %	3,5 %
staatlich teilfinanziert	4 313	20,5 %	21,3 %	16,5 %
Stiftung	879	4,2 %	2,1 %	15,2 %

Tabelle 3: Staatlich geförderte Schulen in England nach Schultypen 2005[26]

Schultypen im staatlich geförderten Sektor für die Jahre 1983 und 2005 verglichen und der Umfang des Einflusses der verschiedenen Glaubensgemeinschaften auf den Religionsunterricht herausgearbeitet werden.

Tabelle 2 zeigt, dass es 1983 gut doppelt so viele staatliche Schulen (67,8 Prozent) wie Privatschulen (32,0 Prozent) gab. Deutlich wird auch, dass Privatschulen vornehmlich im Primarsektor zu finden waren (34,8 gegenüber 19,9 Prozent im Sekundarsektor), wobei anzumerken ist, dass es natürlich insgesamt viel mehr Grundschulen als weiterführende Schulen gibt, da die Ersteren zumeist kleiner sind. Hinzu kommt, dass viele Privatschulen – zumeist anglikanische (siehe dazu Tabellen 4 und 5) – dem Sektor mit voller staatlicher Finanzierung angehörten, in dem der religiöse Einfluss, verglichen mit staatlich teilfinanzierten Schulen, viel stärker eingeschränkt ist. Mithin erweist sich der direkte Einfluss der Kirchen und anderer Glaubensgemeinschaften auf den Religionsunterricht im Jahr 1983 insbesondere im Sekundarsektor als stark begrenzt; dieser Sektor wurde durch den „neutralen“ multireligiösen Unterricht der staatlichen Schulen dominiert (80 Prozent).

Tabelle 3 ist zu entnehmen, dass sich das zahlenmäßige Verhältnis der staatlichen (62,6 Prozent) und der Privatschulen (37,5 Prozent) bis zum Jahr 2005

[25] Vgl. O'Keefe, Bernadette: Faith, Culture and the Dual System. East Sussex 1986, S. 12–13. Ihre Daten stammen aus der Statistiktabelle A9/83 des Bildungsministeriums (Department for Education and Schools: DfES). – Zu dieser und den folgenden Tabellen ist anzumerken, dass sich die Prozentzahlen im Primar- und Sekundarsektor zum Teil nicht exakt auf 100 Prozent summieren, da es Schulen gibt, die weder dem einen noch dem anderen Sektor zugerechnet werden können, wie etwa die so genannten „Middle Schools“ in einigen Gebieten. Das Gleiche gilt für die absoluten und die Prozentzahlen in der Kategorie Privatschulen, da es in diesem Bereich eine Reihe von Schulen mit Sonderstatus gibt.

[26] Die vom Culham Institute gelieferten Zahlen beruhen auf Statistiken des Bildungsministeriums (DfES), vgl. unter: http://www.culham.ac.uk/CS_stud/stats_schools.html

signifikant zugunsten der Letzteren verschoben hat. In welchem Maße dies für einen größeren Einfluss der Religionsgemeinschaften spricht, ist jedoch schwer zu beurteilen: Die Stiftungsschulen (Foundation Schools), die sich als neuer Schultyp im Privatschulsektor neben den staatlich voll finanzierten und den staatlich teilfinanzierten Schulen etabliert haben, sind zwar weitgehend unabhängig von der Kontrolle durch die öffentliche Schulbehörde, doch finden sich in diesem Bereich sowohl konfessionell geprägte als auch eher „neutrale" Schulen.

Für einen gewachsenen Einfluss der Kirchen und sonstigen Glaubensgemeinschaften spricht allerdings der starke Anstieg des Prozentsatzes von Privatschulen im Sekundarsektor von 19,9 Prozent (1983) auf 35,2 Prozent (2005). Zumindest eines zeigen diese Zahlen sehr deutlich: Von einer zunehmenden Säkularisierung im Bereich des Bildungssystems kann keine Rede sein.

Hinsichtlich der Bedeutung, die den einzelnen Kirchen und Religionsgemeinschaften im Primarschulsektor zukommt, ergibt sich folgendes Bild: Tabelle 4 zeigt, dass die Privatschulen 1983 überwiegend unter dem Einfluss der Church of England und der katholischen Kirche standen. Die meisten anderen Freikirchen dagegen verzichteten aus prinzipiellen Gründen darauf, Schulen zu finanzieren. Während die Church of England in erster Linie im Primarschulsektor präsent war, waren katholische Privatschulen in beiden Sektoren zu etwa gleichen Teilen vertreten.

Privatschulen	Anzahl	Prozent	Primarsektor	Sekundarsektor
Insgesamt	8011	32,0 %	34,8 %	19,9 %
Anglikanische Kirche	5268	21,0 %	24,6 %	5,3 %
staatlich voll finanziert	3101	12,0 %	14,7 %	2,2 %
staatlich teilfinanziert	2147	8,1 %	9,9 %	2,6 %
Römisch-katholische Kirche	2441	9,1 %	9,5 %	10,8 %
staatlich voll finanziert	-	-	-	-
staatlich teilfinanziert	2441	9,1 %	9,5 %	10,8 %
Methodisten	38	0,15 %	0,15 %	-
staatlich voll finanziert	34	0,13 %	0,13 %	-
staatlich teilfinanziert	4	0,02 %	0,02 %	-
Jüdische Glaubensgemeinschaft	21	0,08 %	0,07 %	0,01 %
staatlich voll finanziert	-	-	-	-
staatlich teilfinanziert	21	0,08 %	0,07 %	0,01 %
Sonstige Konfessionen	243	0,97 %	0,35 %	3,7 %
staatlich voll finanziert	169	0,67 %	0,25 %	2,5 %
staatlich teilfinanziert	74	0,30 %	0,10 %	1,2 %

Tabelle 4: Privatschulen in England nach Konfession 1983[27]

[27] Die Prozentzahlen in den Tabellen 4 und 5 beziehen sich jeweils auf die Gesamtzahl der staatlich geförderten Schulen (= 100 %).

Privatschulen	Anzahl	Prozent	Primarsektor	Sekundarsektor
Insgesamt	7873	37,5 %	37,9 %	35,2 %
Anglikanische Kirche	4669	22,2 %	25,3 %	5,9 %
staatlich voll finanziert	2524	12,0 %	14,7 %	1,7 %
staatlich teilfinanziert	2009	10,0 %	11,1 %	4,0 %
Stiftung	46	0,2 %	0,2 %	0,2 %
Römisch-katholische Kirche	2064	9,8 %	9,7 %	10,4 %
staatlich voll finanziert	-	-	-	-
staatlich teilfinanziert	2063	9,8 %	9,7 %	10,3 %
Stiftung	1	0,0 %	-	0,0 %
Methodisten	26	0,1 %	0,1 %	-
staatlich voll finanziert	24	0,1 %	0,1 %	-
staatlich teilfinanziert	2	0,0 %	0,0 %	-
Stiftung	-	-	-	-
Sonstige christliche Konfessionen	81	0,4 %	0,3 %	0,9 %
staatlich voll finanziert	35	0,2 %	0,2 %	0,2 %
staatlich teilfinanziert	44	0,2 %	0,1 %	0,6 %
Stiftung	2	0,0 %	0,0 %	0,0 %
Jüdische Glaubensgemeinschaft	36	0,2 %	0,2 %	0,2 %
staatlich voll finanziert	-	-	-	-
staatlich teilfinanziert	36	0,2 %	0,2 %	0,2 %
Stiftung	-	-	-	-
Muslimische Glaubensgemeinschaft	5	0,0 %	0,0 %	0,1 %
staatlich voll finanziert	-	-	-	-
staatlich teilfinanziert	5	0,0 %	0,0 %	0,1 %
Stiftung	-	-	-	-
Sikhistische Glaubensgemeinschaft	2	0,0 %	0,0 %	0,0 %
staatlich voll finanziert	-	-	-	-
staatlich teilfinanziert	2	0,0 %	0,0 %	0,0 %
Stiftung	-	-	-	-
Sonstige Konfessionen	2	0,0 %	0,0 %	0,0 %
staatlich voll finanziert	-	-	-	-
staatlich teilfinanziert	2	0,0 %	0,0 %	0,0%
Stiftung	-	-	-	-

Tabelle 5: Privatschulen in England nach Konfession 2005

Tabelle 5 lässt erkennen, dass sich an diesen Verhältnissen kaum ewas geändert hat. Was ihren prozentualen Anteil an der Gesamtzahl staatlich geförderter Schulen angeht, hatten sowohl die anglikanischen (2005: 22,2 Prozent; 1983: 21,0 Prozent) als auch die katholischen Privatschulen (2005: 9,8 Prozent; 1983: 9,1 Prozent) lediglich einen geringen Zuwachs zu verzeichnen. Tabelle 5 zeigt aber auch, dass die Zahl der Schulen, die unter dem Einfluss nichtchristlicher Religionen stehen, zwischen 1983 und 2005 leicht angestiegen ist. Der Anteil der jüdischen Schulen hat sich von 0,08 auf 0,2 Prozent erhöht, die Muslime und die Sikhs verfügen nun ebenfalls über eigene Schulen.

Zusammenfassend lässt sich sagen, dass religiöse Institutionen nach wie vor einen gewissen Einfluss auf das Erziehungswesen im Allgemeinen und auf den Religionsunterricht und den Gottesdienst in Schulen im Besonderen ausüben, wobei sich Zunahme und Einbußen an Einflussmöglichkeiten in etwa die Waage halten. Hat sich der Anteil der konfessionell geprägten Privatschulen an der Gesamtzahl staatlich geförderter Schulen zwischen 1983 und 2005 einerseits geringfügig erhöht, so hat sich andererseits ihre Gestaltungsfreiheit in Bezug auf die Inhalte des Lehrplans reduziert. Privatschulen müssen mittlerweile nach dem staatlichen Lehrplan unterrichten, sodass sich die Freiheit der Beiräte von staatlich teilfinanzierten Schulen auf die Kontrolle über den Lehrplan des Religionsunterrichts und über den Gottesdienst sowie – innerhalb gewisser Grenzen – auf die Einstellung von Personal und auf die Möglichkeit beschränkt, die Aufnahmekriterien für neue Schüler festzulegen.

5. Probleme des Religionsunterrichts in England und Wales

Probleme für den Religionsunterricht ergeben sich hauptsächlich[28] aus der Struktur des Lehrplans, dem sozialen Kontext, dem Einsatz der finanziellen Mittel, der Ausbildung von Fachlehrern und aus pädagogischen Erwägungen.

Der „Grundlehrplan", den Schulen laut Gesetz anbieten müssen, besteht aus zwei Elementen, dem „staatlichen" Lehrplan und dem örtlich festgelegten Lehrplan für den Religionsunterricht. Dabei wird die Bedeutung des Letzteren von den verschiedenen Beteiligten am Erziehungswesen oftmals als weniger hoch eingestuft. Der Impuls zur Entwicklung eines verwaltungsrechtlichen Rahmens für den Religionsunterricht durch die Prüfungsbehörde QCA ging teilweise von dem Wunsch der Fachlehrer aus, den Status des Religionsunterrichts und die dafür bereitgestellten Mittel zu erhöhen. Dieses Ziel wurde von den Kirchen und anderen Religionsorganisationen überwiegend unterstützt. Der Nachteil dieses Trends zur „Verstaatlichung" des Religionsunterrichts besteht jedoch darin, dass das Fach so von seiner lokalen Basis getrennt wird, wodurch Innovationen und die Entwicklung abweichender Konzepte gebremst werden. So könnte der Religionsunterricht vielleicht bald als ein vom Staat aufgezwungenes Fach empfunden werden, vielleicht sogar als eine Maßnahme

[28] Der Ofsted-Jahresbericht 2004/05 (wie Fußnote 2) nennt weitere Probleme, zeigt aber auch, dass die Lage nicht durch und durch düster ist. Hier wird folgende Zusammenfassung geliefert:

- GCSE-, AS- und A-Level-Anmeldungen sind seit 1998 gestiegen, und das Niveau hat sich kontinuierlich erhöht.
- Die Leistungen der Schüler sind „gut" in fast drei von fünf Schulen, „unbefriedigend" in knapp einer von sechs Schulen.
- Die Leistungen von Jungen blieben erheblich hinter denen von Mädchen zurück.
- Der Unterricht ist „gut" in zwei Dritteln der Schulen und in der Key Stage 4 (Sekundarstufe 1), wo der Religionsunterricht zu den am stärksten verbesserten Fächern gehört, sogar „sehr gut" in einem Viertel der Schulen.
- Der Religionsunterricht ist besonders erfolgreich in Kursen für über Sechzehnjährige, wo das Unterrichtsniveau in mehr als neun von zehn Schulen als „gut" bewertet wird.
- Der Religionsunterricht leistet einen erheblich besseren Beitrag zur geistigen, moralischen, sozialen und kulturellen Entwicklung der Schüler als jedes andere Fach.
- Weitere Fortschritte in der Gesamtqualität des Religionsunterrichts werden durch den Mangel an Fachlehrern gebremst.
- Anhaltende Schwächen sind in der Beurteilung, der Leitung und Verwaltung des Faches zu beobachten.

des „Social Engineering“, die bei Gläubigen wie Nichtgläubigen auf Widerstand stoßen dürfte.

Da sich die verschiedenen ethnischen Gruppierungen der Migranten nicht gleichmäßig über das Land verteilen, sondern sich in bestimmten Regionen ballen, ist ein recht unterschiedliches soziales Umfeld für die Schulen entstanden. Eine Umfrage von 1997 in Schulen, in denen Englisch als Zusatzsprache (English as Additional Language: EAL) unterrichtet wird, ergab, dass sich die große Mehrheit von EAL-Schülern im Einzugsgebiet von rund 20 der insgesamt 132 lokalen Schulbehörden konzentriert. Für die betreffenden Schulen und Schulbehörden stellt die Aufgabe, die Schüler mit Migrationshintergrund zusätzlich die englische Sprache zu lehren, eine erhebliche Belastung dar. Die kulturellen und religiösen Bedürfnisse von Schülern sind ebenfalls je nach Region sehr unterschiedlich.

Während einerseits das Fairnessgebot die Forderung nach mehr staatlich teilfinanzierten Privatschulen für Muslime (und andere nichtchristliche Glaubensgemeinschaften) als gerechtfertigt erscheinen lässt, so könnte andererseits meist nur die Schließung bereits bestehender Einrichtungen Platz für solche Schulen schaffen, was im Allgemeinen strikt abgelehnt wird. So stößt man gelegentlich auf das Kuriosum einer christlichen „Kirchenschule“, die fast ausschließlich von muslimischen Schülern besucht wird. Insbesondere Muslime drängen in den Schulen darauf, dass für ihre Kinder ein Religionsunterricht und ein gemeinsamer Gottesdienst angeboten werden, die ihrem eigenen Glauben und nicht dem multireligiösen Lehrplan entspricht, durch den ihre Kinder, wie sie meinen, „verweltlicht“ werden.

„Der Nachteil dieses Trends zur ‚Verstaatlichung‘ des Religionsunterrichts besteht jedoch darin, dass das Fach so von seiner lokalen Basis getrennt wird.“

Die Einführung von Unterrichtszielen und der Beurteilung von Schülern in Kernfächern (Englisch, Mathematik und Naturwissenschaft) in Grundschulen hat zur Folge gehabt, dass man die vorhandenen Ressourcen auf solche Fächer konzentriert. Da Schulen nach den Leistungen ihrer Schüler in diesen Fächern bewertet werden und da sie die Kontrolle über das Budget für die Lehrerfortbildung haben, stecken sie – was nicht überraschen wird – den größten Teil ihrer Mittel in die Kernfächer, häufig zum Schaden anderer Fachrichtungen. Dies gilt nicht nur für finanzielle Ressourcen, sondern auch für die Stundenzahl, die den einzelnen Fächern innerhalb des Lehrplans eingeräumt wird. Die staatliche Lehrplanbehörde QCA hat zwar ein Team für den Religionsunterricht bereitgestellt, doch da dies nicht ihre gesetzliche Pflicht ist, darf man folgern, dass sie dafür im Vergleich mit anderen Fächern relativ geringe Mittel aufwendet.

Im Hinblick auf die Lehrerausbildung wird mittlerweile anerkannt, dass der Religionsunterricht in England und Wales ein Mangelfach[29] ist und dass mehr

[29] Wie oben angedeutet wurde, wächst das Interesse an dem Fach, seit die Referendare finanzielle Unterstützung beziehen.

Lehrer eingestellt werden sollten, vor allem solche aus nichtchristlichen religiösen Traditionen. Häufig wird das Fach von Lehrern aus anderen Fachrichtungen unterrichtet. Zudem ist es in England und Wales üblich, dass man zuerst ein bestimmtes Fachstudium absolviert, bevor man die Lehrbefähigung erwirbt. Das Problem besteht darin, dass das Lehrpersonal der verschiedenen Fakultäten an der Universität die Berufswünsche ihrer Studenten kaum berücksichtigt und deshalb selten diejenigen Kenntnisse vermittelt, die ein angehender Lehrer braucht. Noch problematischer ist die Situation im Hinblick auf den Religionsunterricht, denn in der Schule wird das Fach von der multireligiös ausgerichteten Religionswissenschaft dominiert, während sich viele Fakultäten nach wie vor auf die Theologie und die jüdisch-christliche Tradition konzentrieren und nur begrenzte Mittel für den Bereich der anderen religiösen Überlieferungen aufwenden. Kurz, es gibt einen eklatanten Widerspruch zwischen dem, was man von Lehrern im Religionsunterricht erwartet, und der Ausbildung, die sie im Theologiestudium erhalten.

„Es bleibt unklar, was Schüler ‚von der Religion' lernen, wenn die Pädagogik von der rein deskriptiven Perspektive der Religionsphänomenologie bestimmt wird.“

Und schließlich müssen pädagogische Erwägungen ins Auge gefasst werden. Führt die Beschreibung unterschiedlicher religiöser Traditionen tatsächlich zu „religionskundigen“ Schülern? Zwar werden im verwaltungsrechtlichen staatlichen Rahmen (sowie in vielen Agreed Syllabi) *zwei* Leistungsziele für den Religionsunterricht hervorgehoben, nämlich „das Lernen über die Religion“ und „das Lernen von der Religion“, doch bleibt unklar, was Schüler „von der Religion“ lernen, wenn die Pädagogik von der rein deskriptiven Perspektive der Religionsphänomenologie bestimmt wird.

6. Jüngste Entwicklungen

Die bedeutsamste Entwicklung für den britischen Religionsunterricht war die bereits erwähnte Einführung eines verwaltungsrechtlichen staatlichen Rahmens. Viele lokale Agreed Syllabus Conferences wurden einberufen, um die örtlichen Lehrpläne im Lichte der staatlichen Empfehlungen zu überprüfen[30], und etliche lokale Schulbehörden haben die vorgeschlagenen Richtlinien übernommen, doch keineswegs alle. In Hampshire zum Beispiel denkt man darüber nach, sich weniger auf bestimmte Religionen als vielmehr allgemeiner auf religiöse und spirituelle Ideen zu konzentrieren. Die Diskussionen in Birmingham sind noch im Gange, doch wird bereits jetzt deutlich, dass in dieser multireligiösen Stadt der Schwerpunkt des neuen Lehrplans *nicht* darauf liegen wird, so viele Religionen wie möglich zu beschreiben oder jeder Religion einen gewissen Stundenanteil zuzuordnen. Der neue Lehrplan wird vor allem darauf abzielen, die soziale Integration und das friedliche Miteinander sowie die Schüler in der

[30] Dazu sind sie laut Gesetz alle fünf Jahre verpflichtet.

Entwicklung ihrer jeweiligen Neigungen zu fördern. Religiöse Traditionen werden nicht als Selbstzweck oder gar als unabhängige Gebilde betrachtet, sondern als Mittel zu einem besseren Leben, in dem Wahrheit, Güte und Schönheit von Bedeutung sind.

In den letzten Jahren hat es viel und gewichtige Kritik am Religionsunterricht gegeben, zum Beispiel an der Betonung der Vermittlung von so genannten übertragbaren Fertigkeiten (William Kay[31]) oder daran, dass religiöse Wahrheitsansprüche im Rahmen eines phänomenologisch ausgerichteten Religionsunterrichts nicht ernst genommen würden, womit man den Schülern die Grundlage dafür entziehe, sich selbst ein Urteil zu bilden (Brenda Watson und Penny Thompson[32]). Auch wird darüber debattiert, ob man die Themen Atheismus und Humanismus aus dem Religionsunterricht ausschließen sollte, was laut dem Institute for Public Policy Research (IPPR) derzeit der Fall sein soll. Schließlich wird bemängelt, dass ein stark von der phänomenologischen Religionswissenschaft geprägter Religionsunterricht zwangsläufig ein ungenaues Bild vom Wesen der Religionen vermittle (Philip Barnes[33]). Viele, darunter die für die Gestaltung des verwaltungsrechtlichen staatlichen Rahmens Verantwortlichen, sind mittlerweile zu der Einsicht gelangt, dass der Religionsunterricht über die reine Beschreibung und Information hinausgehen und die Schüler moralisch und spirituell ansprechen muss, wenn er die anvisierten positiven sozialen Effekte haben soll.

„Vielleicht wird künftig nur noch derjenige Pluralismus toleriert werden, der sich auf das Individuum und sein Privatleben beschränkt, und als einzige öffentlich akzeptierte Ideologie wird sich möglicherweise der Säkularismus entpuppen.“

Alarmiert durch die zunehmende Abschottung bestimmter Bevölkerungsgruppen, denen die Mehrheits-Gesellschaft fremd geblieben ist[34], dachte die Regierung, die zunächst die Schaffung von neuen konfessionellen Privatschulen vorgeschlagen hatte, daran, diesen Schulen die Verpflichtung aufzuerlegen, mindestens 25 Prozent Schüler aufzunehmen, die einer anderen Religion angehören als der jeweilige Träger der Schule. Das hätte bedeutet, die Freiheit der staatlich teilfinanzierten Privatschulen, über die Aufnahme von Schülern selbst zu bestimmen, einzuschränken. Die Church of England hatte bereits angekündigt, dass sie all ihren Schulen diese Auflage machen werde. Die katholische Kirche dagegen – vertreten durch den Most Reverend Vincent Nichols, den Erzbischof von Birmingham und Vorsitzenden des katholischen Erziehungsdienstes – lehnte den Vorschlag entschieden ab und bezeichnete ihn als Bruch

---

[31] Vgl. Felderhof, Marius/Thompson, Penny/Torevell, David (Hg.): Inspiring Faith: Studies in Religious Education. Ashgate 2007.

[32] Vgl. ebenda oder Watson, Brenda/Thompson, Penny: The Effective Teaching of Religious Education. Harlow ^{2}2007.

[33] Barnes, Philip: Ninian Smart and the Phenomenological Approach to Religious Education. In: *Religion* 30, 2000, S. 315–332. Barnes, Philip: What Is Wrong with the Phenomenological Approach to Religious Education? In: *Religious Education* 96, 2001, S. 445–461.

[34] Teil dieser Sorge ist, dass eine kleine Anzahl muslimischer Frauen Schleier trägt.

der ursprünglichen Vereinbarung zwischen Kirche und Staat. Innerhalb eines Tages zog die Regierung ihren Plan zurück.

Dieser Schritt der Regierung wirkte hastig und unüberlegt. Die Attraktivität von konfessionell getragenen Schulen lag und liegt in ihrem erzieherischen Erfolg, und die Nachfrage nach Plätzen in diesen Schulen ist nach wie vor unzweifelhaft größer als das Angebot. Nach der Einführung des staatlichen Lehrplans sowie von Ranglisten und Inspektionen hatte die Regierung darauf hingearbeitet, den Schulen immer mehr Entscheidungsfreiheit in ihren eigenen Angelegenheiten einzuräumen und den Einfluss der Schulbehörden abzuschwächen. Den staatlich teilfinanzierten Privatschulen nun die Kontrolle über die Aufnahme von Schülern teilweise zu entziehen, hätte dieser Politik entgegengewirkt. Zudem gab und gibt es keinerlei Hinweise darauf – geschweige denn empirische Belege –, dass diese Schulen ein Defizit hinsichtlich der Integration von Schülern anderer Glaubensrichtungen aufweisen würden. Im Gegenteil, eine starke religiöse Basis war und ist hier stets mit dem Interesse an anderen Menschen und an gemeinschaftlichen Werten verbunden. Dies ist einer der Gründe für den erzieherischen Erfolg solcher Schulen.

Religionsunterricht ist weit mehr als die eine oder andere Schulstunde über verschiedene religiöse Überzeugungen und Praktiken auf der Welt. Traditionsgemäß zielte er darauf ab, Schülern bei der Entwicklung einer Weltanschauung zu helfen, die ihren Intellekt, ihre Empfindungen und ihre Willenskraft in Anspruch nahm und damit ihre Verantwortung sich selbst, anderen und dem Transzendenten bzw. Gott gegenüber förderte. Bei diesem Bemühen haben konfessionelle Privatschulen in England eine bedeutende Rolle gespielt, doch nun steht ein weitgehend säkulares Europa vor der drängenden Frage, ob die plurale Gesellschaft weiterhin Platz für eine plurale Vielfalt sozialer Einrichtungen[35] schaffen kann, das heißt für Schulen mit unterschiedlichen ideologischen und religiösen Bindungen. Vielleicht wird künftig nur noch derjenige Pluralismus toleriert werden, der sich auf das Individuum und sein Privatleben beschränkt, und als einzige öffentlich akzeptierte Ideologie wird sich möglicherweise der Säkularismus entpuppen. Das konkrete Engagement für den Pluralismus in einer säkularen Gesellschaft könnte sich als fadenscheinig erweisen, denn hinter dem vorherrschenden Individualismus könnte eine hegemoniale Kultur lauern, die sämtlichen Ausdrucksformen der kommunalen Religiosität mit Unduldsamkeit begegnet. ❑

[35] Neben den Schulen gehören dazu die Pflegeheime für Senioren, Obdachlosenorganisationen und weitere Einrichtungen, die ebenfalls teilweise von religiösen Organisationen getragen werden. In der Vergangenheit wurden diese Einrichtungen in Großbritannien wegen ihrer religiösen Bindung häufig von der öffentlichen finanziellen Unterstützung ausgeschlossen.

Religion und Religionsunterricht in den Niederlanden

Jan Jaap de Ruiter und Jeroen Vermeulen

1. Einleitung

Obwohl in den Niederlanden Staat und Kirche seit Anfang des 19. Jahrhunderts offiziell getrennt sind, zeigen die Praxis und die lokalen Verordnungen, dass sie immer noch bis zu einem gewissen Grad gegenseitig in ihre jeweiligen Funktionen eingreifen. Die Französische Revolution inspirierte eine Gesetzgebung, die vorschrieb, dass es keine Staatskirche des Königreichs der Niederlande mehr geben solle. Doch gleichzeitig wurden (unterschiedliche) Ministerien mit der Kontrolle der Religionen – ob protestantisch, katholisch oder jüdisch – betraut.[1] Dadurch entwickelte jede dieser drei Glaubensgemeinschaften eine spezifische Beziehung zur Obrigkeit, doch im Grunde gab es nie eine strikte Trennung zwischen ihnen und dem Staat. Dies wird besonders deutlich am Beispiel des Religionsunterrichts. Angesichts des Vormarschs des Islam in den Niederlanden werden heute frühere Diskussionen erneut geführt. Der Islam und sein Verhältnis zum Erziehungswesen sorgen dafür, dass sich die Menschen der sensiblen Beziehung zwischen Staat und Kirche bewusst werden, was eine neue Debatte über diese Beziehung ausgelöst und sogar eine Neubewertung des so genannten jüdisch-christlichen Erbes der Niederlande veranlasst hat.

„Die Französische Revolution inspirierte eine Gesetzgebung, die vorschrieb, dass es keine Staatskirche des Königreichs der Niederlande mehr geben solle."

Der vorliegende Beitrag skizziert die niederländische Diskussion über das Verhältnis von Staat und Kirche und in diesem Kontext auch die Position des Islam. Vorangestellt werden in Abschnitt 2 einige Fakten und Daten über die Niederlande und ihre Religionen. In Abschnitt 3 erörtern wir den Bildungsstand und die sozioökonomische Stellung der Muslime in den Niederlanden. Abschnitt 4 bietet einen Überblick über die Religionsgeschichte des Landes seit der französischen Epoche. Dabei wird der so genannten „Versäulung" (Verzuiling) der niederländischen Gesellschaft – dem

[1] De Ruiter, Jan Jaap: De Statistieken der Religies. Beschouwingen over de joods-christelijk-islamitische traditie van ons land. Budel 2005.

System, in welchem jeder Religion und politischen Ideologie ein eigener vertikaler Gesellschaftsblock zugewiesen war – besondere Aufmerksamkeit geschenkt. In Abschnitt 5 wird die gegenwärtige Stellung der Religion und des Religionsunterrichts in den Niederlanden beschrieben, und in Abschnitt 6 gehen wir abschließend auf die jüngeren Diskussionen über Religion, Erziehung und Staat ein.

2. Allgemeiner Überblick, statistische Angaben und Definitionen

Statistics Netherlands[2] meldet, dass am 1. Juli 2006 16 335 998 Menschen in den Niederlanden lebten. Davon wurden 1 728 023 als „nichtwestlich" eingestuft. Es handelt sich um Personen aus der Türkei, aus Afrika und Asien mit Ausnahme Japans und Indonesiens. Zum genannten Zeitpunkt lebten in den Niederlanden 336 722 Türken, 326 587 Marokkaner und 332 538 Surinamer, das heißt Personen aus der ehemaligen niederländischen Kolonie Surinam in Südamerika. Die übrigen nichtwestlichen Kategorien umfassen zusammen mehr als 500 000 Menschen. Diese Angaben beziehen sich auf die sozioökonomische und kulturelle Situation der betreffenden Personen. Würde man zum Beispiel das Kriterium der Nationalität anlegen, wäre die Zahl der Türken und Marokkaner weit niedriger, denn nicht wenige Angehörige dieser Gruppen sind niederländische Staatsbürger (30 Prozent der Türken und 40 Prozent der Marokkaner).

„Wenn wir von Türken und Marokkanern sprechen, so ist die Rede von Menschen islamischer Herkunft. Heute erfolgt die Anmeldung in den Niederlanden ohne Angabe der Religion."

Wenn wir von Türken und Marokkanern sprechen, so ist die Rede von Menschen islamischer Herkunft. Heute erfolgt die Anmeldung in den Niederlanden ohne Angabe der Religion. Dieses Merkmal wird bereits seit den siebziger Jahren in der Kommunalverwaltung nicht mehr berücksichtigt, weshalb es schwierig ist, exakte Angaben über die Zahl von Muslimen und Christen im Land zu machen. Van Eijnatten und van Lieburg[3] legen immerhin Schätzungen vor. Bei einer Einwohnerzahl von rund 15 987 000 am 1. Januar 2000 kamen sie – ausgehend vom Zensus von 1971, allgemeinen Statistiken, Daten der Kirche und dergleichen – auf folgende Verteilung: 32 Prozent Katholiken, 20 Prozent Reformierte Protestanten (Hervormd: 13 Prozent; Gereformeerd: 7 Prozent), 1 Prozent sonstige Protestanten (Baptisten, evangelische etc.), 0,3 Prozent Juden, 0,6 Prozent Hindus und Buddhisten, 5 Prozent Muslime und 43 Prozent Nichtreligiöse oder Menschen mit unbekannter Religion. Daraus geht hervor, dass eine Mehrheit der niederländischen Bevölkerung einer Religion angehört. Politisch gesehen war dieses religiöse Übergewicht jedoch in den späten sechziger Jahren beendet, als die christlichen politischen Parteien die parlamentari-

---

[2] Sofern nicht anders angegeben, stammen alle statistischen Daten im vorliegenden Beitrag von Statistics Netherlands (www.cbs.nl).

[3] Van Eijnatten, Joris/van Lieburg, Fred: Nederlandse religiegeschiedenis. Hilversum 2005.

sche Mehrheit einbüßten, die sie seit 1918, nach der Einführung des allgemeinen Wahlrechts, gehalten hatten. Dramatisch angestiegen ist in den vergangenen Jahrzehnten die Zahl der Muslime (mit Prozentsätzen von 0,4 im Jahr 1971, 2,0 im Jahr 1980 und 3,0 im Jahr 1990) und die Zahl nichtreligiöser Menschen (von 23,6 Prozent im Jahr 1971 über 26 Prozent im Jahr 1980 auf 37 Prozent im Jahr 1990).

Die Statistik, so aufschlussreich sie ist, sagt jedoch nichts über die Intensität aus, mit der die Menschen die Vorschriften und Verpflichtungen ihres Glaubens befolgen. So weiß man zum Beispiel, dass diejenigen, die sich als Katholiken betrachten, nicht unbedingt den Gottesdienst besuchen. 1956 gingen rund 90 Prozent der Katholiken zur Messe, während es zwanzig Jahre später nur noch 30 Prozent waren.[4] Ähnliches lässt sich in Bezug auf die Beachtung von religiösen Werten und Normen in der muslimischen Gemeinschaft in den Niederlanden sagen, die zurzeit etwa anderthalb Millionen Mitglieder hat. Untersuchungen[5] zeigen immer wieder, dass nur eine Minderheit der Muslime als im positiven Sinn orthodox bezeichnet werden kann. Die Mehrheit zeigt ein eher ambivalentes Verhältnis ihrer Religion gegenüber: Zwar fasten die meisten während des Ramadan – allerdings mehr Marokkaner als Türken –, doch nur sehr wenige beten fünfmal am Tag.

„Die Statistik, so aufschlussreich sie ist, sagt jedoch nichts über die Intensität aus, mit der die Menschen die Vorschriften und Verpflichtungen ihres Glaubens befolgen."

Die Vorstellung, dass es eine einzige homogene islamische Gemeinde gebe, beruht auf Vorurteilen und Furcht. In dieser Frage kommt es nicht nur auf die Einhaltung von Normen und Vorschriften an, sondern auch auf ethnische Faktoren. Türken und Marokkaner mögen die Mehrheit der Muslime ausmachen, doch es gibt sehr viele mit einer anderen ethnischen Herkunft. Dabei handelt es sich um Somalier (rund 28 000), Iraker (41 000), Afghanen (34 000), Surinamer (31 000), Iraner (18 000), Ägypter (20 000), von denen ein kleiner Teil koptischen Ursprungs ist, Molukker (50 000), von denen etwa zwei Prozent Muslime sind, und kleinere Gruppen wie Algerier und Tunesier. Viele Muslime sind nach ihrer ethnischen Zugehörigkeit organisiert. In den meisten Fällen besuchen marokkanische, türkische, pakistanische oder surinamische Muslime die Moscheen jeweils separat, kaum je in gemischten Gruppen. Neu errichtete Moscheen haben entweder ein marokkanisches oder ein türkisches Aussehen. Gegenwärtig gibt es fast 500 Moscheen in den Niederlanden, und vornehmlich im letzten Jahrhundert hat man viele neue gebaut: zuerst am Rand der Stadtzentren, doch immer häufiger auch in den Wohnvierteln. In Rotterdam hat es eine heftige Auseinandersetzung über die Höhe des Minaretts einer künftigen Moschee gegeben. Es wird letzten Endes 50 Meter hoch sein und damit die Stadtsilhouette bestimmen.

---

[4] Van Eijnatten/van Lieburg 2005 (wie Fußnote 4).

[5] Vgl. z. B. Shadid, Wasif Abdelrahman R./van Koningsveld, Pieter Sjoerd (Hg.): Religious Freedom and the Neutrality of the State: The Position of Islam in the European Union. Leuven 2002.

Ist die Volkszugehörigkeit einerseits von großer Bedeutung für den inneren Zusammenhalt der jeweiligen muslimischen Gruppe, so erscheint andererseits ein Zusammenschluss der Muslime über ethnische Grenzen hinweg kaum möglich. Ein weiteres Problem, das der Vereinigung der Muslime im Wege steht, ist die Vielfalt innerhalb des Islam. Die meisten Muslime sind Sunniten, doch viele Iraker und Iraner bekennen sich zum Schiismus und kleine Gruppen von Türken sind Aleviten. Außerdem gibt es so etwas wie einen „populären" Islam: eine Mischung aus Orthodoxie, Volksglauben und Heiligenverehrung. Die Vielfalt innerhalb dieser populären Formen des Islam ist enorm und häufig ethnisch begründet.

„In Rotterdam hat es eine heftige Auseinandersetzung über die Höhe des Minaretts einer künftigen Moschee gegeben. Es wird letzten Endes 50 Meter hoch sein und damit die Stadtsilhouette bestimmen."

Die beschriebenen ethnischen und konfessionellen Unterschiede sind auch dafür verantwortlich, dass es bisher versäumt wurde, ein repräsentatives muslimisches Gremium für Verhandlungen mit der niederländischen Regierung zu bilden. Heute wird die muslimische Gemeinschaft durch zwei Organisationen vertreten, welche die niederländische Regierung zwangsläufig anerkennen musste. Die größere ist die *Contactorgaan Moslims en Overheid*. Sie repräsentiert die *Islamitische Stichting Nederland* (eine türkische Vereinigung), die *Federatie Milli Görüş Noord Nederland*, die *Unie van Marokkaanse Moslim Organisaties* und die *World Islamic Mission* (die äußerst aktiv unter surinamischen Muslimen ist). Die Konkurrenzorganisation heißt *Contact Groep Islam* und besteht aus der *Ahmadi-Muslime Ahmadiyya*, aus Aleviten (*Hak-Der*) sowie Schiiten und Sunniten, die dem früheren *Nederlandse Moslim Raad*[6] angehörten.

3. Bildungsstand und sozioökonomische Situation der Muslime in den Niederlanden

Noch andere Faktoren spielen eine Rolle hinsichtlich der Stärke oder Schwäche der so genannten islamischen Gemeinschaft in den Niederlanden. In den meisten Fällen haben die Muslime einen niedrigen sozioökonomischen Status. Türken und Marokkaner kamen ins Land, um Arbeit zu suchen, sich ihren Lebensunterhalt zu verdienen und Geld in die Heimat zu schicken. Diese erste Generation war sehr schlecht ausgebildet, vor allem die Marokkaner. Mittlerweile besitzen die Türken und Marokkaner der zweiten und dritten Generation ein viel höheres Ausbildungsniveau, ohne bisher jedoch den Bildungsstand einheimischer niederländischer Schüler zu erreichen. Der Anteil der nichtwestlichen Jugendlichen, die 2006 einen höheren Schulabschluss erzielten, lag 5 bis 12 Prozent niedriger als der niederländischer Schüler. Man wird noch einige

[6] Siehe auch http://www.islamenburgerschap.nl/ und Bax, Sander/de Ruiter, Jan Jaap: Church and State in the Netherlands: The Case of Islam. In: Behr, Hartmut (Hg.): Religion, Staat und Politik in der Europäischen Union. Wiesbaden 2006, S. 201–226.

Mühe aufwenden müssen, bis hier ein Gleichstand erreicht ist. Im Jahr 2003 waren 15 Prozent aller Schüler im Primar- und Sekundarbereich nichtwestlicher Herkunft. Man erwartet, dass sie bis 2020 wenigstens 20 Prozent ausmachen werden.

Ein anderes Problem ist das der Arbeitslosigkeit. Während die Erwerbslosenzahl der Niederländer im Jahr 2005 bei 5,2 Prozent lag, machte sie für nichtwestliche Personen 16,4 Prozent, für Türken 14,4 Prozent und für Marokkaner 19,9 Prozent aus. Sogar in Zeiten des Wirtschaftswachstums leiden die nichtwestlichen Gruppen unter Erwerbslosigkeit und werden vom allgemeinen Wohlstand ausgegrenzt.

Eine weitere Entwicklung, mit der die Politiker hätten rechnen können, die sie jedoch kaum wahrnahmen, war die zunehmende Bedeutung der „muslimischen" Wählerstimmen. In den Gemeindewahlen von 2006 erzielte die linke Arbeitspartei (Partij van de Arbeid) einen eindrucksvollen Sieg durch „allochthone" Stimmen. Viele Türken und Marokkaner, welche entweder die niederländische Staatsbürgerschaft besitzen oder seit mehr als fünf Jahren im Land und damit wahlberechtigt sind, votierten für den linken Bereich des politischen Spektrums. Es war jedoch eine Enttäuschung, wenn nicht eine Beleidigung für sie, als Wouter Bos, der Vorsitzende der Sozialdemokraten, erklärte, seine Partei habe sich nicht in eine muslimische verwandelt und die muslimischen Vertreter der Arbeitspartei hätten noch einen langen Weg vor sich. Das schlechte Abschneiden der Arbeitspartei bei den Parlamentswahlen im November 2006 könnte darauf zurückzuführen sein, dass sich ihre neue muslimische Wählerschaft aufgrund dieser Äußerungen wieder von ihr abgewandt hat.

„Eine weitere Entwicklung, mit der die Politiker hätten rechnen können, die sie jedoch kaum wahrnahmen, war die zunehmende Bedeutung der ‚muslimischen' Wählerstimmen."

4. Religion und Religionsunterricht in den Niederlanden: die Vergangenheit

Das Jahr 1795 ist ein Wendepunkt in der niederländischen Geschichte, was die Gleichberechtigung aller Bürger angeht. Unter dem Einfluss der Französischen Revolution und der französischen Besatzung erhielten Juden und Katholiken, die bis dahin wegen ihrer Religionszugehörigkeit als Bürger zweiter Klasse gegolten hatten, die gleichen Rechte wie alle Niederländer. Zuvor hatten sie bei der Ausübung ihrer Religion vielfältige Einschränkungen hinnehmen und Hindernisse überwinden müssen. Katholiken waren gezwungen, in aller Heimlichkeit zur Messe zu gehen, und Juden hatten ähnliche Schwierigkeiten bei der rituellen Schlachtung, dem Sabbat und den Begräbniszeremonien zu bewältigen. Gleichwohl wurden beide Religionen geduldet, denn das niederländische Profitstreben hielt die Behörden von einer strengeren Anwendung der Gesetze ab. 1796 verfügte man die Trennung von Kirche und Staat, doch erst nach der Verabschiedung der bis heute gültigen Verfassung (1848) wurden die neuen Rechte Teil einer konkreten Gesetzgebung. Nun wurden neben der Trennung von Kirche und Staat auch Religionsfreiheit, Freiheit der Ausbildung und das Recht auf Vereinigung und Versammlung verankert.[7]

Die von den Franzosen inspirierten Gesetze, welche die allgemeine Gleichberechtigung brachten, führten auf lange Sicht auch zur Emanzipation von Juden und Katholiken. Es sollte jedoch noch viele Jahre dauern, bis diese Gruppen ihre Position festigten konnten, wobei dies den Juden vielleicht nie wirklich gelang. Sie hielten entweder strikt an der orthodoxen Ausübung ihres Glaubens fest oder passten sich vollständig an, wurden und werden jedoch auch im letzteren Fall bis zum heutigen Tag als Juden betrachtet. Die Katholiken, die etwa ein Drittel der Bevölkerung ausmachten, konnten sich schließlich uneingeschränkt emanzipieren und integrieren, was am Ende des 19. Jahrhunderts zu ihrer Beteiligung an der Regierung führte. Auch die Protestanten machten in der zweiten Hälfte des 19. Jahrhunderts den Prozess der Gleichstellung durch. War der Protestantismus vor der Französischen Revolution Staatsreligion gewesen, so wurde seine Position danach unter anderem durch die Trennung von Staat und Kirche und die Vorherrschaft der Liberalen in Gesellschaft und Regierung geschwächt. Der protestantische Ministerpräsident Abraham Kuyper (1837–1920) führte den durch und durch konservativen protestantischen Teil der Nation zur Emanzipation und Integration. Von 1918 bis 1994 gehörten konfessionelle, das heißt protestantische und katholische Parteien stets der Regierung in den Niederlanden an, zumeist in Koalitionen entweder mit den Liberalen oder den Sozialisten.

„Die von den Franzosen inspirierten Gesetze, welche die allgemeine Gleichberechtigung brachten, führten auf lange Sicht auch zur Emanzipation von Juden und Katholiken."

Die Versäulung der niederländischen Gesellschaft. Ein sehr stabiles politisches System der Versäulung entstand in den Niederlanden im 19. Jahrhundert. Die Säulen können in diesem Fall als Gruppen von gesellschaftlichen Organisationen und Institutionen beschrieben werden, die sich entweder auf eine politische Ideologie oder eine Religion stützten. Innerhalb ihrer jeweiligen Säulen gründeten Katholiken, Protestanten und Sozialisten eigene politische Parteien, Schulen (siehe Abschnitt 5), Jugendorganisationen, Rundfunksender und Zeitungen, Gewerkschaften und dergleichen. Die Verantwortlichen betrieben eine Politik der Befriedung, die gesellschaftliche Instabilität verhinderte. Dies war möglich, weil sich die Massen in politischer Hinsicht passiv verhielten und den Führern ihrer jeweiligen Organisation pflichtbewusst und respektvoll gehorchten. Die Befriedungspolitik kennzeichnete das niederländische politische System insbesondere nach 1917 und erreichte ihren Höhepunkt am Ende der fünfziger Jahre.[8]

[7] Bax/de Ruiter 2006 (wie Fußnote 6).

[8] Zu einer gründlichen Erörterung des Prozesses der Versäulung und seiner gesellschaftlichen und politischen Konsequenzen siehe Lijphart, Arend: The Politics of Accommodation: Pluralism and Democracy in the Netherlands. Berkeley 1968.

Eine spezifische Debatte spielte eine wichtige Rolle im Prozess der Versäulung. Sie betraf die Beziehung zwischen Staat und Kirche und wurde als „Schlacht der Schulen" bezeichnet.[9] Die Verfassung von 1848 gewährleistete zwar die Freiheit der Ausbildung, doch die Finanzierung der Schulen durch die Regierung folgte nicht dem Grundsatz der Gleichbehandlung: 1857 wurde ein Erziehungsgesetz verabschiedet, in dem es hieß, die Regierung werde die staatlichen Schulen unterstützen, während Protestanten und Katholiken ihre Konfessionsschulen selbst finanzieren müssten. Die liberale Partei warf die Frage auf, in welchem Ausmaß die Regierung das Erziehungswesen beeinflussen dürfe. Sie sah die konfessionelle Erziehung als Bedrohung der nationalen Einheit und versuchte, die Neutralität der Ausbildung zu verteidigen. Durch das revidierte Erziehungsgesetz von 1878 sollten die christlichen Elemente einiger staatlicher Schulen so weit wie möglich reduziert werden. Viele Konfessionsgruppen protestierten gegen dieses Gesetz. Als die katholische und die protestantische Partei, die kurz zuvor gegründet worden waren, 1888 in die Regierung eintraten, hoben sie das Gesetz sofort auf und ermöglichten so die Finanzierung auch von Konfessionsschulen. Das Gesetz über die Primarschulausbildung von 1920 brachte schließlich die Gleichstellung in allen Bereichen. Auch in Artikel 23 der Verfassung wird auf dieses Gesetz Bezug genommen.[10] Seitdem sind viele Schulen auf konfessioneller Basis gegründet worden.

„Die ‚Schlacht der Schulen' ließ wichtige ideologische Unterschiede in der niederländischen Gesellschaft hervortreten, die letztlich zu der oben beschriebenen Versäulung führten."

Die „Schlacht der Schulen" ließ wichtige ideologische Unterschiede in der niederländischen Gesellschaft hervortreten, die letztlich zu der oben beschriebenen Versäulung führten. Versäulung als Befriedung war eine typisch niederländische Methode des Umgangs mit politischer und ideologischer Vielfalt. Doch seit den sechziger Jahren hat infolge umfassender Dekonfessionalisierung, der Verbreitung der Massenmedien, insbesondere des Fernsehens, und der Betonung individueller Freiheit ein Prozess der Entsäulung eingesetzt. Die Befriedungspolitik änderte ihren Charakter, da sich weniger Menschen einer der früheren Säulen zugehörig fühlten. Allerdings haben sich Elemente der Versäulung bis zum heutigen Tag in der niederländischen Gesellschaft erhalten: vornehmlich in der Politik, den Medien und dem Erziehungswesen. Die Tatsache, dass der Islam nach der Jahrtausendwende in den Niederlanden an Boden gewonnen hat, ließ die Frage aufkommen, ob sich hier eine neue, islamische Säule heraus-

---

9 Sturm, Johan/Groenendijk, Leendert/Kruithof, Bernard/Rens, Julialet: Educational Pluralism. A Historical Study of So-called 'Pillarization' in the Netherlands, Including a Comparison with Some Developments in South African Education. In: *Comparative Education*, Bd. 34, Nr. 3, S. 281–297.

10 Die relevanten Paragraphen 2 und 7 des Artikels 23 der niederländischen Verfassung lauten: „Het geven van onderwijs is vrij, behoudens het toezicht van de overheid" (Die Erteilung von Unterricht ist frei, vorbehaltlich der behördlichen Aufsicht); „Het bijzonder algemeen vormend lager onderwijs [...] wordt naar dezelfde maatstaf als het openbaar onderwijs uit de openbare kas bekostigd." (Der private allgemein bildende Grundschulunterricht [...] wird nach demselben Maßstab aus öffentlichen Mitteln finanziert wie der öffentliche Unterricht).

bilde. Doch ist es unrealistisch, von einem solchen Phänomen zu sprechen, nicht nur, weil die niederländische Gesellschaft heute in höherem Maße auf dem Individualismus fußt, sondern auch, weil die Muslime keineswegs den Grad an Geschlossenheit zeigen wie die Protestanten und Katholiken in der „Säulenepoche".[11]

5. Religion und Religionsunterricht in den Niederlanden: die Gegenwart

Fakten und Daten. Die Ergebnisse der „Schlacht der Schulen" im 19. Jahrhundert bilden die Grundlage für das Verhältnis von Erziehungswesen und Religion in den heutigen Niederlanden. Während die Zahl von protestantischen und katholischen Schulen zwischen 1870 und 1920 geringer war als die der staatlichen Schulen, nahm sie zwischen 1920 und 1940 erheblich zu. Dieses Wachstum setzte sich in der Epoche der Versäulung fort. Neuere Zahlen für das Schuljahr 2004/05 besagen, dass von den 7314 Schulen im Primarschulbereich 2410 dem Staat und 4904 bestimmten Glaubensgemeinschaften zuzuordnen sind. Der konfessionelle Bereich gliedert sich auf in 2177 protestantische, 2167 katholische, 42 islamische, 3 jüdische und 3 hinduistische Schulen. Daneben gibt es 512 so genannte neutrale Schulen, die nach alternativen pädagogischen Prinzipien geleitet werden, wie etwa denen von Montessori oder Rudolf Steiner. Bemerkenswerterweise ist die Zahl von Konfessionsschulen trotz der Entsäulung seit den sechziger Jahren weiterhin sehr hoch. Das Erziehungssystem scheint immun gegen diesen Prozess zu sein. Dieser offenkundige Widerspruch wird auch als „Paradox der Versäulung" bezeichnet.[12]

Der Religionsunterricht an Grundschulen. Was die Alltagspraxis des Religionsunterrichts angeht, so haben Schulen im Allgemeinen die Freiheit, diesen innerhalb gewisser Grenzen, die vom Gesetz über die Primarerziehung definiert werden, selbst zu gestalten. Das heißt, dass Schulvorstände die Lehrmethoden und den Lehrplan wählen können. Zudem sind Schulen verantwortlich für die Art und Weise, wie der Fortschritt der Kinder in den verschiedenen Fächern gemessen und bewertet wird. Andererseits müssen sie der Schulaufsicht Rechenschaft über pädagogische Praktiken, Programme und Bewertungen ablegen.

Obwohl es Schulen freisteht, Lehrmethoden für die verschiedenen Fächer zu wählen, dürfen sie nicht bestimmen, *welche Themen* unterrichtet werden. Das Gesetz über die Primarerziehung definiert 58 so genannte Kernziele: von Fertigkeiten in der niederländischen Sprache und der Mathematik bis hin zu Leibesübungen.[13] Der Religionsunterricht ist nicht in die Liste der Kernziele einbezogen, denn dies würde gegen das Gebot der Trennung von Kirche und Staat verstoßen. Trotzdem hat eines der Kernziele mit unserem Thema zu tun. Unter

---

[11] Auch Spiecker und Sleutel verneinen die Frage, ob die Bildung einer islamischen Säule in den „multikulturellen" Niederlanden „möglich, wirksam oder wünschenswert" wäre (Spiecker, Ben/Sleutel, Jan: Multiculturalism, Pillarization and Liberal Civic Education in the Netherlands. In: *International Review of Educational Research*, Bd. 35, Nr. 3/2001, S. 293–304).

[12] Vgl. Bakker, Cok: Démasqué van het christelijk onderwijs? Over onzin en zin van een adjectief. Utrecht 2004.

[13] Vgl. die Website des Ministeriums für Erziehung, Kultur und Wissenschaft: www.minocw.nl

der Überschrift „Orientierung über sich selbst und die Welt" heißt es in dem Verzeichnis: „Die Schüler lernen wichtige Einzelheiten über Geistesbewegungen, die in der niederländischen multikulturellen Gesellschaft eine wesentliche Rolle spielen".[14] Obwohl recht vage formuliert, dürfte dies bedeuten, dass Schüler Informationen über andere Glaubensrichtungen als das Christentum erhalten sollen.

Schulvorstände und Lehrer von Konfessionsschulen entscheiden selbst über das „Was" und „Wie" des Religionsunterrichts. Die große Vielfalt und Zunahme von Lehrmethoden spiegeln diesen Sachverhalt wider. Wir können hier nur kurz auf die Methoden eingehen, die im Religionsunterricht in staatlichen Schulen und in den drei Haupttypen der Konfessionsschulen angewandt werden.

In staatlichen Schulen wird in der Regel kein Religionsunterricht erteilt. Wenn eine Gruppe von Eltern dies jedoch wünscht, muss die lokale Schulbehörde die Möglichkeiten für den entsprechenden Unterricht – bis zu einem Maximum von 120 Stunden pro Schuljahr – schaffen. Meistens leisten Gemeinden und/oder Kirchen finanzielle Unterstützung für das Lehrpersonal und die Lehrmaterialien.

In protestantischen Schulen wird Religion gewöhnlich zwei Stunden pro Woche unterrichtet. Diese Stunden können sich über die fünf Wochentage verteilen. Im Allgemeinen beginnt man mit einem Gebet, der Nacherzählung einer Bibelepisode und/oder einem religiösen Lied. Viele protestantische Schulen organisieren an jedem Wochenanfang Versammlungen, in denen einer der Lehrer eine kurze Zeremonie abhält. Daneben werden Feierstunden – in der Schule oder in der Kirche – aus Anlass der wichtigsten christlichen Feste organisiert. In vielen protestantischen Schulen verwendet man im Religionsunterricht spezifische Lehrmethoden. Je nach Ausrichtung der Schule – eher „orthodox" oder eher weltoffen – konzentriert man sich dabei entweder allein auf die Bibellektüre oder aber darauf, einen Zusammenhang zwischen biblischen Themen und Geschichten und dem Alltagsleben herzustellen. Eine weit verbreitete Methode der letzteren Art wird als *Trefwoord* („Schlüsselwort") bezeichnet. In der Methodenbeschreibung[15] heißt es explizit, *Trefwoord* versuche, „zwei Realitäten durch Lebensthemen" zusammenzubringen: „die Welt des christlichen Glaubens und die Erfahrungswelt des Kindes". *Trefwoord* ist ein „Verfahren der Religions- und Weltanschauungserziehung für katholische, protestantische und interkonfessionelle Schulen im Primarsektor". Eines der Ziele besteht darin, „die geistige Entwicklung des Kindes zu fördern, ausgehend von der Begegnung der realen Welt des Kindes mit der jüdisch-christlichen Tradition, und zwar im Rahmen der multikulturellen und religiösen Gesellschaft der Gegenwart".

„Viele protestantische Schulen organisieren an jedem Wochenanfang Versammlungen, in denen einer der Lehrer eine kurze Zeremonie abhält."

[14] Ministerium für Erziehung, Kultur und Wissenschaft: Kerndoelenboekje. Den Haag 2006, S. 51 (Kernziel 38). Zugriff unter: http://www.minocw.nl/documenten/kerndoelenboekje.pdf

[15] Vgl. http://www.12bcompany.nl/sgosite/pages/leden/trefwoord/trefwoord_kl_alginfo.html

„Orthodoxe" protestantische Schulen bieten Katechismusstunden als eine Form des Religionsunterrichts an, manchmal flankiert durch „Bibelerziehung", beispielsweise unter Anwendung der Methode *Levend water* („Lebendiges Wasser"). In der Methodenbeschreibung[16] liest man: „*Levend Water* möchte eine moderne, doch zugleich eine völlig der Bibel getreue Erziehungsmethode sein."

„Katholische Schulen unterscheiden sich von protestantischen auch dadurch, dass die Schüler auf die Erstkommunion und die Beichte vorbereitet werden."

Auch in katholischen Schulen kommt *Trefwoord* zum Einsatz. In Allgemeinen unterscheidet sich die Art des Religionsunterrichts in katholischen Schulen nicht allzu sehr von der katholischen Praxis. Wenn keine bestimmte Lehrmethode benutzt wird, was in katholischen Schulen häufiger der Fall zu sein scheint als in protestantischen, unterrichtet man Religion in Form von Projekten, bei denen man den katholischen Glauben zu allen möglichen aktuellen Themen in Beziehung setzt. Katholische Schulen unterscheiden sich von protestantischen auch dadurch, dass die Schüler auf die Erstkommunion und die Beichte vorbereitet werden. Manchmal wird der Religionsunterricht von Priestern statt von Lehrern erteilt. Dies verweist auf ein engere Verbindung der katholischen Schulen zu den lokalen Kirchengemeinden, als sie die protestantischen Schulen gewöhnlich haben.

Islamische Grundschulen existieren in den Niederlanden erst seit relativ kurzer Zeit. Die erste wurde Ende der achtziger Jahre gegründet. Gegenwärtig gibt es 42 islamische Grundschulen.[17] In offiziellen Dokumenten machen die Vertreter islamischer Schulen zumeist Bemerkungen folgender Art über die Identität ihrer Anstalt: „Die Schule hat eine islamische Grundlage, was bedeutet, dass sie auf dem Koran und der Sunna beruht und durch keine Strömung innerhalb des Islam begrenzt wird."[18] Der Religionsunterricht umfasst tägliche Gebete und die Unterweisung im Koran. Das Ende des Ramadan und das Opferfest werden in islamischen Schulen gefeiert. Vom siebten Schuljahr an, wenn die Kinder elf Jahre alt sind, erhalten sie nach Geschlechtern getrennte Sportstunden. Mädchen steht es frei, ein Kopftuch zu tragen.

Gegenwärtig arbeitet das Niederländische Nationalinstitut für Lehrplanentwicklung[19] zusammen mit der ISBO (der Niederländischen Vereinigung Islamischer Schulen) im Auftrag des Erziehungsministeriums eine Methode des islamischen Religionsunterrichts aus, die nicht nur in islamischen, sondern auch in staatlichen Schulen eingesetzt werden soll. Außerdem ist sie für Moscheeschulen gedacht. Das Ministerium erteilte den Auftrag nach einem Bericht der

---

[16] Vgl. www.gh-gpc.nl/index.asp?intStyleitID=10403

[17] Zu den jeweils aktuellen Zahlen siehe die Website der Islamitische Scholen Besturen Organisatie (ISBO): www.deisbo.nl

[18] Islamitische Scholen Besturen Organisatie: Islamitisch Basisonderwijs en ISBO in Nederland. Een informatiebrochure over de Islamitische Basisscholen en Islamitische Scholen Besturen Organisatie (ISBO). Utrecht 1997, S. 6.

[19] www.slo.nl

Schulaufsichtsbehörde (2002), in dem es hieß, es gebe kein adäquates Verfahren für den Religionsunterricht in islamischen Schulen. Es ist bedeutsam, dass der Erziehungsminister diesen Auftrag für nötig hielt, denn da Schulen die Freiheit haben, ihre eigenen Methoden für den Religionsunterricht zu wählen, sollte der Staat sich nicht in die Lehrpraxis einmischen, solange die Qualität der Ausbildung nicht gefährdet ist. Tatsächlich hofft der Minister, das Niveau der religiösen Erziehung an islamischen Schulen durch neue Unterrichtsmethoden anzuheben. Gleichzeitig ist er bemüht, Einfluss darauf zu nehmen, *welche* religiösen Ansichten gelehrt werden, denn es gibt (politische) Befürchtungen, dass konservative Standpunkte in islamischen Schulen vorherrschen könnten. Hier haben wir es mit einem aktuellen Beispiel für eine Überschreitung der Grenze zwischen Staat und Kirche zu tun.

Muttersprachenunterricht. Ein interessanter, doch völlig separater Bereich im Erziehungswesen ist der so genannte Muttersprachenunterricht. In den siebziger Jahren nahm das Erfordernis zu, die Kinder von Einwanderern, insbesondere aus Marokko und der Türkei, in ihrer Heimatsprache und -kultur zu unterrichten. Nach verschiedenen Privatinitiativen wurde die *Onderwijs in Eigen Taal en Cultuur* (Unterricht in der eigenen Sprache und Kultur) zu einem wichtigen Bestandteil des Programms von Grundschulen, die von einer beträchtlichen Zahl der in Frage kommenden Kindern besucht wurden. Diese Art der Erziehung war stets Gegenstand von Debatten. Man diskutierte etwa über die Zahl der Wochenstunden (zuerst fünf, später zweieinhalb); die Ausbildung der Lehrer (überwiegend schlecht qualifizierte Marokkaner und Türken, deren Niederländischkenntnisse meistens nicht ausreichten); die Benutzung und Entwicklung von Lehrmaterial, das gewöhnlich aus den Herkunftsländern stammte und deshalb dem Einwandererstatus der Kinder nicht angepasst war; den Stellenwert dieses oftmals ungeregelten Unterrichts innerhalb des herkömmlichen Programms; und schließlich über die zu lehrenden Sprachen: für türkische Kinder unter Missachtung des Kurdischen ausschließlich Türkisch und für marokkanische Kinder Hocharabisch unter Missachtung des Berber, der Muttersprache von rund 60 Prozent dieser Schüler.[20] Die anhaltenden Diskussionen über *Onderwijs in Eigen Taal en Cultuur* führten in den neunziger Jahren zu einer Reform: Das Programm erhielt einen neuen Namen: *Onderwijs in Allochtone Levende Talen* (Ausbildung in ausländischen lebenden Sprachen), der implizierte, dass sämtliche in den Herkunftsländern gesprochene Sprachen und nicht nur die offiziellen unterrichtet werden konnten. Fortan kamen auch Berber und Kurdisch in Frage. Doch blieb ein Großteil der Probleme bestehen, und infolge der Verschiebungen

„Man diskutierte etwa über die Zahl der Wochenstunden, die Ausbildung der Lehrer, die Benutzung und Entwicklung von Lehrmaterial, … das dem Einwandererstatus der Kinder nicht angepasst war …“

[20] Vgl. Obdeijn, Herman/de Ruiter, Jan Jaap (Hg.): Le Maroc au coeur de l'Europe. L'Enseignement de la langue et culture d'origine (ELCO) aux élèves marocains dans cinq pays européens. Tilburg 1998.

des politischen Spektrums – links wie rechts betonte man die Bedeutung des Niederländischen als des führenden Kommunikationsmittels (Muttersprachenunterricht galt als Hindernis für die Integration), und nach der Fortuyn-Revolution von 2002 kam es zu einem allgemeinen Rechtsschwenk – wurde *Onderwijs in Allochtone Levende Talen* schließlich abgeschafft.

Damit wird gegenwärtig in Grundschulen neben Niederländisch und – in sehr geringem Maße – Englisch keine andere Sprache gelehrt. Infolgedessen hat sich der informelle Unterricht von Muttersprachen, insbesondere von Hocharabisch, in niederländischen Moscheen ausgeweitet. Dieser Ausbildungssektor entzieht sich den Schulbehörden, und die wenigen Untersuchungen zu diesem Thema deuten darauf hin, dass es sich in der Regel um einen sehr traditionalistischen Unterricht handelt.[21] So finden wir in den Niederlanden heute ein Grundschulsystem vor, das des Reichtums der Vielsprachigkeit entbehrt, und einen Privatsektor, in dem die Gemeinschaftssprachen bestimmter Herkunftsländer in einem gewöhnlich sehr konservativen Umfeld gelehrt werden.

„... und über die zu lehrenden Sprachen: für türkische Kinder unter Missachtung des Kurdischen ausschließlich Türkisch und für marokkanische Kinder Hocharabisch unter Missachtung des Berber.“

6. Jüngere Diskussionen über Religion, Erziehung und Staat

Zu Beginn dieses Jahrtausends plädierte Siebren Miedema, ein niederländischer Professor für Religionserziehung, für die Eröffnung multireligiöser Schulen.[22] Solche Schulen würden „das Bedürfnis nach Kohärenz befriedigen [...], indem sie sich der Pluralität von sozialen, kulturellen und religiösen Traditionen widmen“. Die Verfasser stimmen dieser Idee im normativen Sinne völlig zu, doch scheinen wir sechs Jahre später von den Idealen multireligiöser Schulen – nach dem 11. September 2001 und der Ermordung des niederländischen Filmemachers Theo van Gogh im November 2004 – weiter denn je entfernt zu sein. Trotz der Entsäulung der niederländischen Gesellschaft in den letzten Jahrzehnten des 20. Jahrhunderts ist die Religion wieder in den Vordergrund gerückt. Sie erscheint jedoch häufiger als Sinnbild von Unterschieden denn als Wegbereiterin gesellschaftlichen Zusammenhalts. In den Niederlanden kehren die alten Debatten über die Beziehung zwischen Staat und Kirche zurück, ganz besonders im Bereich des Erziehungswesens.

Anfang 2005 kam es zu intensiven politischen Diskussionen über Artikel 23 der Verfassung, welcher der Gründung von Konfessionsschulen gewidmet ist. Einige politische Parteien, etwa die liberale VVD (Volkspartei für Freiheit und Demokratie) und die rechtspopulistische LPF (Liste Pim Fortuyn), fürchten,

[21] Saidi, Redouan: The Teaching of Modern Standard Arabic to Moroccan Pupils in Elementary Schools in the Netherlands: A Study on Proficiency, Status and Input. Doktorarbeit, Tilburg 2001.

[22] Miedema, Siebren: The Need for Multi-Religious Schools. In: *Religious Education*, Bd. 95, Nr. 3/2000, S. 285–298.

dass islamische Schulen die Integration von muslimischen Minderheiten in die niederländische Gesellschaft bremsen könnten. Sie wollen Artikel 23 aus der Verfassung streichen. Dies wird jedoch durch den regierenden CDA (Christlich Demokratischer Appell) verhindert, in dem die Idee der Religionsfreiheit stark verwurzelt ist.

Die Diskussion erinnert in gewissem Maße an die Stimmen in liberalen Kreisen des 19. Jahrhunderts, als es zu Protesten gegen die Gründung christlicher – protestantischer wie katholischer – Schulen kam, weil man befürchtete, der konservative Einfluss könne die Einheit der niederländischen Nation untergraben. Der Fall des Islam liegt ähnlich, weshalb wir abschließend an das historische Ergebnis der „Schlacht der Schulen" erinnern wollen: Schon vor hundert Jahren wurden die Befürchtungen der liberalen Opponenten nicht wahr. Man darf hoffen und erwarten, dass die Muslime – wie vor ihnen schon Protestanten und Katholiken – ihren Platz in allen Bereichen der niederländischen Gesellschaft finden werden. ❑

Religion und religiöse Vielfalt in Österreich

Iyman Salwa Alzayed

I. Das Verhältnis von Staat und Religion sowie die Vielfalt der Glaubensformen in Österreich aus rechtlicher Sicht

Österreich ist ein säkularer Rechtsstaat, der Religionsgemeinschaften und religiöse Bekenntnisse nicht an den Rand der Gesellschaft drängt, sondern ihnen Möglichkeiten freiheitlicher und gleichberechtigter Entfaltung einräumt. Religiös oder weltanschaulich motivierte Menschen sind in Österreich keiner bevormundenden Staatsideologie ausgesetzt, sondern finden das *Prinzip einer respektvollen Nicht-Identifikation des Staates mit einem bestimmten Bekenntnis*[1] vor.

Dieses Prinzip basiert auf der Erkenntnis, dass der freiheitliche, säkularisierte Staat von Voraussetzungen lebt, die er selbst nicht garantieren kann[2]: Mit der staatlichen Pflege von Religion, z. B. in Form von Religionsunterricht, theologischen Fakultäten etc., wird zugleich der Staat selbst „gepflegt" (*cura reipublicae*), weil einerseits sein moralisches Fundament zu einem guten Teil aus den Religionen erwächst und er sich andererseits in seiner pluralistischen Offenheit gegen Tendenzen der Monopolisierung und Totalisierung wappnet. In diesem Sinne wird in Österreich keine bestimmte Weltanschauung oder Religion begünstigt, sondern allen die gleiche Förderung zuteil. Die viel zitierte „Trennung von Religion und Politik" ist insofern irreführend; nähme man sie wörtlich, dann ginge „der freiheitliche Sinn der Religionsfreiheit – und damit das normative Fundament der rechtsstaatlichen Säkularität – sogar verloren".[3]

In Österreich beschränkt sich das Verständnis von „Religionsfreiheit" nicht auf die rechtsstaatliche Garantie der individuellen Freiheit des persönlichen Glaubens oder Bekenntnisses, sondern beinhaltet darüber hinaus das Recht der religiösen Gemeinschaften, sich frei von staatlicher Bevormundung selbst zu organisieren und von ihnen ausgehende Betätigungen in die gesellschaftliche Öffentlichkeit zu

[1] Vgl. hierzu Bielefeld, Heiner: Muslimische Minderheiten im säkularen Rechtsstaat, S. 4–24, unter: http://www.migration-boell.de/downloads/integration/gruen_trifft_gruen.pdf#search=%22Muslimische%20Minderheiten%20im%20s%C3%A4kularen%20Rechtsstaat%20H.%20Bielefeldt%22 (26.09.2006).

[2] Vgl. hierzu Böckenförde, Ernst-Wolfgang: Die Entstehung des Staates als Vorgang der Säkularisation. In: Säkularisation und Utopie: Ebracher Studien; Ernst Forsthoff zum 65. Geburtstag. Stuttgart u. a. 1967, S. 75–94.

[3] Bielefeld, Heiner: Muslime im säkularen Rechtsstaat, S. 6, unter: http://www.migration-boell.de/downloads/integration/bielefeldt.pdf (15.10.2006).

tragen. Gemäß diesem Verständnis ist es eine Selbstverständlichkeit, dass Repräsentanten von Religionsgemeinschaften auch an der Politik teilhaben. Es liegt in diesem Sinne also keine strikte Trennung von Religion und Politik vor, wohl aber eine klare institutionelle Trennung von Religionsgemeinschaften und Staat, wobei der Staat Österreich seine Aufgabe darin sieht, die Bedingungen eines menschenwürdigen Miteinanders zu organisieren – selbstverständlich unter der Prämisse der Gleichberechtigung. Diese Grundlage wechselseitiger Unabhängigkeit aufgrund institutioneller Trennung darf also nicht als Beziehungslosigkeit missverstanden werden, ganz im Gegenteil bedarf es konkreter Kooperationsverhältnisse zwischen beiden Seiten, wie z. B. Subventionierung kirchlicher Krankenhäuser, theologischer Lehrstühle an staatlichen Universitäten sowie gesetzliche Anerkennung der Kirchen und Religionsgesellschaften, die ihrerseits staatlich gesetzte Rahmenbedingungen zu erfüllen haben.

„Es liegt also keine strikte Trennung von Religion und Politik vor, wohl aber eine klare institutionelle Trennung von Religionsgemeinschaften und Staat."

Die „gesetzliche Anerkennung" bewirkt in Österreich die Verleihung der „öffentlich-rechtlichen Rechtspersönlichkeit" an eine Kirche oder Religionsgesellschaft, wodurch dieser die Stellung einer Körperschaft des öffentlichen Rechts zukommt. Ein Kriterium solcher Körperschaften liegt in der Wahrnehmung von Aufgaben des öffentlichen Interesses, worunter neben religiösen auch soziale, gesellschaftliche und kulturpolitische Aufgaben verstanden werden, die dem Wohl der Gesellschaft dienen.

In Österreich sind derzeit 13 Kirchen und Religionsgemeinschaften gesetzlich anerkannt[4]:

1. Altkatholische Kirche Österreichs
2. Armenisch-apostolische Kirche Österreichs
3. Evangelische Kirche A.B. (Augsburger Bekenntnis) und H.B. (Helvetisches Bekenntnis)
4. Griechisch-orientalische (= Orthodoxe) Kirche
   - Griechisch-orientalische Kirchengemeinde zur Hl. Dreifaltigkeit
   - Griechisch-orientalische Kirchengemeinde zum Hl. Georg
   - Bulgarisch-orthodoxe Kirchengemeinde zum Hl. Iwan Rilski
   - Rumänisch-griechisch-orientalische Kirchengemeinde zur Hl. Auferstehung
   - Russisch-orthodoxe Kirchengemeinde zum Hl. Nikolaus
   - Serbisch-griechisch-orientalische Kirchengemeinde zum Hl. Sava
5. Islamische Glaubensgemeinschaft in Österreich
6. Israelitische Religionsgesellschaft
7. Katholische Kirche
   - Römisch-katholischer Ritus

[4] Bundesministerium für Bildung, Wissenschaft und Kultur (BMBWK), unter: http://www.bmbwk.gv.at/ministerium/Kultusamt/Gesetzlich_anerkannte_Ki5433.xml (26.09.2006).

- Griechisch-katholischer Ritus
- Armenisch-katholischer Ritus

8. Kirche Jesu Christi der Heiligen der Letzten Tage (Mormonen) in Österreich
9. Koptisch-orthodoxe Kirche in Österreich
10. Methodistenkirche in Österreich
11. Neuapostolische Kirche in Österreich
12. Österreichische Buddhistische Religionsgemeinschaft
13. Syrisch-orthodoxe Kirche in Österreich

Seit Beginn des Jahres 1998 können Anhänger/innen einer bisher nicht gesetzlich anerkannten Religion sich zu einer „staatlich eingetragenen Bekenntnisgesellschaft" zusammenschließen und Rechtspersönlichkeit[5] erlangen. Dies geschieht durch Antrag nach Ablauf einer Frist von sechs Monaten über das Bundesministerium für Bildung, Wissenschaft und Kultur. Derzeit gelten folgende Glaubensgemeinschaften als „staatlich eingetragene religiöse Bekenntnisgemeinschaft"[6]:

1. Baha'i-Religionsgemeinschaft in Österreich
2. Bund der Baptistengemeinden in Österreich
3. Bund Evangelikaler Gemeinden Österreichs
4. Die Christengemeinschaft – Bewegung für religiöse Erneuerung in Österreich
5. Elaia Christengemeinden
6. Freie Christengemeinde/Pfingstgemeinde
7. Hinduistische Religionsgesellschaft in Österreich
8. Jehovas Zeugen
9. Kirche der Siebenten-Tags-Adventisten
10. Mennonitische Freikirche Österreich
11. Pfingstkirche Gemeinde Gottes in Österreich

Um der gleichen Freiheit und gleichberechtigten Partizipation aller in dieser interkulturellen und multireligiösen Gesellschaft willen sind Verantwortungsträger aus Politik und Wissenschaft in der Regel[7] darum bemüht, die tragenden Verfassungsprinzipien nicht als exklusives Erbe der westlichen, vorrangig christlichen Zivilisation zu propagieren[8], wenngleich unbestritten bleibt, dass der säkulare Rechtsstaat in Nordamerika und Westeuropa historisch erstmals wirksam geworden ist. Dennoch kann Österreich in dieser Hinsicht wohl als

[5] Diese Rechtspersönlichkeit bedeutet jedoch noch keine gesetzliche Anerkennung als Kirche oder Religionsgesellschaft.

[6] Abrufbar unter: http://de.wikipedia.org/wiki/Anerkannte_Religionen_in_%C3%96sterreich (26.09.2006).

[7] Mit Ausnahme von Wahlslogans in Zeiten der Wahlwerbung, etwa des Slogans der FPÖ im September 2006: „DAHAM statt ISLAM" – eine Parodie auf den von der Musikgruppe Bardallah verfassten Song „Islam daham", in dem im österreichischem Dialekt (zum Teil jodelnd) die „Heimatverbundenheit" eines Muslims mit Österreich besungen wird.

[8] Dieses Verständnis hat u. a. dazu geführt, dass z. B. Muslime sich als österreichische Staatsbürger gern mit ihrer – nicht selten „neuen" – Heimat identifizieren, ohne dies im Widerspruch zu ihrem religiösen Bekenntnis zu erleben.

Bundesländer	Gesamt-bevölkerung	Römisch-katholisch	Evangelisch	Islamisch	Israelitisch	Ohne Bekenntnis
Burgenland	277 569	220 512 (79,4%)	36 812 (13,3%)	3993 (1,4%)	33 (0,0%)	11 102 (4,0%)
Kärnten	559 404	432 011 (77,2%)	57 729 (10,3%)	10 940 (2,0%)	56 (0,0%)	43 916 (7,9%)
Nieder-österreich	1 545 804	1 226 411 (79,3%)	50 838 (3,3%)	48 730 (3,2%)	399 (0,0%)	166 832 (10,8%)
Ober-österreich	1 376 797	1 093 624 (79,4%)	60 990 (4,4%)	55 581 (4,0%)	216 (0,0%)	120 906 (8,8%)
Salzburg	515 327	383 486 (74,4%)	22 441 (4,4%)	23 137 (4,5%)	125 (0,0%)	49 238 (9,6%)
Steiermark	1 183 303	961 630 (81,3%)	51 005 (4,3%)	19 007 (1,6%)	161 (0,0%)	117 589 (9,9%)
Tirol	673 504	561 680 (83,4%)	16 026 (2,4%)	27 117 (4,0%)	99 (0,0%)	35 139 (5,2%)
Vorarlberg	351 095	273 978 (78,0%)	7817 (2,2%)	29 334 (8,4%)	63 (0,0%)	20 945 (6,0%)
Wien	1 550 123	762 089 (49,2%)	72 492 (4,7%)	121 149 (7,8%)	6988 (0,7%)	397 596 (25,6%)
Österreich insgesamt	8 032 926	5 915 421 (73,6%)	367 150 (4,7%)	338 988 (4,2%)	8140 (0,1%)	963 263 (12,0%)

Tabelle: Religionszugehörigkeit der Bevölkerung in Österreich (Volkszählung 2001).
Quelle: Statistik Austria.

vorbildlich gelten: Das Säkularitätsverständnis seines Rechtsstaates als eines freiheitlichen Verfassungsprinzips für die religiös und kulturell pluralistische Gesellschaft der Moderne ist längst in die Herzen seiner Migrantinnen und Migranten eingezogen.

II. Sozial-kulturelle Zusammensetzung der Schülerschaft und Profile der verschiedenen Schulformen

Über die sozial-kulturelle Zusammensetzung der Schülerschaft lassen sich aus Datenschutzgründen keine zahlengestützten Angaben machen, obwohl jeder Direktorin/jedem Direktor einer Schule die religiöse, weltanschauliche oder nichtreligiöse familiäre Einbindung ihrer/seiner Schülerschaft bekannt ist. Allerdings werden die DirektorInnen darauf hingewiesen, jene Informationen vertraulich zu behandeln, sodass nicht einmal die zuständigen Fachinspektoren über konkretes Zahlenmaterial verfügen.

Einen Hinweis auf die Religions- und Staatsangehörigkeit, zwar nicht der Schülerschaft, aber doch der Gesamtbevölkerung Österreichs, gibt aber das Ergebnis der Volkszählung aus dem Jahr 2001, in dem auch die Unterschiede innerhalb der neun Bundesländer deutlich werden. Die oben stehende Tabelle präsentiert exemplarisch die Zahlen für vier ausgewählte religiöse Bekenntnisse und Personen ohne Bekenntnis.

Die Statistik Austria[9] hat in diesem Jahr (2006) aktuelle Zahlen über die Migranten präsentiert. Dabei ist deutlich geworden, dass Österreich mit 14,5 Prozent über einen höheren Migrantenanteil verfügt als die USA. Die zahlenmäßig stärksten Einwanderergruppen stellen die Serben-Montenegriner (139 000), die Türken (123 500) und die Deutschen (100 000).

Bemerkenswert hoch sind die Zuwandererzahlen für Wien – eine Stadt, in der 29 Prozent der Gesamtbevölkerung einen Geburtsort haben, der außerhalb Österreichs liegt. Besonders stark vertreten sind hier die Serben-Montenegriner (76 666), die Türken (39 901), die Polen (21 610) und die Deutschen (20 417).

Es kann davon ausgegangen werden, dass die sozioökonomischen Verhältnisse der meisten nach Wien eingewanderten Personen/Familien – mit Ausnahme der Deutschen, die ihr Land verließen, weil sie in Österreich in der Regel bessere wirtschaftliche Verhältnisse als in Deutschland vorfanden – zumindest in den ersten Jahren nach ihrer Zuwanderung im unteren Bereich der sozial schwächer Gestellten angesiedelt sind.

Schulprofile

Das Schulwesen wird in Österreich durch den Bund geregelt. Abgesehen von Schulversuchen sind daher sowohl Schultypen als auch Lehrpläne in Österreich weitgehend vereinheitlicht. Dem Bildungsministerium obliegt die Sorge für die Ausbildung der Lehrer/innen und die Erhaltung der Schulen.

Die Schulprofile sehen im Detail wie folgt aus[10]:

1. Grundbildung
   - VS (Volksschule)
   - So (Sonderschule)
2. Sekundarbildung Unterstufe
   - HS (Hauptschule)
   - AHS (Allgemeinbildende Höhere Schule) Unterstufe
3. Sekundarbildung Oberstufe
   - AHS (Allgemeinbildende Höhere Schule) Oberstufe
     - Gymnasium für Berufstätige
   - BHS (Berufsbildende Höhere Schule)
     - HTL (Höhere Technische Lehranstalt)
     - HAK (Handelsakademie)
     - HBLA (Höhere Bundeslehranstalt)
   - BMS (Berufsbildende Mittlere Schule)
   - Polytechnische Schulen
   - Berufsschulen
   - WSH (Werkschulheime)

---

9 Zahlenangaben aus der Gratistageszeitung *Heute* vom 18. Mai 2006, S. 6.

10 Abrufbar unter: http://de.wikipedia.org/wiki/Schulsystem_in_%C3%96sterreich#WSH (15.10.2006).

4. Postsekundäre Bildung
   - Kolleg
5. Tertiäre Bildung
   - Universität
   - FHS (Fachhochschule)
   - PH (Pädagogische Hochschule)
   - RPA (Religions-)Pädagogische Akademien (bis 2007→ PH)

Wie aus der Auflistung der bestehenden Schultypen deutlich wird, existieren insbesondere in der Sekundarbildung der Oberstufe eine Vielzahl von verschiedenen Schultypen, die im allgemeinen Sprachgebrauch nur mit ihren jeweiligen Abkürzungen verwendet werden und häufig dem Außenstehenden den Zugang einer Übersicht erschweren. Am Rande sei noch angemerkt, dass in Österreich die Kultur der Titel und Abkürzungen gepflegt wird: Lehrer/innen im Bereich der Oberstufe werden grundsätzlich mit „Herr/Frau Professor/in" angesprochen bzw. mit dem akademischen Titel (häufig „Magister").

III. Stellung des Fachs Religion in der Schule – Rahmenbedingungen für „gelebte Religiosität" in Unterricht und Schulalltag

In Österreich ist der Religionsunterricht durch das Religionsunterrichtsgesetz von 1949 geregelt.[11] Der Religionsunterricht ist ein Pflichtgegenstand für alle Schüler, die einer gesetzlich anerkannten Kirche oder Religionsgesellschaft angehören; er wird durch die betreffende gesetzlich anerkannte Kirche oder Religionsgesellschaft besorgt, geleitet und unmittelbar beaufsichtigt. Für ihre Lehrtätigkeit an öffentlichen Schulen erhalten die Religionslehrer/innen eine Vergütung von den zuständigen Gebietskörperschaften (Bund, Land). Die Erteilung des Religionsunterrichts erfolgt ausschließlich in deutscher Sprache gemäß den jeweiligen von den betreffenden Kirchen und Religionsgesellschaften erlassenen und vom Bildungsministerium (BMBWK) bekannt gemachten Lehrplänen.

„Der Religionsunterricht ist ein Pflichtgegenstand für alle Schüler, die einer gesetzlich anerkannten Kirche oder Religionsgesellschaft angehören."

Jeder Jugendliche ist ab dem 14. Lebensjahr „religionsmündig", d. h. er kann seine Religion frei wählen. Bis zum 10. Lebensjahr entscheiden ausschließlich die Eltern über die Religionszugehörigkeit ihrer Kinder. Zwischen dem 10. und 12. Lebensjahr ist das Kind anzuhören. Zwischen dem 12. und 14. Lebensjahr kann ein Religionswechsel seitens der Eltern ohne Zustimmung des Jugendlichen nicht mehr erfolgen.

Die Abmeldung vom Religionsunterricht kann nur in den ersten fünf Kalendertagen[12] eines beginnenden Schuljahres erfolgen – entweder durch die Eltern

---

[11] Vgl. § 2 des Religionsunterrichtsgesetzes, BGBl. Nr. 190/1949, zuletzt geändert durch das BGBl. Nr. 256/1993.

[12] Diese Frist ist mit Wirkung des Schuljahres 2006/07 von zuvor zehn auf nun fünf Kalendertage heruntergesetzt worden. Vgl. Rundschreiben des BMBWK (Bildungsministerium für Bildung, Wissenschaft und Kultur) Nr. 9/2006 vom 04.05.2006, GZ 10.014/1-III/3/2006.

des Schülers bis zum 14. Lebensjahr oder durch den Schüler selbst ab dem 14. Lebensjahr.

Die Beurteilung erfolgt in Form der herkömmlichen Notenskala und findet ihren Niederschlag im Zeugnis an erster Stelle. Konfessionslose Schüler oder Angehörige einer staatlich eingetragenen religiösen Bekenntnisgemeinschaft können auf Antrag den Unterricht einer Kirche oder Religionsgesellschaft als Freigegenstand besuchen.[13]

Derzeit gibt es an den meisten Schulen, angefangen im Pflichtschulbereich bis zu den Höheren Schulen, einen römisch-katholischen, evangelischen und islamischen Religionsunterricht.[14]

Religion kann auch Prüfungsgegenstand der Matura[15] (österreichische Bezeichnung für „Abitur") sein.

Bedarfsgemäß gibt es auch Religionsunterricht anderer Konfessionen, wie z. B. der orthodoxen, israelitischen und buddhistischen Religionsgemeinschaft.

Gelebte Religiosität in Unterricht und Schulalltag

Aufgrund der relativ langen Tradition des konfessionellen Religionsunterrichts und der nicht geringen Schülerzahl, die das Angebot des Religionsunterrichts in Anspruch nehmen, kann der Schulalltag in allen anderen Stunden weitestgehend unabhängig von der religiösen Einbindung des einzelnen Schülers stattfinden. Die Schüler kennen „ihre Zeiten" und die Tage, an denen sie Fragen, ihre Religion betreffend, stellen können, sodass der Schulalltag im Allgemeinen von religiösen Anliegen „verschont" bleibt.

Feiertage

Religiöse Feiertage wirken sich hingegen spürbar auf den Schulalltag aus: Während die christlichen Feiertage[16] für alle Schüler – unabhängig von ihrer Konfession – unterrichtsfrei sind, gibt es für Schüler/innen muslimischen (islamischen), orthodoxen (christlichen) und evangelischen Bekenntnisses Sonderregelungen, die es ihnen erlauben, an bestimmen weiteren Tagen (entsprechend ihrer Feiertage) dem Unterricht fernzubleiben.[17]

---

[13] Die bloße physische Anwesenheit von Schüler/innen im Religionsunterricht ist aber unabhängig von ihrem Bekenntnis oder ihrer Konfessionslosigkeit zum Zweck der Beaufsichtigung zulässig.

[14] Im Schuljahr 2003/04 besuchten 31 890 Schüler/innen muslimischen Glaubens den islamischen Religionsunterricht bei 279 islamischen Religionslehrer/innen an 1716 Pflichtschulen und 4400 Schüler/innen muslimischen Glaubens den islamischen Religionsunterricht bei 52 islamischen Religionslehrer/innen an 191 mittleren und höheren Schulen; im Schuljahr 2004/05 stieg die teilnehmende Schülerzahl auf ca. 40 000 Schüler/innen an. Vgl. Islamischer Religionsunterricht in Österreich und Deutschland – ein Projekt der Universität Wien, Rechtswissenschaftliche Fakultät, S. 6, unter: http://spl.univie.ac.at/fileadmin/user_upload/inst_rechtsphilo/IslamRU_ExSumPub2005.pdf (15.10.2006).

[15] Bereits Ende der 80er Jahre hat die heutige Lehrerin Gülmihiri Aytac als eine der Ersten ihre Matura im Fach „Islamische Religion" abgelegt. Vgl. Matura-Fach Islamische Religion – Integration in Österreich, unter: http://www.tagesschau.de/aktuell/meldungen/0,,OID5705372_REF1,00.html (15.10.2006).

[16] 6. Jänner (Heilige Drei Könige), Osterferien, Christi Himmelfahrt, Pfingstmontag, Fronleichnam, 15. August (Mariä Himmelfahrt), 1. November (Allerheiligen), 8. Dezember (Mariä Empfängnis), Weihnachtsferien.

[17] Welche Tage Schüler/innen anderer Konfessionen das Fernbleiben vom Unterricht gestatten, ist einzusehen unter: http://www.bmbwk.gv.at/schulen/termine/termine.xml (15.10.2006).

Kopftuch

Es gehört ganz selbstverständlich zum österreichischen Schulalltag, muslimischen Schülerinnen mit und ohne Kopftuch zu begegnen. Lehrerinnen des Faches „Islamischer Religionsunterricht" mischen sich mit ihrer Kopfbedeckung an den öffentlichen Schulen Österreichs problemlos unter ihre Kollegen und Kolleginnen. Sie stellen zunehmend eine bedeutsame Brücke der Verständigung dar – und zwar auf verschiedenen Ebenen:

- Sie sind Anlaufstelle und „Auffangbecken" für Schüler/innen, die sich aufgrund ihrer Herkunft oder ihres Aussehens „ungerecht" behandelt fühlen; wobei sich häufig herausstellt, dass eigenes Fehlverhalten von den betreffenden Schüler/innen selten reflektiert und vorschnell auf Diskriminierungsemotionen projiziert werden. Hier nehmen Religionslehrer/innen eine wichtige Vermittlerrolle im Kollegium ein.
- Es hat sich gezeigt, dass Kopftuch tragende Mütter eine größere Hemmschwelle zu überwinden haben, um öffentliche Sprachangebote in Anspruch zu nehmen; engagierte Religionslehrerinnen bieten mit Erfolg den Müttern ihrer Schüler/innen nach dem Unterricht „Deutsch als Fremdsprache" an – ein Modell, dass auf das Engagement und den „guten Willen" der Direktorin/des Direktors und der betreffenden Religionslehrer/innen angewiesen ist.
- Im Unterschied zu Deutschland hat sich im österreichischen Schulalltag gezeigt, dass Schülerinnen im Volksschulbereich nur höchst selten ein Kopftuch[18] tragen. Das könnte ein Hinweis darauf sein, dass

  - die einzelnen Bürger muslimischen Glaubens in Österreich über mehr Kenntnisse hinsichtlich ihrer Religion[19] verfügen;
  - die Befürchtung der Einflussnahme seitens der Gesellschaft (u. a. der Lehrkräfte), die ja mit zunehmendem Alter der Kinder wächst, bei muslimischen Eltern möglicherweise eine Art „Vorsorgemaßnahme" auslöst – nicht immer zum Wohle ihrer Kinder;
  - in Deutschland lebende Eltern muslimischen Glaubens (Kopftuchbefürworter) weniger Vertrauen in öffentliche Institutionen haben und somit ihre elterliche Entscheidungsgewalt während der ersten Schuljahre ihres Kindes (zum Teil kontraproduktiv) auszuschöpfen geneigt sind.

So lässt sich abschließend feststellen, dass in Österreich mit dem Thema „Kopftuch" gelassen umgegangen wird und in dieser Hinsicht der Respekt vor dem Bekenntnis des anderen an oberster Stelle steht.

[18] Vgl. Abbildung 2 im vorliegenden Beitrag.

[19] Die überwiegende Mehrzahl islamischer Theologen stimmt darin überein, dass die den Frauen empfohlene Kopfbedeckung erst mit Eintritt in die (Geschlechts-)Reife zu tragen ist. Somit kann aus religiöser Perspektive nicht unhinterfragt befürwortet werden, Mädchen bereits im Grundschulalter mit einem Kopftuch zur Schule zu schicken.

IV. Aktuelle Kontroversen zum Thema

Das Modell des flächendeckenden bekenntnisorientierten Religionsunterrichts ist in Österreich bisher nicht grundlegend hinterfragt worden. Wohl aber ist bei dessen Umsetzung systematisch in Richtung „Professionalisierung" gearbeitet worden. Es gibt im Rahmen der Lehrer/innenausbildung ein vermehrtes Interesse an der Stärkung interreligiöser und interkultureller Kompetenzen. Dabei erweist sich die Einbeziehung der israelitischen Religionsgesellschaft aufgrund der geringen Anzahl ihrer Glaubensangehörigen als schwierig.

„Es gibt im Rahmen der Lehrer/innenausbildung ein vermehrtes Interesse an der Stärkung interreligiöser und interkultureller Kompetenzen."

Eine der jüngsten aktuellen Kontroversen bezog sich auf die zweiwöchige Abmeldefrist vom Religionsunterricht, die den betreffenden Lehrkräften erst zwei Wochen nach offiziellem Schulbeginn einen regulären Unterricht gestattete. Direktoren und Direktorinnen klagten über den vermehrten Arbeitsaufwand, Bund und Länder beklagten die Zahlung von Gehältern für Unterrichtstätigkeiten, die faktisch erst zwei Wochen nach Schulbeginn erfolgten, Religionslehrer/innen beklagten die erschwerten Bedingungen bei der Erstellung eines Stundenplans, der verschiedene Standorte und Jahrgänge zu berücksichtigen hat, Fachinspektoren beklagten die verspätete Rückmeldung ihrer Lehrer/innen bezüglich ihrer Stundenverteilungen. So hat der Gesetzgeber eine Regelung geschaffen, die mit Beginn des Jahres 2006 die Frist von zwei Wochen auf eine Woche herabsetzte. Die Zukunft wird zeigen, ob die Verkürzung der „ungeklärten Lage" zu Schulbeginn zur Beruhigung der Gemüter und zum Ausgleich der unterschiedlichen Interessen beitragen kann.

V. Beispiele interreligiöser und interkultureller Aus-, Fort- und Weiterbildung

Die Beispiele interreligiöser und interkultureller Arbeit an den Schulen sind vielfältig, im Folgenden sollen exemplarisch nur einige wenige aus den verschiedenen Bildungsbereichen angeführt werden.

In Österreich nehmen die Schulpraktischen Studien im Rahmen der einphasigen Theorie-Ausbildung zum Diplom-Pädagogen für den Pflichtschulbereich einen verhältnismäßig großen Raum ein: Vierwöchige Blockpraktika pro Semester geben z. B. Studierenden der Islamischen Religionspädagogischen Akademie (IRPA) die Gelegenheit, neben der täglichen Begegnung mit dem Schulalltag auch Kooperationstechniken in interkulturellen Teams zu erproben, die zu vielfältigem Perspektivwechsel einladen. Diese Teams bestehen häufig aus sechs bis sieben Personen unterschiedlicher Herkunftsländer (siehe Abbildung 1), die in ihrer Funktion folgende Bereiche ausfüllen:

- ein/e Ausbildungslehrer/in (Fachlehrer/in der Schule), der/die die Studierenden in seinem/ihrem Unterricht betreut;

Abbildung 1:
In diesem interkulturellen Team befinden sich drei Studentinnen irakischer, syrischer (Hintergrund) und türkischer (fotografierend) Herkunft, zwei Praxisbegleiter bengalischer und deutscher Herkunft (Mitte) und ein Ausbildungslehrer ägyptischer Herkunft (Vordergrund).

Abbildung 2:
Die Studentin ist darum bemüht, im Rahmen der Unterrichtseinheit „Andachtsstätten" die unterschiedlichen Herkünfte der Schüler/innen durch Moscheebilder aus ihren jeweiligen Heimatländern zu berücksichtigen. Gleichzeitig wird an der Vielzahl der Bilder deutlich, dass Moscheen sehr unterschiedlich aussehen können, ja sogar manchmal äußerlich gar nicht als solche erkennbar sind.

- zwei Praxisbegleiter/innen (Dozenten/Dozentinnen der IRPA), die die Studierenden drei- bis sechsmal während ihrer Lehrauftritte besuchen;
- drei bis vier Studierende der IRPA, die bereits im 2. Semester jeweils zehn (bis zum Abschlusssemester gesteigert auf zwanzig) eigene Lehrauftritte planen und durchführen.

Es kommt immer wieder vor, dass Dozenten/innen Studierende auf einen Schulalltag vorbereiten, den sie selbst in ihren Heimatländern ganz anders kennen gelernt haben; auch in dieser Hinsicht bieten die Schulpraktischen Studien einen Erkenntnis- und Erfahrungszuwachs.

Es hat sich gezeigt, dass sich Studierende mit Migrationshintergrund bevorzugt in Gruppen der jeweils eigenen ethnischen Herkunft aufhalten; die kulturell bunt gemischten Teams stellen sie vor die Aufgabe, sich auf „unbekannte Perspektiven" einzulassen. Nur durch gelebte Nähe kann das Fingerspitzengefühl für die künftige Schülerschaft erwachsen.

Den Studierenden wird nahe gelegt, bei der Planung von Unterricht auch die soziokulturellen Bedingungen der Schülergruppe zu berücksichtigen. Insbeson-

Abbildung 3: *Einübung von Teamwork: interkulturelles Trommeln.*

Abbildung 4: *Projekt „Abraham"*

dere im islamischen Religionsunterricht nehmen Kenntnisse über die Herkunftsländer (siehe Abbildung 2) und Muttersprachen der Schülergruppe einen hohen Stellenwert ein, da den Schüler/innen religiöse Begriffe häufig nur in ihrer Muttersprache (Türkisch, Bosnisch, Makedonisch, Arabisch, Urdu, Farsi etc.) bekannt sind. Damit die Schüler/innen dem Unterricht, der ausschließlich in deutscher Sprache stattfindet, folgen können, gehört es zu den Vorbereitungsaufgaben künftiger Religionslehrer/innen, sich ein Vokabular zentraler Begrifflichkeiten in den unterschiedlichen Muttersprachen der Schülerschaft anzueignen. Wie dankbar kann ein/e Schüler/in sein, wenn die Lehrkraft bei Bedarf ein Wort in seiner/ihrer Muttersprache in den Unterricht einfließen lässt! Auch dies ist vorgelebte Achtung und ein Beitrag zum friedvollen Umgang miteinander.

Selbstverständlich erfolgt interkulturelles Lernen nicht nur über verbale Kommunikationsformen – besonders mit Eintritt in die Geschlechtsreife[20]

[20] Es scheint sich die These zu bestätigen, dass es vermehrt die Jungen sind, die sich bei Eintritt in die Pubertät in ihrer verbalen Ausdrucksfähigkeit „gehemmter" fühlen als die Mädchen.

kann die verbale Vermittlung an ihre Grenzen stoßen. Hier wird über die Ressource „Rhythmik" durch interkulturelles Trommeln[21] *Teamwork* vermittelt, indem Schüler auf diese Weise lernen einander zuzuhören, aufeinander einzugehen, wechselnde Rollendominanz und Zurückhaltung zu üben, Soloparts und Teampassagen mitzutragen, Absprachen einzuhalten und rhythmisch umzusetzen (siehe Abbildung 3).

Jede/r bereits tätige islamische Religionslehrer/in ist zur Teilnahme an sechs Fortbildungsveranstaltungen[22] pro Jahr verpflichtet. Die Dozenten und Dozentinnen dieser Seminare gehören unterschiedlichen Konfessionen an oder sind konfessionslos.[23] Hier stehen sonderpädagogische Aspekte ebenso wie interkulturelle Kompetenzen und ästhetische Gestaltung auf dem Programm. Kenntnisse über die verschiedenen Religionen werden ausschließlich „authentisch" durch deren Religionsvertreter vermittelt. Eine wichtige Aufgabe besteht unter anderem darin, die bereits tätigen Lehrer/innen zu motivieren, mit anderen Kollegen und Kolleginnen ihrer Schulen gemeinsame Projekte zu planen.

An einer Volksschule haben sich beispielsweise zwei Religionslehrerinnen (katholisch/islamisch) darauf verständigt, gemeinsam mit ihren Schülern und Schülerinnen das Projekt „Abraham"[24] durchzuführen: Sie backen, jede auf ihre Weise, aus Mehl und Wasser die „Nahrungsgrundlage für Abraham und seine Familie", einmal mit den Zutaten Salz und Sesam und einmal mit den Zutaten Oliven und Datteln, beides wird mit Wasser gereicht. Die unterschiedlichen Schülergruppen haben unter Anleitung ihrer Lehrerin Plakate zum Lebensweg Abrahams/Ibrahims angefertigt; in Stationen wird Bekanntes und Unbekanntes wahrgenommen, es werden Lieder gesungen, mal mit christlichem Akzent (Gott), mal mit islamischem (Allah). Eine der Lehrerinnen begleitet mit der Gitarre (siehe Abbildung 4).

Wenn es gelingt, miteinander Lieder zu singen, einander zuzuhören, einander ohne Misstrauen und Vorurteile sehen zu lernen, einander mit Respekt zu begegnen, dann können wir uns auf den Weg in die *eine Welt* machen.[25] ❑

[21] Dieses Projekt wurde von einem Hauptschullehrer im Rahmen des Friedenstages 2005 an der Pädagogischen Akademie des Bundes in Wien präsentiert.

[22] Für die Lehrerfortbildung ist das Islamische Religionspädagogische Institut zuständig: www.irpi.at

[23] 85 Prozent dieser Dozenten und Dozentinnen gehören nicht dem Islam an.

[24] In dieser interreligiösen Begegnung kann der „Trialog der Kulturen" noch nicht stattfinden, weil es keinen jüdischen Religionsunterricht (und damit keinen Ansprechpartner) gibt. Auf manchen Veranstaltungen wird versucht, den fehlenden „Dritten im Bunde" z. B. durch ein jüdisches Lied oder einen Text „mitwirken" zu lassen.

[25] Selbstverständlich gibt es unzählige weitere Beispiele interkultureller wie interreligiöser Begegnungen; dass die hier angeführten Beispiele (mit Ausnahme des Trommel-Projekts) vorrangig dem Kontext des islamischen Religionsunterrichts entspringen, deutet weder auf ihre Häufigkeit hin noch sagt es etwas über deren Qualität aus, sondern ist ausschließlich auf den Tätigkeitsbereich der Verfasserin dieses Textes zurückzuführen.

Anhang

Auswahlbibliografie

Miriam Anna Stolz

Religionen in der Schule – die Bildungssysteme der kulturell und religiös pluralistischen Gesellschaften Deutschlands und Europas stehen vor neuen Herausforderungen. Über Jahrzehnte hinweg wurde das Thema Religion im öffentlichen Diskurs in Deutschland marginalisiert oder auf Sonntagsreden beschränkt. Heute kommen wir damit nicht mehr aus; die „Rückkehr der Religion in den öffentlichen Raum" ist zum Tagesthema geworden. Und Teil dieses öffentlichen Raumes ist die Schule als Schwellenort zwischen Staat, Verwaltung und Gesellschaft.

An unserem Verständnis von Schule und Bildung lässt sich indirekt auch unsere Einstellung zu Gesellschaft und Glauben ablesen. Dies mag im Übrigen auch auf der Ebene der Wissenschaften gelten, welche sich durch jene Rückkehr des Religiösen zu neuem Reflektieren ihrer Erkenntnisgrenzen herausgefordert sehen, zwischen „Naturalismus und Religion" stehen (Jürgen Habermas).

Das Thema ist also unbestreitbar aktuell. Das Wechselspiel von Wissenschaft und Orthodoxie, das Ringen des Einzelnen um Auswege aus Unmündigkeit oder Schuldoktrin gehört aber auch zu den zeitlosen Fragen der deutschen Bildungsgeschichte, spätestens seit den großen Debatten zwischen dem Schriftsteller Lessing und Hauptpastor Goeze in Hamburg, dem Philosophen Kant und Minister Wöllner in Königsberg.

Zusätzliche Bedeutung erwächst diesem Thema dadurch, dass der Streit über Wahrheit(en) und deren Erwerb oder Vermittlung ja auch an das Selbstverständnis von Schule rührt. Die Debatte im Zeichen von PISA 2001 nahm zu Recht sowohl die Inhalte von Bildung wie das Medium Schule in den Blick. Somit bleibt Schulentwicklung in inhaltlicher wie in instrumenteller Hinsicht auf unserer Agenda.

Die folgende Literaturliste erhebt keinen Anspruch auf Vollständigkeit. Sie ist als Auswahlbibliografie konzipiert, die dem interessierten Leser einige Anhaltspunkte bieten und ihm die Chance eröffnen soll, sich weiter mit diesem Thema, das im Hier und Jetzt ansetzt und doch staatspolitische Auswirkungen hat, zu beschäftigen.

Aydin, Hayrettin/Halm, Dirk/Şen, Faruk: „Euro-Islam“. Das neue Islamverständnis der Muslime in der Migration. Stiftung Zentrum für Türkeistudien/Renner Institut, Essen, Mai 2003.

Bahr, Matthias/Kropac, Ulrich/Schambeck, Mirjam (Hg.): Subjektwerdung und religiöses Lernen. München 2005.

Bar-On, Dan: Die „Anderen“ in uns. Dialog als Modell der interkulturellen Konfliktbewältigung. Aktualisierte Neuauflage. Hamburg 2006.

Barz, Heiner: Jugend und Religion. 3 Bände. Opladen 1992/1993.

Barz, Heiner: Was Jugendlichen heilig ist!? Prävention im Bereich Sinnfragen, Patchwork-Religion, Heilsversprechen, Okkultismus. Freiburg 1998.

Battke, Achim u. a. (Hg.): Schulentwicklung – Religion – Religionsunterricht. Profil und Chance von Religion in der Schule der Zukunft. Freiburg 2002.

Behr, Hartmut (Hg.): Religion, Staat und Politik in der Europäischen Union. Wiesbaden 2006.

Biener, Hansjörg: Herausforderungen zu einer multiperspektivischen Didaktik. Hamburg 2006 (Pädagogische Beiträge zur Kulturbegegnung. Hg. v. Johannes Lähnemann. Bd. 24).

Borgolte, Michael: Christen, Juden, Muselmanen. Die Erben der Antike und der Aufstieg des Abendlandes 300 bis 1400 n.Chr. München 2006.

Bock, Wolfgang (Hg.): Islamischer Religionsunterricht? Rechtsfragen, Länderberichte, Hintergründe. Tübingen 2006.

Ende, Werner/Steinbach, Udo (Hg.): Der Islam in der Gegenwart. München 2005.

Escudier, Alexandre (Hg.): Der Islam in Europa. Der Umgang mit dem Islam in Deutschland und Frankreich. Göttingen 2003.

Gerlach, Julia: Zwischen Pop und Dschihad. Muslimische Jugendliche in Deutschland. Berlin 2006.

Gesemann, Frank: Die Integration junger Muslime in Deutschland. Bildung und Ausbildung als Schlüsselbereich sozialer Integration. Politische Akademie der Friedrich-Ebert-Stiftung, Referat Interkultureller Dialog. Berlin 2006.

Gogolin, Ingrid/Krüger-Potratz, Marianne: Einführung in die Interkulturelle Pädagogik. Opladen 2006.

Grimmitt, Michael (Hg.): Pedagogies of Religious Education. Great Wakering 2000.

Haußmann, Werner/Lähnemann, Johannes (Hg.): Dein Glaube – mein Glaube. Interreligiöses Lernen in Schule und Gemeinde. Göttingen 2005.

Hormel, Ulrike/Scherr, Albert: Bildung für die Einwanderungsgesellschaft. Wiesbaden 2004.

Hurrelmann, Klaus u. a. (Hg.): Jugend 2006. 15. Shell Jugendstudie. Eine pragmatische Generation unter Druck. Frankfurt a. M. 2006.

Jackson, Robert: Religious Education: an Interpretative Approach. London 1997.

Kaul-Seidman, Lisa/Nielsen, Jorgen S./Vinzent, Markus: Europäische Identität und kultureller Pluralismus: Judentum, Christentum und Islam in europäischen Lehrplänen – Empfehlungen für die Praxis. Bad Homburg 2003.

Kiefer, Michael: Islamkunde in deutscher Sprache in Nordrhein-Westfalen. Kontext, Geschichte, Verlauf und Akzeptanz eines Schulversuchs. Münster 2006.

Kirchenamt der Evangelischen Kirche in Deutschland (Hg.): Religionsunterricht. 10 Thesen des Rates der Evangelischen Kirche in Deutschland. Hannover 2006.

Kleff, Sanem (Hg.): Islam im Klassenzimmer. Impulse für die Bildungsarbeit. Hamburg 2005.

Küng, Hans: Projekt Weltethos. München/Zürich ^{8}2003.

Lähnemann, Johannes/Haußmann, Werner (Hg.): Unterrichtsprojekte Weltethos. Hamburg 2000.

Lähnemann, Johannes (Hg.): Interreligiöse Erziehung 2000: die Zukunft der Religions- und Kulturbegegnung. Hamburg 1998.

Langenfeld, Christine: Integration und kulturelle Identität zugewanderter Minderheiten. Tübingen 2001.

Langenfeld, Christine/Lipp, Volker/Schneider, Irene (Hg.): Islamische Religionsgemeinschaften und islamischer Religionsunterricht: Probleme und Perspektiven. Ergebnisse des Workshops an der Georg-August-Universität Göttingen, 2. Juni 2005. Göttingen 2005.

Lehmann, Hartmut (Hg.): Transatlantische Religionsgeschichte. 18. bis 20. Jahrhundert. Göttingen 2006.

Leiprecht, Rudolf/Kerber, Anne (Hg.): Schule in der Einwanderungsgesellschaft. Ein Handbuch. Schwalbach/Ts. 2006.

Lott, Jürgen (Hg.): Religion – warum und wozu in der Schule? Weinheim 1992.

Miedema, Siebren: The Need for Multi-Religious Schools. In: Religious Education, Bd. 95, Nr. 3/2000, S. 285–298.

Mohr, Irka-Christin: Islamischer Religionsunterricht in Europa. Lehrtexte als Instrumente muslimischer Selbstverortung im Vergleich. Bielefeld 2006.

Puza, Richard: Das in Brandenburg eingeführte Unterrichtsfach Lebensgestaltung-Ethik-Religionskunde und der konfessionelle Religionsunterricht. In: Biesinger, Albert/Hänle, Joachim (Hg.): Gott – mehr als Ethik. Der Streit um LER und Religionsunterricht. Freiburg/Basel/Wien 1997, S. 147–163.

Reichmuth, Stefan/Bodenstein, Mark/Kiefer, Michael/Väth, Birgit (Hg.): Staatlicher Islamunterricht in Deutschland. Münster 2006.

Sauzay, Brigitte/Thadden, Rudolf von (Hg.): Eine Welt ohne Gott? Religion in Staat, Schule und Gesellschaft. Göttingen 1999.

Scheilke, Christoph (Hg.): Religion, Ethik, Schule: Bildungspolitische Perspektiven in der pluralen Gesellschaft. Münster 1999.

Sekretariat der Deutschen Bischofskonferenz: Der Religionsunterricht vor neuen Herausforderungen. Bonn 2005.

Şen, Faruk/Aydin, Hayrettin: Islam in Deutschland. München 2002.

Shadid, Wasif Abdelrahman R./van Koningsveld, Pieter Sjoerd (Hg.): Religious Freedom and the Neutrality of the State: The Position of Islam in the European Union. Leuven 2002.

Stock, Martin: Islamunterricht: Religionskunde, Bekenntnisunterricht oder was sonst? Münster 2003.

Tibi, Bassam: Der Islam und Deutschland – Muslime in Deutschland. Stuttgart/München 2000.

Wegenast, Klaus: Lern-Schritte. 40 Jahre Religionspädagogik 1955–1995. Stuttgart 1999.

Weiße, Wolfram/Lohmann, Ingrid (Hg.): Dialog zwischen den Kulturen. Erziehungshistorische und religionspädagogische Gesichtspunkte interkultureller Bildung. Münster 1994.

Wulf, Christof/Macha, Hildegard/Liebau, Eckart (Hg.): Formen des Religiösen. Pädagogisch-anthropologische Annäherungen. Weinheim 2004.

Kurzbiografien

Kurzbiografien der Autoren

Bekir Alboğa

Geboren 1963 in Doğanhisar-Konya/Türkei, seit 1980 in Deutschland. Studierte Islamwissenschaften/Arabistik, Publizistik und Kommunikationswissenschaft, Osmanistik und Altaistik an der Universität Göttingen. 1992–1994 Lehrtätigkeit an der Universität Heidelberg als Lektor für Türkisch. 1995–2004 hauptamtlicher islamwissenschaftlicher Leiter des Instituts für deutsch-türkische Integrationsstudien und interreligiöse Arbeit e.V. in Mannheim. Seit April 2004 als Islamwissenschaftler an der Zentrale der Türkisch-Islamischen Union der Anstalt für Religion (DITIB) in Köln, der größten Dachorganisation muslimischer Verbände in Deutschland; zugleich deren Sprecher und Dialogbeauftragter für „interreligiösen Dialog und interkulturelle Forschung". 2000–2004 muslimischer Vorsitzender der Christlich-Islamischen Gesellschaft Mannheim e.V., seit 2000 Vorsitzender des Migrationsbeirats und Mitglied des Integrationsausschusses der Stadt Mannheim. Zahlreiche Beiträge, Interviews und Auftritte in Büchern, Zeitschriften, Tagespresse, Rundfunk und Fernsehen. Förderer des christlich-islamisch-jüdischen Dialogs in Deutschland.

Iyman Salwa Alzayed

Geboren 1958 in Ohndorf, Niedersachsen. 1977–1982 Studium an der Universität Hannover, Fachbereich Erziehungswissenschaften, Lehramt Deutsch und Kunst. 1983–1985 Referendariat. 1985–1992 Tätigkeiten als Lehrerin an verschiedenen Schulen (u. a. in christlicher und freier Trägerschaft). 1992–1995 Gasthörerin am Seminar für Arabistik an der Universität in Göttingen. 1997–1998 Aufbaustudium der Anthroposophie am Lehrerseminar in Kassel: Qualifikation als Oberstufenlehrerin für Deutsch, Kunst und Kunstgeschichte. 1998–2000 Tätigkeiten als Oberstufenlehrerin und Klassenlehrerin an Waldorfschulen in Nordrhein-Westfalen und Niedersachsen. 1999–2001 Aufbaustudium der Religionspädagogik am Institut für Pädagogik und Didaktik in Köln. 2001–2003 Aufbaustudium der Islamischen Theologie am Islamologischen Institut in Frankfurt. 2001–2004 Seminarleiterin im Bereich „Deutsch als Fremdsprache" an der Volkshochschule in Hannover. Seit September 2004 Abteilungsleiterin für Schulpraktische Studien (SPS) an der Islamischen Religionspädagogischen Akademie (IRPA) in Wien.

Ina ter Avest

Ausbildung zur Religionspsychologin an der Radboud Universität (Nijmwegen) in den Niederlanden. Promotion an der Universität Utrecht zum Thema „Religiöse Entwicklung von Kindern in einem multikulturellen Bildungsumfeld". In ihrer derzeitigen Position als Postdoktorandin an der Vrije Universiteit Amsterdam konzentriert sie sich auf das Thema „Lernen zu leben". Als Mitarbeiterin einer Beratungsfirma, die Teams an multiethnischen Grundschulen in Rotterdam unterstützt, erforscht sie den Alltag im Klassenzimmer in einem multireligiösen Rahmen. Ihre jüngste Publikation befasst sich mit der Bedeutung der Artikulation der Unterschiede von religiösen Praktiken, stark beeinflusst vom jüdisch-französischen Philosophen Emmanuel Levinas. Als Beitrag zur Lehrerausbildung veröffentlichte sie drei Bücher, in denen sie Theorie und Praxis des interkulturellen und interreligiösen Unterrichts verbindet.

Heiner Barz

Seit 2002 Professor für Bildungsforschung und -management an der Heinrich-Heine-Universität Düsseldorf. Zuvor Hochschulassistent an der Universität Freiburg sowie Vertretungsprofessuren in Frankfurt am Main und München. Seine Forschungsinteressen galten schon früh der Schnittstelle von Religion, Wertewandel und empirischer Sozialforschung. In seiner Dissertation wurden die anthroposophischen Grundlagen der Waldorfpädagogik im Lichte von Erkenntnissen der aktuellen Wissenschaftstheorie und der Lebensweltforschung diskutiert. 1990–1992 Leitung des vom Bundesjugendministerium geförderten Forschungsprojekts „Jugend und Religion", das erstmals empirisch gestützt ein genaues Bild von der diesseitsorientierten Patchwork-Religiosität der Gegenwart zeichnete. Weitere aktuelle Forschungsschwerpunkte: Evaluationsforschung z. B. zur Offenen Ganztagsschule und zu einem großen kulturpädagogischen Projekt des Tanzhauses NRW, Düsseldorf; Soziale Milieus und ihre Weiterbildungsinteressen; Innovationsmanagement in der Erwachsenenbildung.

Rudolf Englert

Geboren 1953 in Würzburg. Studium in Würzburg und Bochum. Diplom in Katholischer Theologie und Pädagogik. Wissenschaftlicher Mitarbeiter in Bochum und Bonn. 1985 Promotion („Glaubensgeschichte und Bildungsprozeß. Versuch einer religionspädagogischen Kairologie"), 1992 Habilitation („Religiöse Erwachsenenbildung"). Seit 1992 Professor für Religionspädagogik an der Universität Duisburg-Essen. Mitglied verschiedener wissenschaftlicher Beiräte und Vereinigungen, Vorstand des Deutschen Katecheten-Vereins (DKV), Mitherausgeber des *Jahrbuchs der Religionspädagogik*. Zahlreiche Publikationen zur Religionspädagogik, zuletzt *Innenansichten des Referendariats. Wie erleben angehende Religionslehrer/innen an Grundschulen ihren Vorbereitungsdienst?* (2006).

Marius Felderhof

Geboren in den Niederlanden, kanadischer Staatsbürger. Außerordentlicher Professor für systematische und philosophische Theologie im Fachbereich Theologie und Religion an der Universität Birmingham. Daneben gilt sein Interesse der Philosophie der Religion und der Philosophie im Religionsunterricht.

Vor seiner Tätigkeit im Fachbereich der Universität arbeitete er in der Lehrerausbildung. Momentan ist er mit dem Entwurf eines Lehrplans für den Religionsunterricht an den Schulen der Stadt Birmingham befasst und war zuletzt auch Vorstand des Direktoriums einer großen öffentlichen weiterführenden Schule der Stadt. Er ist Redakteur des *Journal of Beliefs and Values*, einer Zeitschrift, die sich mit akademischen Fragen in Zusammenhang mit den Themenbereichen Theologie, Religionswissenschaften und Bildung befasst.

Gijs von der Fuhr

Geboren 1955. Pressesprecher des ACB Expertisezentrums für Emanzipation und Partizipation (vergleichbar einem Ausländerbeauftragten) in Amsterdam. Er ist Soziologe und hat sich auf die Themen Islam und Modernität und Islam und Homosexualität spezialisiert. Unterstützt Organisationen von MigrantInnen bei ihrer Integration in die niederländische Gesellschaft und ist Berater von verschiedenen muslimischen Organisationen, darunter Moscheevereine. Von der Fuhr hat das Werk des algerisch-französischen Islamhistorikers Mohammed Arkoun ins Niederländische übersetzt. Er ist Mitgründer des ersten Zufluchtshauses für muslimische homosexuelle Jugendliche in Europa.

Gerdien Jonker

Geboren 1951 in Amsterdam. Studium der Altorientalistik und der Religionsgeschichte an der Universität Amsterdam und der École Pratique des Hautes Études (Paris). 1993 Promotion in Religionswissenschaft an der Universität Groningen. Weiterbildung in empirischer Religionswissenschaft. Ab 1994 (DFG-)Forschungsprojekte am Zentrum Moderner Orient (Berlin), an der Philipps-Universität Marburg und der Viadrina-Universität (Frankfurt/Oder) zu den Themenbereichen: „Tod und Trauer in der Migration", „Religiöse Institutionalisierungsprozesse und Gemeindebildung in der Migration", „Frauen als religiöse Expertinnen", „Gemeindekommunikation mit der Außenwelt" sowie „Zusammenleben nach dem 11. September in Europa". Vielfältige Erfahrungen mit Forschungsnetzwerken und -kommunikation in Europa, u.a. in der European Science Foundation (EFS), der European University (EUI), dem Forschungsnetzwerk Nocrime sowie dem European Council of Social Scientists (CSS). Abgeschlossene Berufsausbildung als Mediatorin. Im Georg-Eckert-Institut für Schulbuchforschung in Braunschweig leitet sie seit 2005 die Forschungsgruppe „Images of Self and Others. Europe and the Middle East".

Albrecht Graf v. Kalnein

Geboren 1962 in Kassel. Nach Matura in Salzburg Studium der Geschichte und Romanistik in Graz, Freiburg und Madrid; M.A. und Dr. phil. 1992–1994 Referent von Berthold Beitz und der Krupp-Stiftung, Essen. 1994–1998 Referent des Ministerpräsidenten Thüringens, Dr. Bernhard Vogel, für „Weimar - Kulturstadt Europas 1999", Erfurt. 1999 bis März 2004 Geschäftsführer der

Deutschen Nationalstiftung, Weimar und Hamburg, sowie Programmleiter der ZEIT-Stiftung Bucerius. Publikationen zur Geschichte Spaniens im Barock, den Ständen im Deutschland der Reformationszeit u. a. Seit April 2004 Geschäftsführender Vorstand der Herbert-Quandt-Stiftung.

Anna Kemper

Geboren 1977 in Dortmund. Stipendiatin der Studienstiftung des deutschen Volkes. Studium der Kunstgeschichte, Politischen Wissenschaft und des Zivilrechts in Bonn, Hamburg und Sevilla. Praktika u. a. beim jüdischen Monatsmagazin *aufbau* und der Deutschen Presse-Agentur in New York, beim *Tagesspiegel* in Berlin und beim Fernsehen. Nach dem Studium Besuch der Deutschen Journalistenschule in München, Stipendium der Dr. Alexander und Rita Besser-Stiftung für Auslandsjournalismus. Von November 2005 bis Mai 2006 mit dem Herbert-Quandt-Stipendium als Journalistin in Israel. Seit August 2006 in Berlin Mitarbeiterin im „Sonntag“ des *Tagesspiegels*.

Michael Kiefer

Geboren 1961 in Losheim am See. Studium der Islamwissenschaften, Politikwissenschaften und Philosophie in Köln, Promotion über den Schulversuch Islamkunde in Nordrhein-Westfalen. Projektkoordinator in Düsseldorf, wissenschaftlicher Berater des Schulversuchs „Islamkunde in deutscher Sprache“ in Nordrhein-Westfalen. Arbeitsschwerpunkte: Islam in Europa, Islamunterricht, pädagogischer Umgang mit Migration, Antisemitismus. Veröffentlichungen u. a.: *Antisemitismus in den islamischen Gesellschaften. Der Palästinakonflikt und der Transfer eines Feindbildes* (2002), *Islamkunde in deutscher Sprache in Nordrhein-Westfalen. Kontext, Geschichte, Verlauf und Akzeptanz eines Schulversuchs* (2005), als Herausgeber mit Stefan Reichmuth u. a. *Staatlicher Islamunterricht in Deutschland* (2006).

Nikolaus Kircher

Geboren 1947 in Offenbach/Main. Studium der Geschichte und Lateinischen Philologie an der Rheinischen Friedrich-Wilhelms-Universität Bonn, Stipendiat der Konrad-Adenauer-Stiftung, Mitglied des Studentenparlaments. 1976 Erstes Staatsexamen, 1976/77 Lehrassistent in Oxford, 1978 Zweites Staatsexamen. 1978–1991 Gymnasiallehrer in Bonn, 1985–1990 Lehrauftrag an der Universität Bonn. 1991–1998 Referent für katholische Schulen im Sekretariat der Deutschen Bischofskonferenz (DBK), 1998–2000 Beurlaubung zur Leitung der Deutschen Schule der Borromäerinnen in Kairo. Rückkehr in den Dienst der DBK, 2001–2005 Geschäftsführer der Bischöflichen Kommission Erziehung und Schule und Schriftleiter der pädagogischen Zeitschrift *engagement*, Vertreter der DBK in der Deutschen UNESCO-Kommission, Mitglied der Euro-Arab Task Force. 2005 Beurlaubung zur Leitung der Schmidt-Schule in Ost-Jerusalem. Seit 1988 Mitglied der CDU.

Christoph Müller-Hofstede

Geboren 1955. M.A., studierte in Berlin, Shanghai, Beijing und Hongkong Sinologie und Politikwissenschaften und arbeitete für die Kulturorganisation der Berliner Festspiele als akademischer Leiter der Ausstellung „Europa und der Kaiser von China". Seit 1988 wissenschaftlicher Referent der Bundeszentrale für politische Bildung (bpb) in den Arbeitsgruppen mit Schwerpunkt auf den nationalen und europäischen Aspekten der Migration, der Integration und des Islam. 2001–2005 Leitung der Arbeitsgruppe „Migration" der bpb, Organisation zahlreicher Konferenzen und Fachgespräche, u. a. „Progressive Thinking in Contemporary Islam" (Berlin 2005). Zahlreiche Publikationen zur Entwicklung Chinas und zum Thema Migration, erst kürzlich erschienen *The Megatopic Migration and the Work of the Federal Agency for Civic Education* (2006).

Winfried Overbeck

Geboren 1958 in Bielefeld. Studium der Fächer Französisch und Evangelische Theologie für das Lehramt Sekundarstufe II an der Westfälischen Wilhelms-Universität Münster, anschließend Promotionsstudium in Evangelischer Theologie ebenda. 1992–1994 Dozent für Religionspädagogik am Pädagogisch-Theologischen Institut der Evangelischen Kirche der Kirchenprovinz Sachsen in Naumburg/Saale. 1994–2006 Studienleiter für Religionspädagogik, zunächst am Evangelischen Bildungszentrum Brandenburg/Havel und später im Bildungswerk der Evangelischen Kirche in Berlin-Brandenburg, Arbeitsbereich II: Pädagogisch-Theologisches Institut, Standort Brandenburg an der Havel. 1999–2006 Vorsitzender des Evangelischen Schulvereins Brandenburg an der Havel e.V., als solcher Mitinitiator und Trägervertreter der Evangelischen Grundschule Brandenburg an der Havel (gegründet 2000). Seit August 2006 Kommissarischer Schulleiter des neu gegründeten Evangelischen Gymnasiums am Dom zu Brandenburg.

Hendrik Pinxten

Seit 1980 Professor für Anthropologie und Religionswissenschaften an der Universität Gent, Belgien. Dort Leiter der Abteilung Vergleichende Kulturwissenschaften und des Centre for Intercultural Communication and Interaction (CICI). 1972–1983 Forschung für NSF International, The Public Health and Safety Company, Brüssel. Gastprofessor an der Northwestern University, Illinois und der Syracuse University im US-Bundesstaat New York; Feldforschung bei den Navajo-Indianern in den USA. Vorsitzender der flämischen Humanistisch-Vrijzinnige Vereniging (HVV, Humanistisch-Freisinnige Vereinigung). Forschungsschwerpunkte: Epistemologie der Anthropologie, interkulturelles Verhandeln, religionsübergreifende Verständigung. Zahlreiche Publikationen zur Anthropologie des Wissens und zu Themen der vergleichenden Religionswissenschaft.

Stefan Rech

Geboren 1963. M.A., Kulturanthropologe, Mediator. Studium der Kulturanthropologie und Europäischen Ethnologie, Germanistik und Soziologie in Frankfurt am Main. Arbeits- und Forschungsaufenthalte in Frankreich, Großbritannien und der Schweiz: Auseinandersetzung mit den Themen Jugend, Einwanderung und Fremdverstehen. Freier Mitarbeiter beim Amt für multikulturelle Angelegenheiten: Recherchen und Veröffentlichungen zu religiösen Migrantengemeinden in Frankfurt am Main. Entwicklung und Vermittlung interkultureller Kompetenzen in der Berufsausbildung. Mitbegründer des Instituts für interkulturelle Mediation und Konfliktbearbeitung (IMIKON): Konfliktmanagement in der Praxis (z. B. in Kommunen und Organisationen), Trainer für Mediation in Aus-, Fort- und Weiterbildung, u. a. an der Fachhochschule Frankfurt. Zurzeit pädagogischer Mitarbeiter beim Amt für Lehrerbildung, Frankfurt (AfL) im Arbeitsvorhaben „Konfliktbearbeitung und Gewaltprävention“ und Berater für Demokratiepädagogik im bundesweiten Programm „Demokratie lernen und leben“. Publikationen: *Der Weg zur Moschee: Eine Handreichung für die Praxis* (2002) und *Religionen der Welt. Gemeinden und Aktivitäten in der Stadt Frankfurt am Main* (^{2}2003).

Angelika Rieber

Geboren 1951 in Frankfurt am Main. 1970–1975 Studium der Fächer Geschichte, Politikwissenschaft und Pädagogik an der dortigen Johann Wolfgang Goethe-Universität, danach Referendariat am Studienseminar III in Frankfurt/Main. Seit 1978 Tätigkeit an der Friedrich-Ebert-Schule, dann an der Schule am Ried und der Ernst-Reuter-Schule 1 in Frankfurt/Main; dort u. a. Mitarbeit bei der Schulprogrammentwicklung und Konzeptentwicklung für Interkulturelles Lernen. Seit 1980 Aufbau und Leitung des Projekts „Jüdisches Leben in Frankfurt“. 1982–1990 Mitarbeit in der Rahmenrichtlinien-Fachgruppe „Hessen im Nationalsozialismus“. 1989–2001 Teilabordnung an das Hessische Institut für Lehrerfortbildung bzw. das Hessische Landesinstitut für Pädagogik. Seit 1998 Aufbau des deutsch-englischen Multiplikatorenprojekts „The Aftermath of the Holocaust on Both Sides“. Angelika Rieber veröffentlichte zu folgenden Themen: jüdische Geschichte, methodisch-didaktische Überlegungen zum Unterricht über den Holocaust, interkulturelles Lernen.

Jan Jaap de Ruiter

Geboren 1959 in Dordrecht, Niederlande. Studierte 1977–1985 Arabisch und Literatur an der Universität Utrecht; dort 1989 Dissertation zur modernen Soziolinguistik junger Marokkaner in den Niederlanden. Seit 1989 arbeitet er an der Universität Tilburg, wo er bis zur Einstellung des Programms 2001 Arabisch unterrichtete. Seitdem gibt er Kurse im Programm Interkulturelle Kommunikation und seit 2005 im Programm Kulturelle Studien, mit Schwerpunkt auf dem Islam und den islamischen Minderheiten in Europa. Seine Forschungsschwerpunkte sind die arabische Soziolinguistik in Europa und Marokko und der Islam in Westeuropa. Er ist Mitglied des Forschungsinstituts Babylon an der Universität Tilburg. Er übersetzt arabische Gedichte und Romane ins Niederländische und verfasst daneben eigene literarische Arbeiten.

Wolfgang Schäuble

Geboren 1942 in Freiburg im Breisgau. Studium der Rechts- und Wirtschaftswissenschaften, 1971 Promotion zum Dr. jur. Seit 1972 Mitglied des Deutschen Bundestages, 1981–1984 als Parlamentarischer Geschäftsführer der CDU/CSU-Bundestagsfraktion. Anschließend Bundesminister für besondere Aufgaben und Chef des Bundeskanzleramtes. 1989–1991 Bundesminister des Innern. Seit 1989 Mitglied im Bundesvorstand der CDU. 1991–2000 Vorsitzender der CDU/CSU-Bundestagsfraktion, ab 1998 zudem Bundesvorsitzender der CDU. Seither Mitglied im Präsidium der CDU Deutschlands. Ab 2002 Stellvertretender Vorsitzender der CDU/CSU-Bundestagsfraktion für Außen-, Sicherheits- und Europapolitik, seit 2005 erneut Bundesminister des Innern. Wolfgang Schäuble hat mehrere Bücher geschrieben: *Der Vertrag. Wie ich über die deutsche Einheit verhandelte* (1991), *Und der Zukunft zugewandt* (1994), *Und sie bewegt sich doch* (1998), *Mitten im Leben* (2000), *Scheitert der Westen? Deutschland und die neue Weltordnung* (2003).

Meinhard Schmidt-Degenhard

Geboren 1956 in Hildesheim. Studium der Philosophie, Theologie, Soziologie und Psychologie in Frankfurt am Main sowie in Utrecht/Niederlande. Nach Volontariat tätig als Journalist für verschiedene Rundfunkanstalten sowie in der Journalisten-Fortbildung. 1985/86 bei Radio Bremen; seit Herbst 1986 Leiter der Fernsehredaktion „Gesellschaft und Religion" und TV-Moderator beim Hessischen Rundfunk/ARD (Sendereihe „horizonte").

Miriam Anna Stolz

Geboren 1981 in Stuttgart. Nach dem Abitur 2001 Aufenthalt in Madrid. Seit 2002 Studium der Sprachen, Wirtschafts- und Kulturraumstudien mit iberoromanischem Schwerpunkt in Passau. 2004/2005 Auslandsstudium an der Universidad Católica in Quito, Ecuador. 2005 Praktikum bei der Gesellschaft für Technische Zusammenarbeit in Quito im Programm „Modernisierung und Dezentralisierung". 2006 Praktikum bei der Herbert-Quandt-Stiftung im Bereich des Trialogs der Kulturen für die Konferenz „Religionen in der Schule – Bildung in Deutschland und Europa vor neuen Herausforderungen".

Erich Thies

Geboren 1943 in Rotenburg (Wümme). Seit Oktober 1998 Generalsekretär der Ständigen Konferenz der Kultusminister der Länder. Zuvor seit 1992 Staatssekretär in der Berliner Senatsverwaltung für Wissenschaft, Forschung und Kultur. 1994 zudem Professur für Philosophie und Pädagogik an der Humboldt-Universität zu Berlin, dort bereits 1991 Planungsbeauftragter und Dekan des Fachbereichs Erziehungswissenschaften. 1975–1991 Professor für Philosophie an der Pädagogischen Hochschule in Heidelberg, 1978–1986 auch deren Rektor und Vorsitzender der Landesrektorenkonferenz der Pädagogischen Hochschulen. Erich Thies hat Teile des Nachlasses von Ludwig Feuerbach veröffentlicht und sich in diesem Zusammenhang mit der Hegelkritik des 19. Jahrhunderts befasst.

Birgit Väth

Studierte Arabistik, Germanistik, Politikwissenschaft und Anglistik in Würzburg und Göttingen. In ihrer Dissertation mit dem Titel „Die Gerechtigkeit muss ihren Lauf nehmen. Der Roman des jemenitischen Autors" befasste sie sich mit der Entwicklung des modernen Romans im Jemen. Anschließend gestaltete sie den Modellstudiengang zur Weiterbildung von Lehrerinnen und Lehrern für den islamischen Religionsunterricht an Grund-, Haupt- und Realschulen mit, den die Universität Osnabrück anbietet. Sie forscht und publiziert u. a. zu den Themen „Islamischer Religionsunterricht" und „Migration".

Jeroen Vermeulen

Dozent an der Utrecht School of Governance, Universität Utrecht, Niederlande. Seine Forschungsschwerpunkte sind „Kultur" und „Identität" von öffentlichen Organisationen. 2001 Dissertation mit dem Titel „Der Name der Schule" über die Ausprägung und die Bedeutung von (christlicher) Identität in der konkreten Praxis in Organisationen am Beispiel einer christlichen weiterführenden Berufsschule. Jeroen Vermeulen interessiert vor allem die Frage, wie Identität im Zusammenspiel der Menschen innerhalb öffentlicher Organisationen – und über deren Grenzen hinweg – entsteht. Er analysierte mündliche und schriftliche Interaktionsformen in Organisationen wie z. B. Texte zu den Grundsätzen und der Aufgabenstellung von Organisationen. Des Weiteren publiziert er zu den Themen Kultur, Identität und Sprache im Kontext von Multikulturalität.

Barbara Witting

Geboren 1951 in Monterey, Kalifornien, USA. Nach dem Abitur 1969 in Köln 1969–1974 Studium der Fächer Anglistik, Sozialwissenschaften und Psychologie an der Universität zu Köln; Dezember 1974 Erstes Staatsexamen für das Lehramt am Gymnasium in Englisch und Sozialwissenschaften. Von Januar 1975 bis Sommer 1976 Referendarausbildung in Wuppertal, im Sommer 1976 Zweites Staatsexamen in Englisch und Sozialwissenschaften. 1976–1987 Studienrätin, Oberstudienrätin und Studiendirektorin am Städtischen Gymnasium Fühlinger Weg in Köln. Ab November 1987 Oberstudiendirektorin und Schulleiterin des Städtischen Nicolaus-Cusanus-Gymnasiums in Bergisch-Gladbach. Seit Februar 2002 Schulleiterin der Jüdischen Oberschule zu Berlin.

Teilnehmer der Konferenz

Übersicht

Bekir Alboğa
Dialogbeauftragter, DITIB, Köln

Nurgül Altuntas
Wilhelm-Heinrich-von-Riehl-Schule; Ausbildungsbeauftragte im Studienseminar Wiesbaden

Iyman Salwa Alzayed
Abteilungsleiterin der Schulpraktischen Studien an der Islamischen Religionspädagogischen Akademie, Wien

Dr. Ina ter Avest
Religionspsychologin, Vrieje Universiteit Amsterdam

Prof. Dr. Heiner Barz
Abteilung für Bildungsforschung und Bildungsmanagement, Heinrich-Heine-Universität Düsseldorf

Dr. Sven Olaf Berggötz
Leiter Konzernbüro New York, ALTANA AG; Leiter der New Yorker Repräsentanz der Herbert-Quandt-Stiftung, New York

Michael Bruce Cowart
Vanderbilt University, Nashville, USA

Dr. Lothar Dittmer
Leiter des Bereichs Schule und Hochschule, Körber Stiftung, Hamburg

Prof. Dr. Rudolf Englert
Institut für katholische Theologie, Universität Duisburg-Essen

Anne von Fallois
Referatsleiterin Bildung, Wissenschaft, Familie, Bundespräsidialamt, Berlin

Dr. Marius Felderhof
Department of Theology and Religion, University of Birmingham

Gijs von der Fuhr
ACB Expertisezentrum für Emanzipation und Partizipation, Amsterdam

Dr. Volker Graf
Lehrer für Philosophie und Ethik, Leibniz-Schule (Gymnasium), Berlin

Hans Graf von der Goltz
Ehrenvorsitzender des Stiftungsrats der Herbert-Quandt-Stiftung; vormals u. a. Vorstandsvorsitzender der ALTANA AG und Aufsichtsratsvorsitzender der BMW AG München

Dr. Andreas Jacobs
Koordinator für Nahostpolitik und Islamische Länder, Konrad-Adenauer-Stiftung, Berlin

Dr. Gerdien Jonker
Wissenschaftliche Koordinatorin, Georg-Eckert-Institut für internationale Schulbuchforschung, Braunschweig

Dr. Albrecht Graf v. Kalnein
Geschäftsführender Vorstand der Herbert-Quandt-Stiftung, Bad Homburg v. d. Höhe

Emre Karaça
Schüler der 12. Jahrgangsstufe, Leibniz-Schule (Gymnasium), Berlin

Martina Kaup
Leiterin, Öffentlichkeitsarbeit Herbert-Quandt-Stiftung, Bad Homburg v. d. Höhe

Dr. Michael Kiefer
Wissenschaftlicher Berater des Schulversuchs Islamkunde in Nordrhein-Westfalen, Düsseldorf

OStD Nikolaus Kircher
Leiter der Schmidt-Schule, Jerusalem

Susanne Klatten
Vorsitzende des Stiftungsrats der Herbert-Quandt-Stiftung, Bad Homburg v. d. Höhe

Dr. h. c. Michael Klett
Aufsichtsratsvorsitzender der Ernst Klett AG, Stuttgart; Mitglied des Stiftungsrats der Herbert-Quandt-Stiftung

Dr. Claudia Martini
Arbeitsstab der Beauftragten der Bundesregierung für Migration, Flüchtlinge und Integration, Bundeskanzleramt, Berlin

Kristina Medic
Stellvertretende Leiterin des Katholischen Schulzentrums, Sarajevo

Regina Mönch
Journalistin, *Frankfurter Allgemeine Zeitung*, Berlin

Dr. Birgitta Mogge-Stubbe
Redakteurin, *Rheinischer Merkur*, Bonn

Christoph Müller-Hofstede
Wissenschaftlicher Referent, Bundeszentrale für politische Bildung, Bonn

Dr. Winfried Overbeck
Schulleiter des Evangelischen Gymnasiums am Dom zu Brandenburg

Angelika Pantel
Projektkoordinatorin der Berliner Repräsentanz der Herbert-Quandt-Stiftung, Berlin

Stefan Rech
Fortbildner/Mediator, Amt für Lehrerbildung, Frankfurt am Main

Angelika Rieber
Ernst-Reuter-Schule 1; Projektleiterin „Jüdisches Leben in Frankfurt“, Frankfurt am Main

Dr. Martin Rieger
Projektleiter „Die Rolle der Religion in der modernen Gesellschaft“, Bertelsmann Stiftung, Gütersloh

SAID
Freier Autor, München; Mitglied des Stiftungsrats der Herbert-Quandt-Stiftung

Prof. Dr. Hermann Schäfer
Abteilungsleiter Kultur und Medien, Bundeskanzleramt, Berlin; Mitglied des Stiftungsrats der Herbert-Quandt-Stiftung

Dr. Wolfgang Schäuble, MdB
Bundesminister des Innern, Berlin

Meinhard Schmidt-Degenhard
Leiter der Fernsehredaktion „Gesellschaft und Religion“ und TV-Moderator beim Hessischen Rundfunk/ARD, Frankfurt am Main

Prof. Dr. Stefan Schreiner
Leiter des Institutum Judaicum, Professor für Religionswissenschaft und Judaistik, Tübingen

Dr. Jörg Schulte-Altedorneburg
Leiter der Berliner Repräsentanz der Herbert-Quandt-Stiftung, Berlin

Roheet Shah
American Islamic Congress, Brighton, MA, USA

Prof. Mona Siddiqui
Professor of Islamic Studies and Public Understanding, University of Glasgow

Prof. Peter Skerry
Professor für Politikwissenschaften, Boston College, Chestnut Hill, USA

Miriam Anna Stolz
Herbert-Quandt-Stiftung, Bad Homburg v. d. Höhe

Prof. Dr. Rudolf Steinberg
Präsident der Johann Wolfgang Goethe-Universität, Frankfurt am Main; Mitglied des Stiftungsrats der Herbert-Quandt-Stiftung

Prof. Dr. Erich Thies
Generalsekretär der Kultusministerkonferenz, Bonn

Dr. Birgit Väth
Islamwissenschaftlerin, Dresden

Dr. Jeroen Vermeulen
Utrecht School of Governance, Universität Utrecht

Prof. Dr. Wolfram Weiße
Erziehungswissenschaftler, Universität Hamburg

OStD Barbara Witting
Leiterin der Jüdischen Oberschule, Berlin

Hintergrund

Herbert Quandt

Dr. Herbert Quandt (1910–1982), einer märkischen Unternehmerfamilie entstammend, gehört zu den markanten Persönlichkeiten der deutschen Nachkriegswirtschaft. Seinen dezentral organisierten Unternehmen überließ er große Entscheidungsräume, um Eigeninitiative und Innovationsgeist zu stärken. Die Verantwortung des Unternehmers ging für ihn über das rein Ökonomische hinaus.

Herbert Quandt war der erste Vorstandsvorsitzende der ALTANA AG, die im Jahre 1977 im Wege der Realteilung aus dem Varta-Konzern hervorgegangen ist. Zeugnis seines besonderen Interesses am Gemeinwesen sind die ihm zu Ehren errichteten Stiftungen – die BMW Stiftung Herbert Quandt (1970), die Herbert Quandt-Stiftung der Varta AG, Hannover (1970) sowie die Herbert-Quandt-Stiftung der ALTANA AG, Bad Homburg (1980).

Herbert-Quandt-Stiftung

Aus Anlass des 70. Geburtstages von Herbert Quandt hat die ALTANA AG im November 1980 die Herbert-Quandt-Stiftung errichtet. Diese fördert in Projekten und durch finanzielle Zuwendungen den nationalen und internationalen Dialog sowie Wissenschaft, Forschung und Bildung in Deutschland. Neben den Sinclair-Haus-Gesprächen führt die Herbert-Quandt-Stiftung das international angelegte Projekt „Trialog der Kulturen“ durch. Die Stiftung arbeitet hierbei zum einen in Form trilateral besetzter internationaler Tagungen zu drängenden Fragen der interreligiösen Begegnung. Andererseits engagiert sie sich in anwendungsorientierten Projekten für Austausch und Kooperation im Schulwesen und im Journalismus.

Den Vorstand der Stiftung bilden: Dr. Albrecht Graf v. Kalnein (Geschäftsführender Vorstand) und Dr. Thomas Gauly.

Dem Stiftungsrat gehören an: Hans Graf von der Goltz (Ehrenvorsitzender), Susanne Klatten (Vorsitzende), Prof. Dr. Udo Di Fabio, Dr. h.c. Michael Klett, SAID, Prof. Dr. Hermann Schäfer, Prof. Dr. Rudolf Steinberg, Lord Weidenfeld of Chelsea, Prof. Dr. Karin v. Welck, Prof. Dr. Ernst-Ludwig Winnacker.

Trialog der Kulturen

Der mit der Entgrenzung und Vernetzung von Wirtschaftsräumen verbundene Globalisierungsprozess überwindet auch die räumliche Trennung verschiedener Kulturen in einem bisher nicht gekannten Maße. Mit dem Ende des Ost-West-Antagonismus, der die bestehenden kulturellen Differenzen überlagert hatte, sehen sich die unterschiedlichen Kulturen wieder stärker auf sich selbst und die Notwendigkeit eigener Identitätsbegründung zurückgeworfen. Vor diesem Hintergrund hat Samuel Huntington sein bekanntes Szenario des „Clash of Civilizations" entworfen. Der Trialog der Kulturen ist Ausdruck der Überzeugung, dass es sich bei dem Entwurf Huntingtons nicht um ein alternativloses Szenario, sondern nur um eine – besonders gefährliche – Entwicklungsmöglichkeit handelt, der das Verständigungspotenzial der aus den drei abrahamischen Weltreligionen Judentum, Christentum und Islam hervorgegangenen Kulturen entgegenwirken kann. Ganz bewusst wird der Trialog der Kulturen daher als interkulturelles und nicht als interreligiöses Anliegen aufgefasst. Seit 1996 lädt die Herbert-Quandt-Stiftung einmal im Jahr einflussreiche und dem abrahamischen Trialog verpflichtete Persönlichkeiten zu einem internationalen Kolloquium ein, um Probleme zu erörtern, die für den interkulturellen Gedankenaustausch von besonderer Bedeutung sind. Außerdem richtet die Stiftung einen Schulenwettbewerb zum Trialog in Hessen und Berlin aus, engagiert sich in der Lehrerfortbildung und unterhält ein Stipendienprogramm für junge Journalisten aus Deutschland, Israel und den palästinensischen Gebieten.

Herausgeber
Herbert-Quandt-Stiftung
Am Pilgerrain 15
61352 Bad Homburg v. d. Höhe
www.h-quandt-stiftung.de

Verlag
Societäts-Verlag
Frankenallee 71–81
60327 Frankfurt
www.societaets-verlag.de

Textredaktion
Miriam Anna Stolz
Ulrich Berkmann

Gestaltung
Gesa Emde
Mirko Krizanovic
Darmstadt

Litho und Druck
Jan van der Most
Düsseldorf

Fotografie
Titel: Mirko Krizanovic
Lambros Papanikolatos, Berlin

Übersetzung
Bernd Rullkötter, Hamburg

ISBN 978-3-7973-1033-0

SV SOCIETÄTS**VERLAG**